国际政治的他者主义理论

The Otherism Theory of International Politics

谢剑南 著

中国社会科学出版社

图书在版编目（CIP）数据

国际政治的他者主义理论 / 谢剑南著. -- 北京：中国社会科学出版社，2024.12. -- ISBN 978-7-5227-4499-5

Ⅰ. D80

中国国家版本馆 CIP 数据核字第 2024P8X529 号

出 版 人	赵剑英
责任编辑	许　琳
责任校对	苏　颖
责任印制	郝美娜

出　　版	中国社会科学出版社
社　　址	北京鼓楼西大街甲 158 号
邮　　编	100720
网　　址	http://www.csspw.cn
发 行 部	010-84083685
门 市 部	010-84029450
经　　销	新华书店及其他书店
印　　刷	北京君升印刷有限公司
装　　订	廊坊市广阳区广增装订厂
版　　次	2024 年 12 月第 1 版
印　　次	2024 年 12 月第 1 次印刷
开　　本	710×1000　1/16
印　　张	15.75
字　　数	227 千字
定　　价	98.00 元

凡购买中国社会科学出版社图书，如有质量问题请与本社营销中心联系调换
电话：010-84083683
版权所有　侵权必究

序　言

　　国际政治中的他者主义，从不缺席，从来遵循，也从未远去。

　　为何会有组织？为何会有社会？为何会有国家？为何合作也有纷争？国家为什么具有"人格"？为何历史总会惊人地相似？等等，所有这一系列问题，从还原主义来看，都存在一个共同的源头或原因，其最终逻辑指向，归于一个现实的根本性问题——他者的存在。

　　他者的存在，造就了组织，造就了社会，造就了国家，造就了国际社会，也造就了国际体系无政府状态。从国际关系的现实逻辑来看，国际社会的无政府状态是国家造就的，这一建构主义的著名结论是合理的和理性的，但是从理论上来看，这一说法仍值得商酌。我们用同样的逻辑来审视，就会发现或者疑惑，国家是什么造就的，为何会有国家？显然，这些疑问无法从国家层面来进行理解，也无法在逻辑上得到还原。

　　尽管很多学科不适宜用还原主义来解读，但国际政治学的有些领域仍然可以在还原主义学说中得到解释。当把国际政治学还原到政治学，再把政治学还原到社会学，然后再把社会学还原到人类学，就会发现，他者成为无法避开或无法逾越的对象，他者的存在是所有社会学说的逻辑起点，而基于他者存在基础上的他者主义理论，则成为所有人类社会现象和所有国际关系的元理论。因而，温特的建构主义奠基之作《国际政治的社会理论》，也应进一步拓展为《国际政治的他者主义理论》，本书的意义就在于此。

　　按照温特的建构主义中把国家人格化的"国家也是人"逻辑，从他者意义上来审视国家间关系，国际政治就是自我与他者及他者与他者

国际政治的他者主义理论

之间的问题,而国际关系就是自我与他者之间以及他者之间的关系。由此,国家间关系既有为了利益而合作的一面,也有为了利益而冲突的另一面,因此有了国际政治中绵绵不断的合作、竞争、纷争、冲突和战争。

国际政治中的纷争,前提是有他者的存在,如果没有威胁性的他者的存在,就没有安全隐忧、观念分歧、利益冲突。消除威胁性他者的存在,有打压对手、强大自身、集体安全等方式,也有同化对手、分而治之、信任合作等方式,但无论哪种方式,都不是绝对安全的方式,理论上只有彻底消灭他者的存在,才能有绝对安全。但是,一种主要的安全隐忧消除了,一定会有另外的安全隐忧出现的,会有另外的他者填补这个空白,无论是内部的他者,还是外部的他者,也就是说,只要有他者的存在,就会永远存在安全隐忧、观念分歧、利益冲突。

学术研究的本质是发现真相。秦亚青认为,"人有着创造能力,包括从事实践活动的能力,批判和改造传统观念的能力。"① 学术要发现人之所未见,探求其背后真相,然后知其所以然。学术研究不等于政策建议,国际关系的学术探究,不能只想着以"谋士"眼光来研究国际政治,不能代入外交部长角色,更不能把自身代入决策者角色。

他者主义的本质是实力要素。他者的实力,包括所能占有、动员、协调和支配资源的能力。从另一角度来说,他者的实力不仅涵盖硬实力的各要素,也涉及他者的立场、观念、态度、制度、文化、种族、价值观等,还包括他者群体(联盟)的整体实力及黏合强度。他者的实力是引起自我和其他他者重视的核心要素,一个实力强大的他者,无论其立场如何,始终是牵动自我与他者间关系变化的重要因素,也始终能牵动地区局势和整体局势走势。

国际政治的本质是分清敌友。研究国际政治他者主义,并不只是研究狭隘的敌我关系,但研究国际政治的本质,则是必要的和重要的。毛

---

① 秦亚青:《国际体系的无政府性——读温特〈国际政治的社会理论〉》,《美国研究》2001 年第 2 期。

泽东早在1925年12月发表的《中国社会各阶级的分析》中深刻指出，"谁是我们的朋友，谁是我们的敌人，这是革命的首要问题。"无论从哪个方面来衡量，自我与他者之间的相互信任都非常重要，"信任是产生你我或敌我之别的重要元素"[①]。尤其对于强大的他者，如果不是自我与他者相互认定的类同身份，相互就必然成为现实意义上需要加以防范的他者。同时，永远不要低估敌对的内部他者与外部他者的破坏力，这种不确定的敌对破坏力一旦发生，往往影响巨大甚至造成长久的不可挽回的深远影响。

由于征服、吞并或消灭一个主权意义上的他者国家，已变得非常不可想象，换而言之，无论自我多么强大并且多么不喜欢某个他者的存在，但无法改变他者的客观性存在。简单来看，他者的存在就呈现为三种类型：第一种是自我阵营的他者，第二种是他者阵营的他者，第三种是中立阵营的他者。对于第一类的自我一边的他者，需要持续性仰仗、依赖或依靠，也需要不断地试探以索要或给予；对于第二类竞争性或敌对性的他者，需要不断强大自我并且不断与他者周旋斗争；对于第三类中立性他者，需要不断试探并积极拉拢。从他者主义的核心本质来看，无论面对哪类他者，都需要不断强大自我，也需要有稳定可靠的他者支持，更需要保持良好的外交政策。这不是期望变化的问题，而是首先要承认现实的问题。他者的存在是永恒的，无论是否喜欢还是厌恶他者，他者没有离开，也不会离开，尤其在自我面临势力强大的他者时，这一点更具有现实意义。这是当前国际政治的现实，也在很大程度上反映了国际政治本质。

随着各国对全球化发展的新期待和新理解，国际格局和国际秩序出现了百年未有之大变局。"21世纪的世界只能是引领，不能是统治。这是一个流动的体系，规则就是一切都转瞬即逝，而危机将成为常态。这样的一种体系只能通过梦想来引领。"[②] 的确，冷战后的国际体系中，

[①] 范可：《当代中国的"信任危机"》，《江苏行政学院学报》2013年第2期。
[②] 《世界迈向美中两国共治时代？》，《参考消息》2013年7月16日第1版。

尽管美国成为唯一超级大国,但就连美国自己也从来没有说过要统治世界,而是强调领导世界。以美西方的他者主义逻辑,按照美西方当前仍是国际秩序主导者的现实,国际社会注定会纷争不断,国际政治中仍会存在西方国家抱团试图继续主导国际事务,仍会继续存在恃强凌弱、以大欺小、劫贫济富的情况,也仍会存在霸权主义和强权政治,以维持美西方的自我利益和国际主导权。

就国际政治现实来说,不得不说,理想与现实总是存在差距。在很大程度上,现代国际政治仍然需要明确看到一个简单事实:自我就是自我,他者就是他者,一个确定的自我与一个确定的他者,其利益总是有别的,从而不可避免地出现竞争、合作、摩擦、纠纷、冲突甚至战争。小的他者对抗,可以聚积成大的他者对抗,包括代理人对抗或冲突,而大的他者对抗或冲突,则可以发展成集团对抗。不幸的是,人类目前尚无法摆脱这种他者主义基础上的群体性对抗。这涉及关联性思维,但是,"关联性思维不是'理性'(rational)的,也不是'非理性'(irrational)的,而仅仅是'不理性'(nonrational)的。"① 在与他者进行的系统性竞争中,业已存在的相互依赖的敏感性与脆弱性,都显得不那么重要,而他者成为敌对性他者时,自我和他者之间的关系,就会自然而然地逐渐走向脱钩断链,双方都不得不集中精力进行同他者的竞争与反竞争、对抗与反对抗,直到观念的、战争的、妥协的以及内政的、国际环境的等原因而出现重大改变,与他者关系才会随之有决定性改变。

理解他者的存在,才能真正理解国际社会无政府状态的应然性和永久性,也才能更好理解塑造更合理的国际秩序的状态结构,才能真正找到符合人类社会发展的政治出路和文化上的价值信仰,而不是根据某一单一历史事件而武断地宣称"历史的终结"②。研究他者的存在及存在

---

① 周炽成:《中国哲学与西方哲学互为"他者":以葛瑞汉等人的研究为中心》,《管子学刊》2024 年第 2 期。
② 日裔美国人弗朗西斯·福山在其《历史的终结及最后之人》的著作中,就苏联解体和东欧剧变提出了著名的"历史终结论",但其后的发展引起了他的深刻反思,他后来承认,中国"依旧坚持以马克思列宁主义为基础",中国的发展引起了他的"深刻反思"。

序　言

状态，研究自我与他者的关系及关系类型，是研究国际政治理论和国际关系现实的重要部分。当然，研究他者的存在及他者主义，并不是在暗示国家在国际社会"自我—他者"的二元身份，从而在压力面前必须采取暴力行动或站队的方式来维护国家利益，这必然带来难以估量的各种损失或付出更高的成本，往往并不是现代国际关系的最佳选择。无论他者的存在对自我来说是好还是坏，他者的存在都是客观的并且是恒久性的，所以人类社会始终存在和平与战争，始终存在观念分歧和利益冲突，这也是历史为何总是惊人相似的根本原因。然而，人类对秩序的发展永远有"向好"意念，国际和平与世界发展同样是人类社会所共同追求的，人类在追求和平、发展、繁荣、进步的演进中，永远向未来。

理论就其功能来看，简要来说就是六个字：描述、解释、预测，其中重点在于解释。因而，本研究提出国际政治的他者主义理论，首先是希望能够更合理地解释国际政治现象，其次是希望能更简约描述国际政治事件及本质，最后是希望能够相对有效地预测国际政治的未来发展[①]。应当说，人文社会科学的任何理论，都是源于实践经验的总结提炼，都有其应用的边界和限度，只具有一定程度的解释力，不具有完全的通则性。当然，理论的力度不是由是否能够解释事实的多少来判定的，而是其所设定的范围内，由它对特定事实的解释程度决定的。他者主义理论也遵循这一点，但他者主义理论还有一个独特之处，就是它能解释根本性的东西，或者说能够进行最彻底的还原性解释，这是其他国际关系理论或范式所不具备的。

[①] 自远古以来，人类就有三大梦想：一是希望长生不老，二是希望翱翔天宇，三是希望预测未来。相对于最后一个梦想，为了能够预测未来，世界各地发展出了各种方式方法来对未来进行预测，比如神秘气息浓厚的占星术、塔罗术、巫蛊术、占卜术、称骨术、算命术等，按照一定的形式或方法对未来发展进行预测或展望。在中国博大精深的悠久历史文化中，除了对个人前途和未来发展有各种各样的生辰八字算命、抽签算命、奇门遁甲、占卜算命等神秘方式，甚至对国家命运前景也有过各种预测的传说，如周朝的"乾坤万年歌"、汉朝的"马前课"、唐朝的"推背图"、宋朝的"梅花诗"、明朝的"烧饼歌"等。在国际关系领域，人们根据国际社会的历史发展事实与经验，逐步总结出了现实主义、自由主义和建构主义等系列国际关系理论，就是为了能够更合理、更精准、更有效地描述、解释和预测国际政治中已经发生的和可能发生的事情。

国际政治的他者主义理论

他者主义理论的核心始终是他者,其他一切围绕他者存在所形成的体系、机制、结构、规范、文化、工具等,都会应用于由于他者存在而进行的竞争、合作、对抗、冲突等的演绎进程中。由此而言,国际政治的他者主义理论,无论是对于个人行为体,或者社会组织行为体,或者国家行为体,或者国际组织行为体,都具有普遍适用性。理论有时会高于现实,有时会低于现实,本研究只着眼于国际政治的他者主义,其理论内涵和功能指向主要是对国际政治现实的概化,其概念和假设并不必然就是现实本身,有时既是现实主义的,也是超越现实主义的,但始终是客观的、理性的、超脱的理论。

理论是对规律的解释,而非只是规律的集合。理论要简洁清晰,要具有强大解释力。以往的包括经典现实主义在内的国际关系理论,都或多或少存在着较重的还原主义问题,所以对国际政治现象的解释都并不充分。然而,他者主义理论既是彻底的还原主义理论,但也是彻底超越还原主义的理论。国际政治的他者主义理论只是他者主义理论的一个分支,此外也有关于自然法人、企事业单位、社会团体、组织机构等不同领域的他者主义理论,这些他者主义理论,都来源于人性和人的发展,也都有一个共同的前提核心即他者的存在,也必然有理论上的相通之处。华尔兹曾激烈批判建构主义理论,认为"建构主义根本就不是理论",他认为,"如果一个所谓的理论无法提供解释,那么他就不是理论。很难指明建构主义到底对什么做出了解释",认为建构主义理论"只是提供了一个似乎很有希望的观察世界的新的视域而已"①。或许,也有人会对国际政治的他者主义理论进行激烈批判,认为他者主义理论是形而上学的理论,或者认为压根儿就不是理论,在此诚恳欢迎任何理性的批判,因为理论的建构与论证本身就是一个连续的过程,而且任何已有的权威理论也都不乏缺陷之处,布尔甚至还曾论证过"为什么没有国际关系理论"。所以,希望能有对此感兴趣的专家学者,在不同视

---

① [美]肯尼思·华尔兹:《国际政治理论》,信强译,上海世纪出版集团2008年版,第XVI页。

域或角度进一步指出并期待完善国际政治的他者主义理论，以期形成具有中国文化底色的中国特色学派。

最后，关于中国学派的国际关系理论建构，回顾来看是艰难而长期的。迄今，学界公认的现实主义、自由主义、建构主义三大国际关系理论，虽然在国际关系学界具有很高的权威性，但在实践上都是美西方中心主义的，只具有有限普适性，并不具有充分的普适性。基于中华传统文化思想演绎出来的一些中国国际关系理论，如以关系性为理论内核的"关系理论"，以无外原则为理论内核的"天下体系"理论，以道义为理论内核的"道义现实主义"，以和合为理论内核的"共生理论"，以他者的存在为理论内核的"他者主义"理论等，都取得了重要研究进展和成果，具有较强的通则性，说明通过深入系统研究中华传统文化思想，可以衍生出具有学理影响的中国文化特色的国际关系理论中国学派。当然，理论研究本身所需的知识涵养，绝非一朝一夕能养成的，需要深研历史学、文学、政治学、哲学、社会学、法学、逻辑学、人类学、经济学、管理学、军事学等各领域知识，需要扎实的理论功底、深厚的国际关系史知识、深刻的现实观察，需要熟谙西方国际关系理论并深谙中国传统文化精髓，也许还需要那么一点点运气，才能观有所悟、思有所得、想有所成。如此来看，以中国传统文化精髓为底色的国际关系理论中国学派的研究与养成，确实仍还道阻且长。

2024年10月

目 录

第一章　国际政治中的他者及他者主义 …………………………（1）
　第一节　他者的两种状态存在与他者的认知………………………（1）
　第二节　他者的存在推动人类社会发展 ……………………………（10）
　第三节　国际社会的无政府状态是"他者的存在"造就的 ……（13）
　第四节　他者主义理论：国际关系学暗含的元理论 ………………（16）
　第五节　引入他者主义理论的重要性与局限性 ……………………（19）
　本章小结……………………………………………………………（22）

第二章　他者主义的理论假定、类型与主体间关系重构 ………（25）
　第一节　他者主义的理论假定 ………………………………………（25）
　第二节　国际政治的他者主义本质 …………………………………（31）
　第三节　东西方文化中三种各异的他者主义文化 …………………（36）
　第四节　偏执狭隘的他者主义与合作共赢的他者主义 ……………（49）
　第五节　国家的文化流变与主体间关系重构 ………………………（57）
　第六节　历史为何总会惊人相似 ……………………………………（61）
　本章小结……………………………………………………………（65）

第三章　他者及基于他者存在的他者主义 ………………………（68）
　第一节　自我存在、他者存在与共同存在 …………………………（69）
　第二节　基于共同存在的群体主义 …………………………………（73）
　第三节　他者主义与群体主义的关系 ………………………………（76）

1

第四节　共同存在的国家间群体主义法则 …………………（83）
　　本章小结 ………………………………………………………（102）

第四章　国家的身份属性与身份退化 …………………………（104）
　　第一节　国家的场域属性 ………………………………………（104）
　　第二节　他者的存在造就国家生成的两种主要理论 …………（108）
　　第三节　国家的自我身份属性与他者身份属性………………（114）
　　第四节　国家双重身份的体系身份与相互身份………………（116）
　　第五节　他者镜像的国家形象 …………………………………（120）
　　第六节　国家身份的退化与进化 ………………………………（123）
　　第七节　国际体系的进化与退化 ………………………………（127）
　　本章小结 ………………………………………………………（134）

第五章　他者主义悖论：相互防范与相互依赖 ………………（136）
　　第一节　和平与冲突的悖论 ……………………………………（136）
　　第二节　相互防范与相互依赖 …………………………………（143）
　　第三节　自我与他者互动中的"刺激—反应"模式 …………（157）
　　本章小结 ………………………………………………………（162）

第六章　基于他者主义的国家间关系退化的演化向度 ………（164）
　　第一节　国家间关系进化与退化的演化之辨…………………（165）
　　第二节　退化的指涉性和机制性 ………………………………（166）
　　第三节　国家间关系退化的观念问题 …………………………（170）
　　第四节　国家间关系退化的表现特征 …………………………（181）
　　第五节　国家间关系退化的理路分析 …………………………（190）
　　本章小结 ………………………………………………………（203）

第七章　从他者主义到共赢主义 ………………………………（205）
　　第一节　何谓共赢主义 …………………………………………（206）

第二节 他者主义能否转向共赢主义 …………………… (209)
第三节 如何推进互利合作的共赢主义 ………………… (217)
本章小结 ……………………………………………………… (220)

参考文献 ……………………………………………………… (223)

后　记 ……………………………………………………… (236)

第一章

国际政治中的他者及他者主义

从自我角度看他者的存在,从他者的存在看国际政治,这是国际政治的两个方面,唯有反复研究自我的利益、他者的存在、自我与他者的关系,才能更好地理解国际政治。事实上,国际政治的他者主义是国际关系理论中的重要理论。

第一节 他者的两种状态存在与他者的认知

他者的形象和角色经常出现在从古至今的政治、经济、军事、文学、历史、哲学、宗教等多领域的文献资料中,也存在于当今世界各地许多民族的神话传说或宗教故事中。作为一个镜像化的角色,他者和自我历史同样久远,因为它们本就是相互界定的参照物,人们也习惯于在对他者和此者(The One)① 的认识中,获得"存在的确实性"。马克思认为,人作为一切社会关系的总和,是对象性的存在物,人的存在离不开对象,更有赖于人的对象性活动。他认为,"一般地说,人对自身的

---

① "此者"在此作为他者的自我镜像概念。由于这里主要是探讨作为自我相对的他者与自我的关系,此者只是作为镜像化的角色,因而对此者的作用与意义未作深入探讨和论述,在后续分析中,此者的概念只是适当提及。

国际政治的他者主义理论

任何关系，只有通过人对他人的关系才得到实现和表现。"①

自我与他者的一个关键问题是，如何区分自我与他者（包括自我与他者对此者的认知）的标准，或者二者的界限如何划分、单位如何设定。作为界限，在国家出现之前，血缘、辈分、男女、身份、贫富、民族、种族、地缘、宗教、阶级、文化、文明等，都可作为一种划分的标准，这些特征构成了不同他者的身份。在国家出现后，国内的他者主要以利益集团来划分，从国际社会的角度看，则主要是以国家为单位作为不同他者的划分标准。② 这实际上就是他者的不同类别实体性存在，这种存在不仅形成了对比，也确立了他者角色的不同，同时，也形成了实体存在的他者在社会观念上的区分。

一 他者的实体性存在

对于实体性他者的存在，所有人都能举出例子来形容他们周围的"他者"。例如，"他"是家人，"他"是朋友，"他"是敌人，"他"是领导，"他"是公司，"他"是非洲人，"他"是基督教徒，"他"是政党，"他"是军队，"他"是飞行员，"他"是汉族人，"他"是国家，等等。

这使得他者实际上具有了人格化的身份，这种人格化的身份是在具有相同或相似类属特征的基础上确定的，而且，这种身份只有在自我观念和他者观念相互认知的情况下才有现实意义。在长期的社会发展过程中，这种实体性他者存在的区分早已经成了社会共识，并在这种社会共识的基础上，不断建构趋向于稳定有序的状态。

在国际关系的研究中，他者的实体性存在，首先指的是国家，其次概念范围也扩延至国际组织和跨国公司等在国际事务与世界政治中有重要影响的行为体。这是现实主义、自由主义、建构主义和英国学派等国际关系理论都赖以为出发点的，这种存在的概念划分已经成为国际关系

---

① ［德］马克思：《1844年经济学哲学手稿》，中共中央马克思恩格斯列宁斯大林著作编译局译，人民出版社2000年版，第59页。
② 此处的自我、他者、此者，只是作为社会结构中的群体类属身份的一般分类。

第一章 国际政治中的他者及他者主义

研究的共同认知。

在社会实体性存在之外，还有一个特殊的自然实体性存在，譬如在有争议的领土、领海及领空，如克什米尔地区（印度/巴基斯坦）、马岛（英国/阿根廷）、佩雷希尔岛（西班牙/摩洛哥）、巴卡西半岛（尼日利亚/喀麦隆）、哈拉伊卜三角区（埃及/苏丹）。还有在历史上尚没有主权归属的领土、领海等，如澳大利亚和新西兰分别宣称对南极大陆的部分地区有实际主权，美国、俄罗斯、加拿大、冰岛、瑞典、芬兰、挪威、丹麦等环北极圈国家，都试图在北极占有一席之地。此外，还有地表水、地下水、石油和天然气等资源，都是有特殊身份的自然实体性存在的"他者"。

这些本身无意识的行为体，是介于自我和他者之间利益重叠点，是实体性存在的"第三者"。自我在与他者争夺的过程中，都具有被纳入某一方利益范围的倾向，因而在自我与他者的利益链条上具有极大的战略利益价值。因为存在巨大争议，在尚没有确定归属之前，是双方有争议归属的"他者"。作为特殊的"他者"，由于本身没有观念意识或者不能自己决定归属哪一方，我们暂时只能将其作为独立利益分析中的他者。

二 他者的观念性存在

在20世纪90年代以前，国际关系的多数理论范式研究的起点是权力和利益，人们关注的是和平与合作得以实现及维持的条件，探讨的是战争与冲突的原因及规避的方法。自建构主义崛起之后，多数学者认可或者默认了行为体与结构之间存在着互构关系，观念的因素被提上一个无形的高度。建构主义认为，观念无所不在又具有强大的兼容性与建构性，行为体的身份是由观念建构的，行为体的利益也是由观念建构的，同时认为利益建构权力，而现实主义的最重要特征之一就是认为国际政治的本质是由权力关系所决定的，这就把观念的因素拔高到了一种类似于宗教信仰的高度了。

温特认为，"反对物质主义利益观的第一个论点是：利益本身就是利益或观念。"① 他试图从文化人类学与哲学这两个不同的学术领域中发现这个论点并抽象出有利于他关于观念与结构互构的理论建构,进而得出结论:观念造就了权力与利益,这也正是温特认为自己的建构主义理论不同于现实主义与新自由主义的一个显著方面。

在探讨他者的存在时,必然要讨论他者的观念性存在。这样做,不是要提出类似温特模式的"观念建构了他者的存在"这样的观点,而是主要基于研究的需要。因为他者的实体性存在包括人的存在本身确实是物质性的,既不带有价值偏向,也不带有道德倾向,若没有观念性他者的存在,这种物质性的他者实体存在就会在国际关系中失去现实意义。

人们常说,"他"是友好的,"他"是敌意的,"他"是有利的,"他"是腐败的,"他"是恐怖主义的,"他"是无辜的,"他"是欺骗的,"他"是后来的,"他"是我们的,"他"是正直的。对于纯物质性的实体存在,也把这种存在观念化了,比如,"他"是木料的,"他"是美观的,"他"是六边形的,"他"是静止的,等等。

对于物质的观念性存在表述,因为人类有客观性的共有认识,人们通常不会有什么异议。例如,树木做成椅子,如果我们说,"他"是木料的,人们通常不会质疑(除非椅子完全被铁皮等其他材料包裹住了,看不出是木料),而且人们也通常不会去使劲摔坏一把好好的椅子,或者放火去烧掉椅子,来予以验证。

但是对于人及人类社会中的"他者"来说,他者的"观念性存在"确实背上了主观上的"观念"烙印。这里的"他"至少具有双层含义,一是指实体存在,二是指现象存在。例如,如果说到"他"是敌意的,那么"他"既可以是针对具体的某个人或某个组织或某个国家或国际组织等实体性存在,也可以是针对的一种观念现象,即针对的是自己面临的受威胁状态或形势。前者是一种特指,指向具体的实体性他者,后

---

① [美]亚历山大·温特:《国际政治的社会理论》,秦亚译,世纪出版集团、上海人民出版社2000年版,第153页。

第一章 国际政治中的他者及他者主义

者则是一种泛指,指向他者的思想或意识倾向,但不能确定其具体行为。

现实主义、自由主义和马克思主义都是以对象性分析见长,几乎对"他者"分析都局限于实体性存在的基础上的,很少涉及观念上的"他者"存在,因而受到了建构主义及批判主义的诟病,也因而为建构主义与英国学派的崛起提供了理论创新与发挥的空间。建构主义对于观念的因素给予了充分重视,把观念建构置于理论分析的核心,由此形成了独树一帜的建构主义。

三 他者存在的认知

他者是自我的他者,自我是他者的他者,此者是他者的自我(在更高的层面上,与他者相对的是此者)。在西方哲学史上,"他者"(others)是与"自我"(ego)相对的概念,指的是绝对外在于或先于存在的东西。他者是一个超越性概念,他者既超越主体,也超越主客二分的对立结构,这里的"超越",指的是"在主观性(subjectivity)的能力或权力界限之外,由于其无法克服的外在性(exteriority)而不可能被主体解释、支配或归化"。① 其表现形式通常有三种,一是独立于自我的他者存在,如太阳、月亮、火星的之于人的存在,或者如瑞士对于非洲某个土著部落的他者存在,二是反映彼此与存在的意义,如警察与小偷、教师与学生的对应性他者存在,三是相对独立又相互依存的他者存在,如美国和中国相互竞争又需要共同合作应对气候变化等问题。

他者之于自我,源于自我意识。"他者是形而上学的。"② 古希腊神话中美少年纳希苏斯(Narcissus)迷恋上了水中自己的倒影,然而倒影的不可碰触却又让他备受折磨,最终抑郁而死,幻化为一株水仙,斜生在岸边,永远映照在湖水中。这是一个主体—影像—自我认证的

---

① 单虹泽:《从"一般的他者"到"绝对的他者":再论老子的"他者"概念与"自—他"关系》,《深圳社会科学》2021 年第 4 期。

② Levinas, *Totality and Infinity*, The Hague: Martinus Nijhoff Publishers, 1979, p. 87.

国际政治的他者主义理论

过程①,也是早期人类关于意识的写照。他者是基于主体自我意识的映射存在,自我意识实际上是基于他者意识的产物,但自我意识与他者意识也是相统一的。列维纳斯认为,"他者与我的关系,既不表现为数字,也不表现为概念。"②西蒙·德·波伏瓦认为,"自我意识本身存在之初,就伴随着对'他者'的分类……一个群体若是不能立即确立与自身相对立的'他者',就绝无法确立'此者'。"③黑格尔也曾指出,"自我意识,……只有在另一个人的自我意识中才能得到满足。"④正如胡塞尔所总结的,"内在本身是无可怀疑的,内在如何能够被认识,是可理解的,恰如超越如何能够被认识,是不可理解的一样。"⑤

他者从来都是我们衡量自我特征、权利、价值或共同人性的一个重要标尺,但他者并非仅仅指和自我不同的客体,而是一种对立性的存在,无论他者是比自我更好或更差、与自我相似或相异,很难是中性的,与他者的互动总会有自我的映射。对他者认识重要的是,不仅有自我和他者这两者的相互性(Bilateralism)视点,多极间的视点(Multilateralism)也是不可或缺的。⑥两千多年前中国的老子就有了关于自我认知和他者认知的辩证论述,他认为,"知人者智,自知者明。胜人者有力,自胜者强。"⑦

在"看即被看"这种持续关联性的特性逻辑中,将自我审视的双向或复视思维理性化,把自我的延长线上的另一个他者纳入自我范畴之内的同时,自我意识才能得到印证和固化。"从海德格尔到萨特再到列

---

① 朱立元:《当代西方文艺理论》,华东师范大学出版社2005年版,第71页。
② Emmanuel Levinas, *Totality and Infinity-anessay on Exteriority*, Translated by Alphonso Lingis, London: Martinus Nijhoff Publishers and Duquesne University press, 1979, p. 194.
③ Simone de Beauvoir, *The Second Sex*, Translated and Edited by H. M. Parshley, New York: Bantam Books, 1961, pp. xxii, xxiii.
④ C. W. F. Hegel, *The Phenomenology of Spirit*, Oxford: Clarendon Press, 1977, p. 126.
⑤ [德]埃德蒙德·胡塞尔:《现象学的观念》,倪良康译,上海译文出版社1986年版,第72页。
⑥ [日]山室信一:《面向未来的回忆》,中国社会科学院编《中国与日本的他者认识》,社会科学文献出版社2004年版,第17页。
⑦ (春秋)老子:《道德经》,陕西旅游出版社2006年版。

6

第一章 国际政治中的他者及他者主义

维纳斯,都试图超越以主体性为中心的传统形而上学,并围绕自我与他者的关系构建一种良性的自我观。"① 拉康认为,"人在看自己的时候也是以他者的眼睛来看自己,因为如果没有作为他者的形象,他不能看到自己。"② 温特在谈到自我意识时,突出了自我意识在自我与他者共生中的重要作用,他指出,"当行为体自我意识到他们是'成功'的行为体时,就会模仿,通过模仿获得了身份和利益。"③

自我、他者可分为内部群属身份的自我、他者,以及外部群属身份的自我、他者。无论任何内部或外部群属中的自我、他者,都具有相应的身份和利益,只有彼此认知自我和他者的身份、利益和权能,才能有效建构并暂时性确定自我和他者间关系。任何自我和他者的利益和权力都与其身份有恰当的对应度,并且自我和他者的身份与利益只有在相对对等认知的情况下,才具有现实意义。在中国,老子最早主张这种身份与利益及权能的"合身性",他认为应该"以身观身,以家观家,以乡观乡,以邦观邦,以天下观天下"④。由于自我、他者的新身份变化及彼此新的认知,不同身份的自我往往具有不同的他者认知。巴门尼德认为,存在"既非过去存在,亦非将来存在,因为它整个在现在,是个连续的一"⑤。自从巴门尼德提出这个"存在是一"后,就出现一种追求绝对同一的倾向,要求把所有他者化为同一,这是一种无视他性的逻辑。之后,"柏拉图的理念论、亚里士多德的实体论、黑格尔的逻辑学、海德格尔的基础本体论等无一例外都加强了这一立场。"⑥ 在黑格尔后的20世纪,众多学者又致力于打破同一性的虚假幻象,还原他者应有的地位,他者便作为问题被提出。

---

① 单虹泽:《从"一般的他者"到"绝对的他者":再论老子的"他者"概念与"自—他"关系》,《深圳社会科学》2021年第4期。
② [法]拉康:《拉康选集》,褚孝泉译,上海三联书店2001年版,第408页。
③ [美]亚历山大·温特:《国际政治的社会理论》,秦亚青译,世纪出版集团、上海人民出版社2000年版,第410页。
④ (春秋)老子:《道德经》第五十四章,陕西旅游出版社2006年版。
⑤ 北京大学哲学系外国哲学史教研室编译:《西方哲学原著选读》,商务印书馆1981年版,第32页。
⑥ 颜岩:《拉康"他者"理论及其现代启示》,《重庆社会科学》2007年第2期。

7

国际政治的他者主义理论

在国际体系中,"'他者'认识是国家确立'自我'的必要条件,二者存在如下关系:其一,行为体自身与他者之间,是既对立斗争又相互依存的关系;其二,行为体通过与他者的比较,镜像式地反观自身,领悟存在的意义,获得自我认同。"① 温特进一步认为,自我与他者的承认是相互的,是两个自我变成一个我们②。"不能排除相互竞争的群体组成'共同体群体'或集体身份的可能"③,当"我们"成了一个新的"自我"时,自我和他者镜像也会出现相应的变化,也即对相互身份的认知发生了变化,自我的利益与愿望很大程度上"取决于它如何定义自己与他者的关系",④ 而他者在互动中的身份"取决于自我对他者的定位"。⑤ 温特进一步从人的理性模式出发,把群属身份中的自我和他者的意识及意图人格化。他分析了意愿理论的逻辑,以及这种逻辑产生的关于人作为施动者的假定,并由此提出了意愿的认知理论。⑥ 他以他者的身份为关联点,把对他者的认知与对利益的认知统一起来,同时与社会结构中权力因素相结合,认为权力分配的意义在很大程度上是由利益分配建构的,利益的内容在很大程度上又是由观念建构的。⑦

自我和他者总是共处于同一时空之中,彼此作为镜像化的角色来确定自我,因而自我、他者、此者也总是"共生"而非"独处"的。正如海德格尔所认为的:"世界向来已经是我和他人共同分有的世界。此

---

① 田庆立:《试论"他者"认识与日本中国认识形成的内在机理》,《日本学刊》2011年第6期。
② Alexander Wendt,"Why a World State is Inevitable", *European Journal of International Relations*, Vol. 19, No. 4, 2003, p. 512.
③ [美]亚历山大·温特:《国际政治的社会理论》,秦亚青译,世纪出版集团、上海人民出版社2000年版,第407页。
④ [美]Y. 拉彼德、[德]F. 克拉托赫维尔主编:《文化与认同:国际关系回归理论》,金烨译,浙江人民出版社2003年版,第75页。
⑤ [美]亚历山大·温特:《国际政治的社会理论》,秦亚青译,世纪出版集团、上海人民出版社2000年版,第421页。
⑥ [美]亚历山大·温特:《国际政治的社会理论》,秦亚青译,世纪出版集团、上海人民出版社2000年版,第150页。温特认为,意愿的认知理论,简单地说,就是我们之所以希望得到我们想要的东西,是由于我们对这种东西的认知决定的。
⑦ [美]亚历山大·温特:《国际政治的社会理论》,秦亚青译,世纪出版集团、上海人民出版社2000年版,第167页。

第一章　国际政治中的他者及他者主义

在的世界即共同世界，'在之中'就是与他人共同存在。他者的在世界之内的自然存在就是共同存在。"① 他者与自我的共生存在中，原有的特征会影响新身份的角色。温特指出，"自我和他者不是白板，他们原有的特征会影响他们的互动。一是物质的，表现为身体及其相关的需求；二是再现，表现为一些关于自己身份的预设观念。"温特进一步分析指出，"通过为自我确定一种角色，行为体至少含蓄地为他者也确定了一种角色。……自我在确定自己特定身份的同时，也确定了他者相应的反角色，这种反角色使得自我的身份具有了意义。""在知识得以分享的情景中，对他者的再现常常是与他者的自我（此者）再现相对应的，这样互动就可以进行。"②

他者的存在，给自我存在提供了对象性的博弈前提。"如果自我—他者的界限得以消解或者是部分消解，那就意味着新认同的出现"③。自我与他者的互动，始终围绕着和平、控制、冲突、统治、竞争而进行。互动的各方中，只有一方是自我，相对于自我，其他各方都是他者，他者利益的客观存在，使相互间的协调往往难以如愿实现，尤其是政治上的协调，几乎没有他者愿意做出权力上的妥协。当权力被当作威胁、侵犯或者惩罚力量来运用时，它可能令人恐惧，并且更多的时候也构成最让人畏惧的力量形态。只要是社会体系，不管其存在的时间有多长，就都包含着权力的"制度性调配"（institutional mediation）。

在所有的集体情境中，不管是家族、族群、氏族、部落、部落联盟、酋邦、城邦等群体组织，制度性调配都表现为控制模式，凭借控制，某些施动者致力于实现并维护他者对自我的服从或认可。利用常设性的、永久暴力手段的控制，实际上就是统治，当然，这种统治还不一定就是国家，只有当他者演变成由阶级构成的他者，并且在互动关系

---

① ［德］海德格尔：《存在与时间》，陈嘉映、王庆节合译，生活·读书·新知三联书店1987年版，第146页。
② ［美］亚历山大·温特：《国际政治的社会理论》，秦亚青译，世纪出版集团、上海人民出版社2000年版，第414—415页。
③ 赵俊：《国际关系中的承认：合法性与观众成本》，《世界经济与政治》2001年第4期。

国际政治的他者主义理论

中，由于身份上不能融合共生而引起利益不能调和的冲突时，国家才在与他者的冲突中得以造就。

第二节 他者的存在推动人类社会发展

在原始社会，生产力发展渐渐使剩余产品的交换、占有和支配成为现实，也逐渐产生了一部分不直接从事生产而占有大量生产资料和财产的少数群体，在社会结构中占有优势地位，并且形成一种特殊的"主—奴关系"，奴隶主占有奴隶和财产，奴隶一无所有并且完全依附于奴隶（当然也仍然存在部分的自由民）。对于奴隶主，奴隶是他者；对于奴隶，奴隶主是他者；对于本群属而言，本域以外的其他部落则又是更大的他者；同时，基于自我与他者镜像对换，自我群属也成为本域之外群属的他者之一。

在世界各地，曾经普遍出现的原始的民主协商与推举首领制来管理内部事务和防范外来威胁，自我和他者的关系基本处于平等和民主的共生状态，但这并不意味着这种制度勉强是和谐共生的就可以持续下去。随着生产力的不断提升和人口聚居地城市化的发展，群属内部的自我和他者在利益和权力的冲突和斗争中，从氏族社会后期就朝着比较原始而直接的"主—奴"关系方向发展。文明的拓展和社会的进化，没有使群属内部和群属之间的自我和他者的关系变得更加公平、民主、和谐，而是逐渐发展成以权力为中心的控制—反控制、统治—反统治的服从与依附关系。权力在这个演进的过程中，成为一种令人敬畏的力量。

既然群属内部和群属之间的自我和他者总是存在矛盾、冲突、斗争的现象，当来自群属内部不同类属身份的他者或同类属身份的其他他者或群属外部的其他他者，对自我的权力和利益产生威胁并经常发起挑战，而且这种威胁或挑战的力量能够或试图改变自我的权力、利益的存在状态时，自我就会倾向于采取最严规范、最多手段、最强组织、最大暴力的最高权力主宰方式来维系并巩固既有的支配与控制的结构状态。

第一章 国际政治中的他者及他者主义

王国维在考察有关王朝的家、国、天下之间关系后,把"制、法、术"等确认为国家权力的组成部分。他认为,"有立子之制,而君位定;有封建子弟之制,而异姓势弱,天子之位尊;有嫡庶之制,于是有宗法;有服术,而自国以至天下合为一家"。① 当然,"在具体环境中,如果自我掌握较大的权力,就可以诱使他者根据自我的观念改变自己原先对环境的定义,而不是相反。"② 摩根索对权力政治也有深刻论述,他指出,"权力可以包含建立和维持人对人的控制的一切东西"。③ 自我和他者通过不断地从事无视对方需求的权力政治实践活动,在自我和他者的互动中,逐渐创造并内化为一种共有知识,即他们之间的关系应该如此,控制和统治是一种结定状态,也是一种常态,并且不断发展出完善的规范和制度来维系并巩固这种组织关系。很明显,在这一过程中,"权力关系在决定进化发展方向方面起着至关重要的作用"。④ 这种以权力为核心的,为控制、统治、防备他者的特殊的、有暴力特征的永久常设性组织,必然会逐渐发展成具有最高主宰、最高属性、最高主权的国家形式。

自我和他者的互动,并不必然造就特定的组织和结构,只有不断地试探和挑战,并且经过无数冲突、斗争和妥协等手段,才能最终确立国家这样特定的组织和国际无政府的结构状态。查尔斯·蒂利（Charles Tilly）认为,"战争造就国家"。⑤ 孙中山也认为:"国家是用武力造成的"。⑥ 这种说法至少在表面上有其客观性,但描述本身并不是一种可靠的解释,为何会有战争和武力呢？显然,根本的答案是因为他者的

---

① 王国维:《观堂集林》(第十卷,第二册),中华书局1995年版,第451—474页。
② [美]亚历山大·温特:《国际政治的社会理论》,秦亚青译,世纪出版集团、上海人民出版社2000年版,第417页。
③ [美]汉斯·J. 摩根索:《国家间的政治——为权力与和平而斗争》(第5版修订版),杨歧鸣、王燕生、赵归、林小云译,商务印书馆1993年版,第24页。
④ [美]汉斯·J. 摩根索:《国家间的政治——为权力与和平而斗争》(第5版修订版),杨歧鸣、王燕生、赵归、林小云译,商务印书馆1993年版,第416页。
⑤ Charles Tilly, "Reflections on the History of European State-Making", in Tilly, ed., *The Formation of National States in Western Europe*, Princeton: Princeton University Press, 1975, p.42.
⑥ 任吉悌、王瞪霞:《国家哲学论》,安徽人民出版社2000年版,第28页。

国际政治的他者主义理论

存在。当他者的存在与自我在权力和利益上的尖锐矛盾不可调和时,才会以武力作为最后的解决方式,才会产生冲突和战争,也才会造就国家的生成。① 恩格斯、列宁和文森特等都把国家的生成,看成是在既定的自我与他者的对立冲突中产生的。阶级之间、统治者与被统治者之间,对立的利益矛盾不可调和而产生冲突,这样,他者的存在必然最终会促使国家机器的产生,从而继续维护和巩固自我与他者的权能与利益关系,"把冲突保持在'秩序'的范围内"。② 简而言之,国家在冲突中产生,国家是他者的存在造就的。最终,国家就这样被造就了。

国家产生之后③,罗伯特·卡内罗(Robert Carneiro)的研究证实,估计公元前 1000 年世界上有 60 万个独立的政治单位。④ 当然,需要指出的是,这并不是说,国家生成后出现国家造就国家的情况,事实上,国家生成的根本原因仍然是由群属内部及群属外部他者的存在造就的。在现代国家中,北美洲十三个殖民地与外部他者(英国)的冲突产生了美国,巴基斯坦是印度与外部他者(英国)的冲突并由于印度内部他者间矛盾而产生的,普鲁士在与外部他者(丹麦、奥地利、法国)的冲突中得以造就统一的德国,而非洲的大部分现代国家都是在反他者殖民的基础上建立的。可以说,从美洲到亚洲,从欧洲到非洲,没有一个国家不是在直接或间接的冲突中诞生的,也就是说,在根本上来说,

---

① 西方国家以霍布斯、洛克和卢梭等为代表的契约论者,倾向于国家的产生是相互契约的结果,我们在此不作讨论,因为即使是完全的契约论者,也是以他者的存在为前提条件而阐述国家的生成的。我们也不对其他的国家产生论进行分析论述,因为,实际上其他所有相关的国家产生论都不可能绕过他者的存在而直接生成。

② 中共中央马克思恩格斯列宁斯大林著作编译局编译:《马克思恩格斯全集》第 4 卷,人民出版社 1995 年版,第 166 页。

③ 实际上,国家的产生是个长期过程,不是一朝一夕宣布一下就产生了。在以某个事件为标志的国家的产生过程中,之前社会公共管理结构和组织已经接近于国家的雏形了,而且之后,国家的功能和职能也在继续拓展和完善。在古代中国,到了春秋战国期间,才渐渐确立了地域原则为基础的国家观。在世界历史上,1648 年的威斯特伐里亚会议才基本上确立以地域原则为基础的现代国家主权观。

④ [美]亚历山大·温特:《国际政治的社会理论》,秦亚青译,世纪出版集团、上海人民出版社 2000 年版,第 408 页。

第一章　国际政治中的他者及他者主义

没有一个国家不是在自我与他者的矛盾中产生的,没有一个国家不是他者的存在造就的。①

第三节　国际社会的无政府状态是"他者的存在"造就的

他者的存在,并不必然限制自我的自由、安全和福利,无论在国家之内还是无政府状态的国际社会,自由仍是自我最可贵的价值追求,"自由是自我的本质,自由是人类生活的要素和最高原则。"② 在国际社会的无政府状态下,自我既有行动的自由,又有行动的限制,"国家是具体自由的现实"③,"人只有'在社会之外'才是人"④,这与所谓的人性的回归无关。但在社会实际生活中,把人、集体、组织和国家进行他者人格化是必要的,例如在资本主义社会条件下,人成为社会关系人格化身的存在状态,资本家是资本的人格化身,工人则是劳动工具的人格化身。当然,人就其本性而言,对"被人格化"不是无动于衷的,他既能现实地走进社会关系,也能自由地走出社会关系。社会的目的是保障自由,改善人类生存,但社会和国家有不同的功能与作用,"国家不是目的本身,而纯粹是手段。"⑤ 因此,在无政府状态下,尽管"使国家人格化仍然是有问题的",但把国家人格化是必要的,"国家也是人"⑥,

---

① 尽管有些国家的成立,只是得到了少数相关国家的认可,没有得到国际社会的普遍承认,但仍然可以看出其国家的生成根本原因是由他者的存在造就的。
② [德] 费希特:《论学者的使命》,梁志学、沈真译,商务印书馆1980年版,第17—18页。
③ [德] 黑格尔:《法哲学原理或自然法和国家学纲要》,范扬、张企泰译,商务印书馆1982年版,第270页。
④ 中共中央马克思恩格斯列宁斯大林著作编译局编译:《马克思恩格斯全集》(第30卷),人民出版社1995年版,第221页。
⑤ [德] 费希特:《论学者的使命》,梁志学、沈真译,商务印书馆1980年版,第18页。
⑥ [美] 亚历山大·温特:《国际政治的社会理论》,秦亚青译,世纪出版集团、上海人民出版社2000年版,第279—272页。

13

国际政治的他者主义理论

国家是有意图的团体行为体,是一个可人格化的、实在的"他者的存在"。

国家产生后,无政府状态就成了国际社会的一种给定的状态,它本质上是一种进程,一种结构,一种秩序,一种存在。温特认定,"无政府状态是国家造就的",这种说法本身似乎是没有什么问题的,因为它符合一个存在的客观事实。然而,这种论断实际上只是一种描述而远非解释,而且温特自己对无政府状态的认识也存在自我矛盾之处。他认为,"无政府秩序的作用依赖于国家持有的意愿和信念,依赖于国家的政策。"温特这一表述,实际上就是指的国家间的均势原则。但他同时认为,"根本就不存在什么单独的'无政府逻辑'"①。这种观点显然过于绝对化,本质上又正好推翻了国家间的均势原则。而政治即均势②,国家都是功能相似的、有最高主权特性的、以自我为中心的组织,尤其在国家死亡率极低的现代社会,均势原则始终贯穿于国家的兴衰胜败和国家间关系。虽然温特认为行为体建构结构,结构也建构行为体,但均势原则仍然是建构主义的基础和灵魂,均势也是所有一切社会结构状态及自我与他者互动平衡所必须遵循的核心原则。如果进一步反问,"国家又是什么造就的"?温特的这一论断无疑就应该引向更深层的导向性逻辑了。当然,也只要简单地把国家他者化,那么就可以直接把"无政府状态是国家造就的"这一论断,表述为"无政府状态是他者的存在造就的"。

华尔兹认为无政府状态是国际政治的特性,他把世界政治分为两个分析层次:国家层次和国际体系层次。③ 在自助体系中,这种分析是有意义的,也正好与罗素的观点有异曲同工之妙。罗素认为,国家权力是

---

① [美]亚历山大·温特:《国际政治的社会理论》,秦亚青译,世纪出版集团、上海人民出版社2000年版,第186页。
② 即使美国的实力过高而出现一个超级大国的现实状态,也仍然符合均势的原则,即美国是靠自己超强的实力和能力,来维护有利于自己的"有霸权的均势"。
③ [美]肯尼思·N.华尔兹:《人、国家与战争——一种理论分析》,倪世雄等译,上海译文出版社1991年版,第11页。温特从建构主义的角度,把结构分为宏观的力量结构和微观的互动结构,也具有重要意义。虽然二者观察问题的角度不同,但都力图对国际社会的结构和状态给出最适当的解释,在作用上有同等功效。

第一章 国际政治中的他者及他者主义

"国民集体权力的总汇。这个权力有两种形式,一种是对内的,一种是对外的。"① 国家层次分析有利于国家内部的自我与他者达成一种权力平衡与稳定秩序,国际体系层次分析有利于把自我国家之外的国家,适当地作出自我经验与利益之上的观察与体认。国家层次结构状态和国际体系结构状态主要是一个自我与他者的秩序关系问题,国内社会的等级秩序主要是以国家权力作为核心的共生秩序,而国家间的无政府状态秩序主要是以均势作为核心的自助秩序。对于国内社会结构状态来说,社会公共权力意味着国家权力,"国家权力事实上不可能是少数人的特权",② 而对于国际体系的无政府结构状态来说,国家的实力才是国家间权力均势原则的可靠自助保证。这与达尔文观点和福柯关于权力的观点相一致,即"权力创造了施动者,但不属于施动者"。③

温特也把生存、自由、价值、秩序、权力、身份、观念和文化概念等植入到了他的建构主义理论之中,而且他也把国际无政府状态作为先在给定的经验性存在。他列出了国家间三种不同的经典国际体系无政府文化,即:自我和他者互为敌对关系的霍布斯文化、自我和他者互为竞争对手关系的洛克文化、自我和他者互为朋友关系的康德文化。换言之,施动者造就结构,结构也造就施动者,这三种文化都是自我与他者作为施动者在互动中造就的。如果把自我看作他者的他者,就可直接而合理地认定这三种文化都是他者的存在造就的,也即温特认定的"无政府状态是他者的存在(国家)造就的"。我们知道,若 A 能推论出 B,B 能推论出 C,那么也可以说 A 能推论出 C。同理,在已经论证了国家是他者的存在造就的基础上,就可以推论出"无政府状态是他者的存在造就的",这个结论与之前的论证正好完全一致。如果再适当地

---

① 吴惕安、俞可平主编:《当代西方国家理论评析》,陕西人民出版社1994年版,第313页。

② [美]爱·麦·伯恩斯:《当代世界政治理论》,曾炳钧译,商务印书馆1983年版,第107页。

③ Atterton(1994),Foucault(1980:94-95)。转引自 [美]亚历山大·温特《国际政治的社会理论》,秦亚青译,世纪出版集团、上海人民出版社2000年版,第408页。

国际政治的他者主义理论

进一步进行理论还原,那么完全可以认定,一切社会组织结构及其相应的存在状态,都是他者的存在造就的。

他者的存在,是一个永恒的、不可绕过、不可忽视、最根本的客观事实。在一个自我与他者以及互动形成的世界里,有理由认为这个世界的包括国家和国际体系无政府状态的一切社会组织结构和存在状态都是他者的存在造就的。尽管对于自我与他者互动的方式总会存在不同的视点,自我与他者之间的对立、竞争、冲突、斗争,不仅证明了它们各自的存在与价值,也产生了已存在过和正存在的各种组织结构及各种存在状态。诚如黑格尔所认为的,自我与他者之间互动的方式是斗争,"两个自我意识的关系……通过生死的斗争来证明它们的存在","它们必定要参加这一场生死的斗争,因为它们必定要把它们自身的确信,它们是自为存在的确信……提高到客观真理的地位"。①

他者的存在,尽管存在与自我的合作与相互依赖,但同时也必然与自我产生矛盾和冲突,因而正是他者的存在,形成人类社会的"他者主义",持续造就了制度、规范和共有知识,造就了组织与机构,造就了阶级、政党、政权和国家,也造就了国际社会的无政府状态。只要有他者的存在,就会与自我产生矛盾和冲突之处,就会产生人类社会出现的一切社会组织与结构,这也正如古希腊著名哲学家赫拉克利特先知般总结的,"一切都是斗争所产生的。"②

第四节　他者主义理论:国际关系学暗含的元理论

他者的存在,为自我存在提供了客观的博弈对象。自我与他者的互

---

①　[德] 黑格尔:《精神现象学》(上卷),贺麟、王玖兴译,商务印书馆1979年版,第126页。
②　北京大学哲学系外国哲学史教研室编译:《古希腊罗马哲学》,商务印书馆1961年版,第19页。

16

第一章　国际政治中的他者及他者主义

动,始终围绕着存在、威胁、安全、竞争、发展、冲突、统治而进行。而且,只要自我与他者的存在是客观的,就一定存在均势(平衡)原则,均势始终在自我与他者的互动中扮演特殊的核心角色。在自我与他者的互动过程中,与之同时存在并同时发展的是他者主义。他者主义①,不仅是指一种实践、一种关系、一种互动、一种认知,同时也是指一种心理、一种机制、一种平衡、一种理论。他者利益存在的客观性,使相互间的协调往往难以实现,尤其是政治上的协调,几乎没有他者愿意在权力上做出妥协。只要是社会体系,不管其存在的时间有多长,都包含着权力的制度性调配,在所有的集体情境中,制度性调配都表现为控制模式,凭借控制,某些施动者致力于实现并维护他者对自我的服从或认可。由于身份上不能融合共生而引起利益不能调和的冲突时,他者的存在以及与之相对应的他者主义,持续造就了权力、制度和共有知识,造就了组织和机构,造就了利益集团、阶级、政权、政党和国家,也造就了国际社会的无政府状态。与此同时,他者的存在与他者主义,也造就了人类文明的进步和社会的进化。

哲学是研究理论的科学基础,寻求理论、建构理论、发展理论离不开哲学。国际关系理论的问题,是研究国际关系实践与发展的问题,既是一个认识客观世界的问题,也是一个哲学的问题。恩格斯曾说,"全部哲学,特别是近代哲学的重大的基本问题,是思维和存在的关系问题。"② 在国际社会的无政府状态中,"无政府状态"是以"无"来定义"有",它本身就是一种存在,一种秩序,它与经验性的划分种类及多少无关。

---

① 笔者在这里提出"他者主义"的概念,主要是针对国际关系的理论而言的,因为笔者认为当前国际关系的三大主流理论(现实主义、自由主义和建构主义),都是基于"他者的存在"基础上的。各种分析和研究范式本质上都是关于自我与他者之间的关系的定性、定位与不同视角分析的归类,都是自我如何对待"他者的存在"的关系研究中派生而来,因而提出了"他者主义"这一概念,旨在梳理国际关系理论流派的纷繁复杂,直接引出"他者主义"理论,以便于分析与研究国际关系理论与现实。

② [德]恩格斯:《路德维希·费尔巴哈和德国古典哲学的终结》,《马克思恩格斯全集》(第21卷),人民出版社1995年版,第315页。

本质上，存在与秩序，是一个永恒的客观自在。他者的存在造就国家和一切社会结构及状态，在以国家为核心单元要素的国际体系中，无政府状态就是国际社会的自然状态，这种自然状态就是一种已经人格化了的自在秩序，它始终遵循着"存在与利益"的内生逻辑关系。依据这一逻辑，国际关系问题是一个自我存在与他者存在的关系问题，国际政治问题是一个自我存在与他者存在的秩序问题（外在表象特征的核心问题仍是权力与利益问题）。事实上，各种国际关系理论，包括现实主义、自由主义和建构主义等国际关系理论，都把国际关系当作一种已经客观存在的高度发展的关系和状态来分析研究。他者主义也一直潜含在各种国际关系学的理论与范式的分析研究之中。

大体上说，西方国际关系理论可分为两大类。一类是论述国际关系内在联系和发展规律的，包括理想主义、现实主义和自由主义等；另一类是技术性的，包括行为主义学派的多数以及博弈论等。[①] 根据不同分类方法，国际关系理论也可分为：大理论、中层理论；解释性理论与构成性理论；基础性理论与反基础性理论。[②] 不论如何分类及如何界定国际关系理论，也不论何种理论以什么作为假设和论据，显然，所有的这些理论都有一个基本的前提，即以"他者的存在"为前提条件，他者的存在成为所有国际关系理论的出发点，没有他者的存在，就没有政治，当然就没有国际关系理论，避开他者的存在来分析研究国际关系理论，任何理论都将是无源之水无本之木。从这一意义上说，以他者的存在为基本前提，阐释国际政治中"存在与秩序"本质的"他者主义"理论，属于解释性的、基础性的、论述国际关系内在发展规律的大理论。不仅如此，由于现实主义、自由主义和建构主义等大理论，是基于自我存在与他者存在基础上的关系的阐述与辨思，在假定人性是善或恶的基础上，由国家理论派生出来国际关系理论。

作为建构主义在中国的代言人之称的秦亚青教授，他在总结亚历山

---

① 倪世雄等：《当代西方国际关系理论》，复旦大学出版社2001年版，第1页。
② 白云真、李开盛：《国际关系理论流派概论》，浙江人民出版社2009年版，第4页。

第一章　国际政治中的他者及他者主义

大·温特的建构主义时,也明确表达了他的清晰质疑:"虽然温特说明了无政府性属于文化范畴,是社会产物,没有单一的逻辑,但霍布斯文化状态频繁出现的事实毕竟提出了一个问题:为什么在国际体系中霍布斯文化似乎更加容易得以造就、自助性和权力政治更容易被接受?"他认为温特的建构主义没能回答这个理论问题,他本人也没有回答这个理论问题,但他明确认为:"温特理论没有做出明确的解释,建构主义文献也缺乏这方面的经验性研究,这是建构主义在讨论无政府文化方面的一个缺失。"①

不可否认,无论是沉默的他者,还是吵闹的他者,无论是作为自然个人的小他者,还是作为国家及国家联盟与国家组织的大他者,只有先确定并界定自我存在之外的"他者的存在",并且自我主体不是他者制造的假象,然后才有国际关系理论所特定的"假定的人性"和"假定的理性"。按照简化的"国际关系是关系"②的客观逻辑,这些国际关系理论的背后都来自一元性的"他者主义"（作为母体的统一场论）,即现有国际关系理论都是以他者主义作为暗含的元理论而对国际关系展开的各种不同视角的描述、解释和预测,并且显然具有天生的纯政治性,这也是当前（尤其是西方的）国际关系理论的一个重大局限性所在。

第五节　引入他者主义理论的重要性与局限性

由于自我与他者的首要目标都是存在,安全是存在的一种本质需要,而且由于他者的存在造就了国家和无政府状态的组织形式,那么斗争与冲突不一定就是国际关系中的常态,国际政治也并非必然是斗争的

---

① 秦亚青:《国际体系的无政府性——读温特〈国际政治的社会理论〉》,《美国研究》2001 年第 2 期。
② 宣兴章:《国际关系是关系:对存在的反思与重构》,《世界经济与政治》2009 年第 1 期。

19

国际政治的他者主义理论

政治。当然，国际道德、国际法等规范性因素却显然是有限的，人性恶也不是可以确定验证的，而在于自我存在与他者存在关系中的对权力与利益的需要、建构及解释。国际规范越完善，共有知识私有化程度越深，道德与正义得到的理解与执行也就越深化。既然他者的存在是客观的，即使特定的他者不存在了，普遍意义上的他者仍然是存在的。就国家来说，某一特定的国家政权灭亡了，但国家的存在仍然是客观的，仍然有一个他者的存在问题，因而引入他者主义理论是重要的且是必然的。

长期以来，他者的存在作为一种确定的客观存在，反而被国际关系学的主要流派和学者所忽视，几乎不在经验性的理论探讨范围之内。主流的国际关系学理论及研究方法，都把国际社会是无政府状态作为先在假定，而国家在国际体系中如果不是唯一的行为体也是最重要的行为体。在国际关系高度发达并高度政治化的现实中，国家作为国际社会的核心行为体，其行为不仅高度人格化，同时也高度他者化，虽然有些理论如温特的建构主义理论有所涉指，美国华裔学者凌焕铭（L. H. M. Ling）也借鉴道家思想分析国际事务中"自我—他者"关系等，但都未能发展成独立的他者主义理论。

国际社会中，国家是功能相似而非功能相异的单位，并且都是以自我为中心的一种具有最高主权性质的组织存在。在国际关系中，尤其是现代国家关系中，因历史的原因与地缘的限制，自我国家之外的他者国家实际上在很大程度上都是特定的，与周边国家关系和大国关系是最常见特定关系。例外的情况是，区域或全球性的霸权国家作为强大的他者，一旦确立了霸权并在一定时期内能够维持其霸权的话，对其他的他者国家的作用和影响也是特定的。所以国家的身份在具有普遍性的同时，由于具有明显的特定性，在权力和利益的追求和维护上并不总是具有同质的自主性，因而每个国家对自身而言并不总是现实的。

在当前国际关系理论架构中，都无一例外地暗含着"同一核心"的他者主义。现实主义认为国际社会处于无政府状态之中，国家为单一行为体（他者对象的单主体性），斗争与冲突不可避免，国际政治就是

20

民族国家为权利或安全而斗争，国际道德、国际法等规范性因素的作用是有限的。自由主义运用国内类比的方法思考，认为国家是重要的行为体（他者对象的多主体性），相信理性原则可以应用于国际关系，累积性进步是可能的，合作是国际关系的主旋律，相互依赖的体系性力量具有一定的作用，寻求在国际关系领域构建秩序、自由、正义与宽容的价值观，并最终使世界步入秩序状态。建构主义承认国际社会的无政府状态和国家的本体地位，认为社会本体论与传统理论的物质本体论相对应，视世界为实践活动的产物，是一种观念的建构，认为施动者（他者对象的多主体性）与结构之间存在着互构关系。

温特把国际政治的视点从无政府性转移到身份和观念的尝试，同样存在与理性主义类似的最终无法自圆其说的问题，即国家是什么造就的？为何会造就国家？为何是国家造就了国际体系的无政府状态？这就必须在建构主义的基础上，进一步研究能够更好诠释这些疑问的他者主义理论。

同时，马克思主义、规范主义、英国学派、哥本哈根学派、批判主义、后现代主义及女性主义等国际关系理论，也都是以他者的存在为基础的，当然也不可避免地都是以他者主义理论作为根本出发点的。而且不论其理论的视角、假定、方法、架构和论述的严密性与否，始终都没有脱离他者主义中基本价值关系的判断与定位，也即任何一种理论都不可能脱离他者的存在去研究与他者的关系并形成理论，所以，他者主义也由此得以成为各种国际关系理论所暗含的、不可规避的、根本的一元性理论。

然而，在国际关系的分析与研究中，随着对他者认识的深化和与他者关系的复杂化，他者实际上已经进化为一个人格化了的他者。他者的定位也主要是指团体（主要指国家）而非个体（主要指个人），而团体施动者和个体施动者存在着重要差别，这就基本决定了在国际关系理论中引入具有一定哲学性质的他者主义理论，是非常重要的但却仍然是有问题的。温特认为，团体施动者和个体施动者至少存在三个重要差别：第一个差别是，团体施动者的单一性程度比个体施动者低，这就使人们对赋予团体施动者意图性的做法提出了质疑；第二个差别是，对于国家意图和行为的估测实际上比对个人意图和行为的估测可能还要容易；第三个差别是，国家有许多不同方式进行"互动"，个人则不具有多种方式。① 正因为他者实际上是人格化了的他者，在国际关系理论研究中，把他者主义理论作为国际关系理论的元理论，有可能会产生分析上的偏差和研究上的争论。不过，也许反而正是因为"共同的以他者的存在为出发点"和"分析上的偏差和研究上的争论"，才产生了各种不同的国际关系理论、主义、范式和流派。

此外，尽管他者是一个与自我相对应的概念，但是他者主义却并非是一个与自我主义完全相对应的理论概念。他者主义是指一种实践、一种关系、一种互动、一种认知，同时也是指一种心理、一种机制、一种平衡、一种理论，那么，他者主义理论就有可能成为一种一般意义上的超越他者存在的理论，成为一种单一性的分析范式而非国际关系的元理论了。任何一个施动者（行为体）都是以自我为中心的存在，对他者的认识、关系和因应都是基于以自我利益为中心并依托自我实力与意愿的立场，这种立场在国际关系中一般表现为均势（整体的动态平衡），而对他者的最终兴衰成败，从更广泛的意义上来说，自我在本质上只是利益链上的看客而已，但如果与他者发生利益关系，尤其是很紧密的利益关系或者是相冲突的利益关系，那么他者的兴衰成败对自我影响是非常大的，极端情况下，甚至出现被征服、吞并或者被殖民的情况。当然，从国际关系的角度来看，无论自我与他者关系的亲疏远近与否，一个确定的自我与一个确定的他者，其身份与利益总是有别的。

本章小结

德国哲学家托尼逊在《他人》一书中把"他者"问题作为 20 世纪

---

① ［美］亚历山大·温特：《国际政治的社会理论》，秦亚青译，世纪出版集团、上海人民出版社 2000 年版，第 279—280 页。

第一哲学的主题，这种说法虽有些言过其实，但显然具有重要意义。他者的存在，是客观实在的，并且由于他者的存在，造就了以自我为中心存在的、具有最高主权属性的国家，造就了国际社会的无政府状态。排除他者的存在来研究与他者的关系，则无疑是无源之水无本之木，所以，把他者主义作为一种理论，在分析研究国际关系的历史、现实与未来中，显然具有非常重要的理论意义。

本章分析了他者的存在与认知，分析了实体上的他者存在与观念上的他者存在，并与前一章所述的共同体存在与他者存在结合起来，也为后续的群体主义作了一定的铺垫。把他者的存在进行实体性存在与观念性存在来划分，具有重大学理意义，既把人性糅合进去，也把现实主义与建构主义撮合在了一起。这样做并不是在现实主义、自由主义和建构主义之间走中间路线，而是基于一个事实，即不管何种国际关系理论，都是建立在同样的人类发展历史的事实基础上的，不管观点是多么截然不同，但本质上应该有某些相通之处。

研究国际关系的学者，通常困惑于某一理论在解释国际关系现实的局限性，即使把某一理论无限变通，也似乎还是难以解释国际关系中出现的所有事件与现象，对于预测国际关系的未来，更是显得鞭长莫及，乏力无能。当然，他者主义并非要准确具体地描述、解释和预测国际关系如何，而是既立足于具体事件又超脱于具体事件，不论在某一地域的特定的他者（通常指的是国家）是否崛起或灭亡，这个地域上总会有他者存在，因而这也是他者主义理论本身所具有的必然性和生命力所在，同时也才能成为当前国际关系理论暗含的元理论。

本章在分析了他者实体存在与观念存在的情况下，接着论述了国家的有关概念即国家是如何产生的，由此提出，国家是他者的存在造就的，而国际体系的无政府状态是他者的存在造就的，呼应了温特关于"国际社会的无政府状态是国家造就的"的著名论断，并由此提出，"国际社会的无政府状态是他者的存在造就的"这一新论断。他者主义是所有国际关系理论所暗含的元理论，因为所有理论范式或观点都是以他者的存在为前提条件，并探讨如何应对他者存在的现实以及与他者的关系，当然，我们也有限地探讨了在国际关系理论中引入他者主义的局限性。

对分析他者主义的分析，还有很多不成熟的地方，也没有形成系统的他者主义理论分析框架，仅只是就问题的提出作了一些思考，后述将继续探讨的群体主义，算是他者主义理论的一个延续性探讨，即把他者还原到客观现实中的共同体中，从群体主义的角度来研究他者主义是如何通过群体的互动而发挥作用的。其实，在共同体存在的客观情况下，不只是自我与他者的关系，而是群体相互多维度、多层次、多角度、多方面的复杂互动关系。在此基础上，将有利于后续国际政治的群体主义理论、"刺激—反应"机制、国际关系进化/退化机制的分析。

第二章

他者主义的理论假定、类型与主体间关系重构

第一节 他者主义的理论假定

他者主义根植于他者的存在，他者主义理论开辟的是他者存在前提下的论说。从某种意义上来说，哲学社会科学理论不同于自然科学理论，本质上都脱胎于经验的总结与提炼，并且从还原主义来看的确如此，因而他者主义也遵循这一理论路径，从根本上来说也是自我与他者相处经验的总结与提炼。

通过从不同视角观察思考而获得理论形成路径，这是绝大多数哲学社会科学理论形成的主要路径。理论不是高高在上的东西，在形成理论的过程中，根据一定的实践场域和语境预设而形成，并且必须要经得起实践的反复检验。

国际政治的他者主义理论同样来源于国际政治的实践观察和经验总结，因而与其他国际政治理论一样同样具有相同或相似的理论假定。在他者主义理论建构中，主要预设有六项基本理论假定：

* 理论假定之一：他者的存在
* 理论假定之二：他者是理性行为体
* 理论假定之三：他者的根本利益是追求安全与权利

*理论假定之四：主权国家是国际体系的最重要行为体

*理论假定之五：国际政治与国内政治相对剥离

*理论假定之六：国际体系无政府状态

我们来逐项分析他者主义的这六项基本理论假定。

第一项基本理论假定：他者的存在。毋庸置疑，没有他者的存在，就没有互动，也就没有政治。有人就有观念和利益分歧，由此，才有派别，有人才有社会，有人才有组织，有人才有世界。他者的存在造就了组织、机构、党派、国家、国际体系、国际社会，这是国际政治的内在动因，也是国际政治的外在动力。总之，有他者的存在，才有自我存在的意义，有国家的存在，才有国际政治的各种表现。

他者的存在，一方面他者是指国家的存在，另一方面也指作为国家组织（主要是指执政者）的存在，国家的存在是相对不变的，但国家组织及组织形式是流转变化的，国家组织或执政者的政策不是国家永远不变的政策，就是说作为个人的他者不存在了，但是国家作为他者仍然持续客观存在。

第二项基本理论假定：他者是单一的理性行为体。理性应被看成是人的本质规定性，"理性在本我的阿基米德支点上生成、演绎、展开、完善"①，行为体具有理性，才能进一步讨论行为体之间的互动。在国际社会，国家是统一、抽象的变量，是超个人、超阶级、超利益集团的统一整体，任何国家政策的制定和实行，任何国家的对外交往、协议、合作或冲突，本质上都是与国家利益相一致的，都是为了实现国家目标而形成的手段。但是，国家政策只是具有相对理性，不可能符合所有国内利益相关方的利益，也不可能符合国际利益攸关方的利益，国家政策是各方共同作用的结果。执政方的政策和行动尽管是理性的，但也只能指向一定范畴的国家利益，有时甚至出现看似是正确的理性决策行为而仍会招致更大国家利益的损失。

由于理性容易受到实力、权力、利益的影响，也容易受到观念、制

---

① 倪梁康：《自识与反思：近代西方哲学的基本问题》，商务印书馆2002年版，第5页。

度、意识形态、历史文化等因素的影响,因而理性也会呈现出偏执性理性。偏执性理性往往表现为狭隘性中心主义和偏执性对抗,对待自我阵营的他者,常常无条件地积极支持,而对待他者阵营的他者,会偏执性地盲目反对,明显的非常恶劣的"双标"。国际政治中偏执性理性的行为体,往往以自我为中心,或是虚伪的道德主义者,或是傲慢的种族主义者,或是偏执的民族主义者,或是顽固的保守主义者,或是双标的自由主义者,或是虚假的民主主义者,或是伐异的价值主义者,或是霸凌的强权主义者,等等,这样的偏执型他者往往是国际社会的麻烦制造者。

第三项基本理论假定:他者的根本利益是追求安全与权力。他者的首要意义在于他者的存在,因而他者的安全对于他者的存在具有首要根本意义,这与自我存在及自我安全具有同等意义,所以他者追求安全与自我追求安全在逻辑上和现实上都是等阶的。同时,围绕存在而展开的利益、权力、文化、制度、尊严等追求行为,既是必然的,也是重要的。自我存在与他者存在,相对于安全而言具有不同的层次及认知,围绕主体间能否共存共生共享,会产生合作与竞争的系列行为及博弈,甚至产生对抗与冲突。

也就是说,他者与自我一样,追求安全与权利是根本利益所在,只是追求的目的、过程、手段具有相异性而已。他者为了自身利益,寻求以文化、价值观和利益为基础的群体合作,形成相对稳定的群体意识或群体文化,从而构成了以利益为指向、以他者为目标、以观念为支持、以文化为认知,以价值观为界限的群体主义(外在形式主要表现为集团、组织、联盟、伙伴、小多边)。一方面,在面对共同挑战与威胁中,与自我群体进行密切合作,与他者群体进行有限合作;另一方面,在面对他者群体的挑战与威胁时,与自我群体进行协同合作,与他者群体进行竞争对抗。在国际社会的无政府状态中,所有他者主体性存在的国家都难有绝对安全,因而具有不断追求绝对安全的冲动,其方式有增强自身实力、加入集体安全组织、削弱潜在威胁等方式。一些实力强大的国家有追求绝对安全或者追求霸权的冲动,但国际体系结构往往会并且能制约这些无限扩张的冲动，国际和平与发展反过来对国家追求安全与权利的根本利益有重要反衬作用。

第四项基本理论假定：主权国家是国际体系的最重要行为体。自威斯特伐利亚体系确立以来，国家的主权性得到了最广泛的国际认可与维护。尽管第二次世界大战后尤其是冷战后，多极化、全球化、信息化的发展很大程度改变了国际社会的行事逻辑和行事方式，许多非国家行为体在国际舞台上发挥着越来越重要的作用，但是，主权国家的功能和权威性，仍然确定了主权国家在国际关系中是最重要的行为单位地位，是其他非主权国家行为体无法撼动和无法代替的。国家在对外行动中，以国家利益为起点，也以国家利益为落点。国家的主权性相对造就了国际体系的无政府状态，反过来，国际体系的无政府状态也固化了国家的主权性。

在国家主权范围内，国家享有最高自主治理权，也享有最高自主涉外权。国际组织尤其是政府间组织是国家间合作和解决分歧的重要行为体，但无法代替主权国家行为的重要性。主权国家是国际行为的天然屏障，也是造就国际体系无政府状态的主要缘由。离开国家为基本功能单位的国际关系理论，将是无源之水无本之木，不仅理论难以立起来，也难以描述、解释和预测任何国际政治。在国际体系的发展演进中，自1648年威斯特伐利亚体系确立以来，民族国家意识发展起来，中世纪及之前的宗教至上的原则逐渐被国际社会抛弃，取而代之的国家主权原则在世界范围广泛确立并被普遍认可，这是近现代国际关系的基石。国家间和平共处的外交原则建立了一种相对稳定的发展局势，而稳定局势被破坏后，国家仍然普遍向往和平共处。

第五项基本理论假定：国际政治与国内政治相对剥离。这项假定与第二项假定国家是单一的理性行为体既有联系又有区别，联系之处在于他者国家作为一个整体的对外政体，无论国家内部如何运作，对外显示的总是理性的单一行为体的行为，区别之处在于前者是作为单一行为体，后者看到了行为体的内政外交之别。通常来说，外交是内政的延续，国内政治是国际政治的基础和出发点，国家的国际政治为国内政治服务，或者说国际政治反映了国内政治的复合利益，各国的对外政策、对外活动为其国内政治服务。国家的国际行为可以从国内变化中寻找其行为逻辑，尤其作为政治家和分析家，应当把国际政治和国内政治视为一个整体进行研究。① 外交行动对于是否能推动国内议程具有重要作用和意义，因此，考虑国家行为体的国际政治表现时，必须关注其国内政治的变化，尤其是执政者的更迭的影响，以及国际政治环境与氛围对国内政治的影响，反过来又对国际政治所产生的重要影响。但一国政策不能把对他国政策重点放在其国内政权及政策的更改上，可能前后届政府的对外有很大不同，但长远角度看，必然始终是以其国家利益为出发点和落脚点的。

  国际政治围绕权力、利益和安全而展开，由此国际政治不只有竞争与冲突，还有互利与合作。然而，无论国家的最终目标是否是权力和利益，存在（安全）总是国际政治的直接目标，合作共赢和竞争对抗是国际政治的一体两面。但是，由于国家是国内政治经济变革的唯一决定者，在研究国际政治过程中，在宏观上需要把国内政治与国际政治进行相对剥离。国家作为国际行为体，其国际活动与行为总是可以并且必须被视为一种他者行为，国际政治与国内政治也需要相对剥离看待。事实上，国际政治和国内政治的互动中存在着正、负两面不同的效应，即良性互动和恶性互动。② 无论国家的国内变化如何，都需要把国家视为一个独立单一的理性变量，甚至对特定的国家集团组织，也是如此。如北约国家内部是比较松散的组织，而且内部矛盾重重，但一旦涉及攻击北约某一成员国时，就会被视为对整个北约的攻击，北约就会对此自动启动共同反击。2022年6月，北约在马德里峰会上完成了"压住俄国人、留住美国人、挡住中国人"的战略新使命，引起了世人高度警惕，美国海军陆战队前情报官员斯科特·里特撰文写道："全世界其

---

① Peter Gourevitch, "The Second Image Reversed: The International Sources of Domestic Politics", *International Organization*, Vol. 32, No. 4, Autumn, 1978, pp. 882–912.
② 浦兴祖：《试论冷战后国际政治与国内政治的互动——以中国为例的初探》，《上海行政学院学报》2000年第1期。

他国家现在需要实现的目标是，把这头野兽造成的破坏减少到最低限度，并且在它可能对全球社会造成更多伤害之前找到一个对其加以处置的办法。"①

第六项基本理论假定：国际体系的无政府状态。这是所有国际关系理论及范式都认可的假定。这一假定认为，国际体系的无政府状态是国家造就的，国际社会主要由众多主权国家构成，没有统一的中央权力机构，国家之间依赖度低而自主度高，主权国家在其领土范围内都具有不可侵犯的最高统治权，是至高无上的法律机构。这一基于现实状态的假定，是所有国际政治理论都默认的给定状态。秦亚青认为，"也许正是因为如此，新现实主义才把它所界定的竞争性无政府状态作为国际体系中的永恒逻辑，新自由主义也不加质疑地接受了这个逻辑。"② 这一逻辑已成为所有国际关系理论的当然性给定假定。

国际体系的无政府状态派生出世界政治的两个基本现象：一方面，国际体系的无政府状态，国家间政治是丛林政治，国家间缺乏必要的安全感，国家会为了安全、利益和权力不断爆发冲突，"在互动的实践过程中，行为体通过文化选择的方式建立起主体间性的意义。"③ 另一方面，国际体系的无政府状态，促使世界各国为了避免冲突和战争而不断寻求稳定的国际秩序，并由此催生国际规范和制度。当然，国际社会的无政府状态只是缺乏一个统一的中央权威机构，如华尔兹所说的"缺乏全体系范畴的权威机构"和基欧汉所说的"世界政治中缺乏一个共同的政府"④，但国际体系本身并非毫无秩序可言，而是广泛地存在着各种制度、规范、机制和安排，实际上是以"无"来定义"有"的状态。"在国际政治中，法律和制度是受追求权力的斗争限制和支

---

① 《俄媒概括北约使命："压住俄国人、留住美国人、挡住中国人"》，新浪网，https://cj.sina.com.cn/articles/view/2375086267/8d90f0bb02001ig5i，2024 年 5 月 21 日。
② 秦亚青：《国际体系的无政府性——读温特〈国际政治的社会理论〉》，《美国研究》2001 年第 2 期。
③ 袁正清：《无政府状态的建构主义审视》，《太平洋学报》2003 年第 2 期。
④ Waltz, *Theory of International Politics*, McGraw-Hill Higher Education, 1979, p. 88; Krobert Keohane, *International Institutions and State Power*, Boulder: Westview, 1989, p. 1.

配的"①，换言之，他者的存在促使国家追求权力与绝对安全，但他者的存在所造就的国际体系无政府状态结构，同时也制约了国家无限扩张的欲望，限制了国家无限追求权力的可能。

第二节　国际政治的他者主义本质

利益是国际政治的行动向导。国际政治是指一种复杂的、处于运动形态中的国际范围的社会现象，它反映了国际社会中各种政治力量在不同情况下的对峙、组合、分化、矛盾和斗争。国际政治的实质是各种行为体之间的利益关系，核心是国家间的利益关系。主权国家及其他利益集团，各有自我的特定利益，有的利益是共同的，有的利益是重叠的，有的利益是相悖的，各个国家和地区及利益集团为了保持、巩固、拓展自身利益，不断地展开国际活动，力图引导或影响国际局势的发展，创造对自我有利的国家环境，持续让自我利益最大化或者损失最小化。国家间的自我与他者之间，利益的不一致和不协调是绝对的，利益的相同或协调一致是相对的、有条件的，这就要求国家的自我外交政策在维护该国利益的同时，还要协调同他者国家的利益关系，这就构成了自我与他者之间相互依存与相互防范的悖论，从而也产生了和平与战争的悖论。

在他者成为具有与自我属性的同类身份后，基本就成了类属身份的同质他者，否则就是异质他者。所谓类属身份，主要是指思想观念上的相互身份认同，就传统的政治性视角而言，主要表现为"敌"与"友"两大类型，思想观念相冲相对则为"敌"，思想观念相通相融则为"友"。当然，在具体事情和具体认知上，则需另行具体划分类型。通常而言，自我与他者的类属身份差异性可以视为给定状态，但类属身份

---

① ［美］鲍德温：《新现实主义和新自由主义》，肖欢容译，浙江人民出版社2001年版，第149页。

的差异性不是相互为"敌"的借口,也不是相互交流合作的阻碍,而是可以成为交流合作的互通互鉴互补。

从社会角度来看,政治的本质是规范化的社会管理。在他者主义理论中,"'自我'与'他者'之间包含着一种权力向度"①,政治的本质是斗争,国际政治的本质是斗争与妥协,国际政治的他者主义本质是分清敌友。他者主义的本质是他者的永恒客观存在,他者的存在造就了国际体系的无政府状态,也造就了国际社会的永恒纷争。

在国际政治中,永远不要低估对手,也永远不要把他者绝对信任地完全当成自我阵营的一部分。国际政治的逻辑就是,没有永远的朋友,没有永远的敌人,只有永远的利益。冷战结束后,明确的阵营对抗消失了,敌友界限不再那么清晰,西方世界欢呼"历史的终结"。然而,基于他者的快速发展与崛起,基于利益纷争与权力斗争,基于文化有别与价值观各异,国际社会又很快出现阵线不是那么分明对立。以亨廷顿为代表的"文明冲突论"者,站在文明的角度看待世界冲突,他认为,"冷战结束并未结束冲突,反而产生了基于文化的新认同以及不同文化集团之间冲突的新模式。与此同时,共同的文化也促进了共有那种文化的国家或集团的合作。"② 在这种他者文化与群体文化的影响下,对不同文明的他者也有所区别,"文明的认同是人们用一种标准来看待、评判友好国家的行为,而用另一种标准来看待其他国家的行为。"③ 任何时候,在国际秩序的不确定性纷争中,分清敌友始终是非常必要且重要的,但在非决战性时期,在行动上采取应对措施时留有余地也是重要的。

国际政治的他者主义,重点在于分清敌我,简言之,国际政治的本质在于分清敌友,对自我及他者进行理性的身份认知、定位、塑造。中

---

① 田庆立:《试论"他者"认识与日本中国认识形成的内在机理》,《日本学刊》2011年第6期。

② [美] 塞缪尔·亨廷顿:《文明的冲突与世界秩序的重建》,周琪、刘绯译,新华出版社1999年版,第35页。

③ Samuel P. Huntington, "The Clash of Civilization", *Foreign Affairs*, No. 72, 1996, p. 36.

第二章　他者主义的理论假定、类型与主体间关系重构

国古代有非我族类其心必异的说法,如在《左传·成公四年》中有:"史佚之《志》有之,曰:'非我族类,其心必异。'楚虽大,非吾族也,其肯字我乎?"又如,在江统的《徙戎论》中有:"非我族类,其心必异,戎狄志态,不与华同。"再如,在高阳的《清宫外史》下册中有:"兵不厌诈,中外皆然,非我族类,其心必异,亦是中外皆然。"世界上其他国家和地区也有类似的古老话语,这并非唯心主义,这是现实主义,其根源在于物质第一性、意识第二性的唯物主义法则。

对他者是敌是友的评判基准,主要分为情况相反的两类。第一类:在没有冲突与对抗的情况下,对他者及他者群体的认知,遵循以间接利益为导向、以共同安全为底线、以共对挑战为支撑、以文化价值观为亲疏的评判基准;第二类:在存在冲突与对抗的情况下,对他者及他者群体的认知,遵循以直接利益为导向、以主权安全为底线、以综合实力为支撑、以文化价值观为亲疏的评判基准。对他者是敌是友的评判基准,首要的还是重大核心利益,理查德·佩恩认为,"当国家间利益发生严重冲突时,文化相似的国家之间也会发生战争,文化差异很大的国家也会形成同盟。"① 那些处于大国对抗与冲突夹缝中的中小国家,可能被迫站队并作出是敌是友的选择,但实际上,采取稳健中立并积极发展与双方关系的战略政策,更加符合自身长远发展利益并经得起历史的检验。

本质上,每一个自我都天生需要他者的映衬,这种映衬深深刻在自我发展的文化里,这种文化又与其相应的身份相对应。从历史角度来看,文化价值观往往被理解为"集体记忆"。通常来看,"国家都倾向于追随文化相似的国家,抵制与他们没有共同文化内容的国家。"② 对于与自我文化价值观相同或相近的他者,自我对他者的态度表现更为宽容,而对文化价值观相异的他者,自我对他者的态度表现则更为保守。

---

① Richard J. Payne, *The Clash with Distant Cultures: Values, Interests, and Force in American Foreign Policy*, New York: State University of New York Press, 1995, p. 6.
② [美]塞缪尔·亨廷顿:《文明的冲突与世界秩序的重建》,周琪、刘绯译,新华出版社1999年版,第167页。

如从历史上看，美国在国际事务中，对西欧国家和盟友表现得非常慷慨和大方，而对非西方国家及盟友则表现得冷漠甚至充满敌意。美国学者爱德华·萨义德认为，"每一文化的发展和维护都需要一种与其相异质并且与其相竞争的另一个自我的存在。自我身份的建构……牵涉到与自己相反的'他者'身份的建构，而且总是牵涉到对与'我们'不同的特质的不断解释和再解释。每一个时代和社会都重新创造自己的'他者'。"① 美国原本是英国殖民地基础发展起来的，作为以基督教为价值观基础、以反抗英国殖民统治为缘由军事斗争建立起来的国家，所以美国从立国之初，倾向于"就其对立面来界定国家的意义"②。这种文化传统从美国立国后一直得以延续发展，至今美国民众仍然"倾向于根据摩尼教明暗对立的世界观区别全世界的民族和国家并将其分类，即习惯于用文明与野蛮、自由与专制这种二元对立、黑白分明的模式来观察国际事务"③。西方这种把异质文明他者视为对立他者的文化传统，更容易撕裂国际社会，不利于稳定、繁荣、进步的国际秩序发展。

西方的他者主义奉行的是单边主义、保守主义、民粹主义，很容易就把异质文明和异质文明的他者视为挑战和威胁的对象，缺乏包容和互鉴的文化氛围，秉持我强他弱的中心主义观念，其他实力较强的他者必须臣服于实力更强的自我及自我实力集团，从而造成了早期西方帝国主义对广大亚非拉国家的征服、掠夺，也造成了其后世界其他国家与西方国家间关系的对抗和冲突。要彻底改变这种局面，这就需要真正的相互尊重和公平正义，需要真正的人类道德正义的精神价值引领，正如十九世纪法国政治学者博洛尔认为的，"政治就像人类生活一样，需要精神价值的提升和指引，否则就会陷入邪恶的泥坑不能自拔。"④ 中国等新

---

① [美] 爱德华·萨义德:《东方学》，王宇根译，生活·读书·新知三联书店 1999 年版，第 426 页。
② David Ryan, *US Foreign Policy in World History*, New York and London: Routledge, 2000, p. 13.
③ 王立新:《美国的国家认同及其对美国外交的影响》，《历史研究》2003 年第 4 期。
④ [法] 路易斯·博洛尔:《政治的罪恶》，蒋庆等译，改革出版社 1999 年版，第 312 页。

第二章 他者主义的理论假定、类型与主体间关系重构

兴国家的他者主义奉行的真正的开放主义、共赢主义、多边主义，是新时代新现实主义，对异质文明和异质文明的他者，更具包容性、欣赏性和互鉴性，更为重视政治上的多极化、经贸上的全球化、文化上的多元化、信息上的互通化，更加强调相互尊重、公平正义、包容互鉴、合作共赢。

康德在论及政治时非常重视道德在政治中的引领作用。康德指出："真正的政治不先向道德宣誓效忠，就会寸步难行。"[①] 强调他者的存在，并非否定人性和道德的作用。相反，人性和道德始终在国际政治中发挥重要作用，没有人性和道德的支撑，人类仍可能是动物世界的社会。阿里克斯·德·托克维尔（Alexis de Tocqueville）认为，"有多少道德体系和政治体系经历了被发现、被忘却、被重新发现、被再次忘却、过了不久又被发现这一连续过程，而每一次被发现都给世界带来魄力和惊奇，好像它们是全新的、充满了智慧。之所以会如此，并不是由于人类精神的多产，而是由于人类的无知。"[②] 在当今时代，道德的价值延展到政治、经济、文化、军事、外交等所有领域，西方国家和非西方国家在很大程度都接受了这一理念，但是美西方仍然抱持西方中心主义思想放不下来，在国际上仍然想倚强凌弱，促进自身利益和优势地位，所以也越来越遭到广大发展中国家的质疑、诟病、抵制，致使西方霸权主义和强权政治越来越不得人心，越来越不受待见。

现实主义大师基辛格对国际政治的历史与现实具有深刻而独到的洞察力，然而他的观点和立场也始终是基于美西方为中心的分析与理解。2014年9月，基辛格出版了《世界秩序》（World Order）一书，但仔细翻看此书就会发现，即使是他这样的对世界历史有巨大观感与深刻理解的智者眼中，也仍然把世界划分为中心区域与边缘区域，把世界秩序分

[①]［德］伊曼努尔·康德：《永久和平论》，何兆武译，上海人民出版社2005年版，第56页。
[②]［美］詹姆斯·多尔蒂、小罗伯特·普法尔茨格拉夫：《争论中的国际关系理论》（第五版），阎学通、陈寒溪等译，世界知识出版社2003年版，总序第3页。

为西方秩序和非西方秩序，他认为西方秩序下的国家与民族曾是历史的推进者、文明的传布者、人类的启迪者，认为西方秩序的主要塑造者西欧和北美，特别是美国自然而然应该处于支配世界的主导地位，而非西方秩序下的国家与民族是属于文明程度偏低的他者，在现代化的进程中也自然而然处于边缘地位。

国际社会中存在的结构性张力，源于自我和他者发展的不平衡以及不同的发展观。美国和西方自认为代表着现代主义的观点，认为只有实现西式民主等一系列指标才是社会的进步，而随着经济全球化、世界多极化、社会信息化、国际关系民主化的发展，迫使每一个非西方他者思考适合全球发展中的定位，产生了多极发展意愿和多元发展的现实。著名学者汉斯·摩根索（Hans J. Morgenthau）认为，国家间通过互相尊重、互相容忍和互相协商来缓解或尽可能避免国际冲突，以求经久的和平共处，是"通过协调求和平"[①]的法宝。

相比西方那些欢呼"历史终结"的历史短视者和雄心勃勃的全球规划制定的战略决策家，他者的存在及内在的运行逻辑必须得到重视。一味地突出美西方历史叙事中唯我的"一元论"和非此即彼的对立的"二元论"的价值判断，偏执性地漠视他者的多元文化价值现实与判断，必定会导致自我与他者观念上的价值冲突和文化上的文明冲突，而且这种文明冲突将持续很长时间并且难以有根本解决途径，甚至可能爆发以文明或文明基础上的意识形态为借口的冲突。

第三节　东西方文化中三种各异的他者主义文化

人们对文化的定义比较多，一般来说，广义的文化泛指人类一切活

---

① ［美］汉斯·摩根索：《国际纵横策论》，卢明华、时殷弘、林勇军译，上海人民出版社1995年版，第31—32页。

第二章 他者主义的理论假定、类型与主体间关系重构

动及其所创造出的所有事物之总和,狭义的文化是指语言、文字、文学、艺术、风俗、习惯以及人类其他精神活动及其产物。文化的传承与繁荣,一方面促进了文明的进步与发展,另一方面也造成了不同文明圈子的形成。这种特性使得人类既有彼此交往愿望,也有彼此排斥的可能,但无论哪种文明,也无论哪种具体历史时期的流行文化,都具有极大程度的内在精神一致性与相通性。

在国际关系的分析与研究中,以文化为中心的研究,主要集中于外交政策决策模式、决策者行为方式对外交政策的影响,以及国家间关系中国家文化特征对国际关系的影响。极端的文化绝对主义或中心主义,会促使强势文明的核心国家力图把一种特性文化普世化,把自身文化置于文明的制高点,利用政治、经济、军事、贸易、教育等方面的优势及话语权,向外输出价值理念、政治制度和宗教信仰等,企图在社会心理上和思想文化上同化其他民族及其他文明,这实际上就是文化上的霸权主义与沙文主义。文化相对主义则注重文化的差异性与特殊性,肯定不同的文化价值、精神内涵与不同的生活方式,但极端的文化相对主义容易导致文化上过重的民族主义和狭隘的爱国主义,甚至可能导致文化的保守主义与专制主义,盲目自大且盲目排外,使自身文化发展处于停滞衰落的状况。文化中心主义与相对主义都容易导致国际关系的不和谐,尤其是被地缘政治利益集团所利用的话,很容易导致地缘政治的持续紧张甚至是暴力冲突。

无政府状态文化归根到底来说,实际就是自我与他者的关系文化。在如何看待自我与他者关系问题上,东西方都有各自文化角度上的认知,西方文化中的无政府状态文化,由于温特在其社会建构主义中进行了三种类型的总结,形成了西方国际关系话语体系中的三种无政府状态文化,现在基本已为学界所接受和认可。在东方文化中的中华古代文化中,也有关于自我与他者关系的三种认知体悟,尽管主要是关于个人之间自我与他者关系的文化认知,但在无政府状态文化中,实际上也同样适用,所以也可视为东方文化中的三种无政府状态文化。

一　西方文化中建构主义的三种关系文化

文化是自我与他者关系的涵养土壤。文化决定了自我对他者外交行为的基本内涵，"一国的外交行为很大部分来源于这个国家的文化特性，外交行为的特性在某种程度上是文化特性在政治层面的一种转移、复制和表达。"[①] 在文化如何影响自我行为体对他者行为体的行动时，秦亚青认为，"文化的形成势必包含文化结构和文化单位这两个因素，文化单位之间的互动通过文化力的推进形成文化结构和改变文化结构，文化结构通过文化力的作用影响文化环境中的行动者。"[②] 在亚历山大·温特的建构主义中，不仅对自我与他者关系进行了深入研究并分类，还对自我与他者间的关系文化及建构进行了阐释，温特认为，"共有观念产生于行动者的私有观念，即行动者在相互实践活动之前独自持有的观念。私有观念的互动会形成共有观念，一旦共有观念形成，就不能再还原到私有观念。"[③]

温特根据国家之间互动特性的不同，提出国际体系三种无政府状态文化。这三种文化，分别是"人人皆为敌人"的霍布斯文化、"人人皆为对手"的洛克文化、"人人皆为朋友"的康德文化。在霍布斯文化视域下，核心内容的敌对，自我与他者之间互为你死我活的敌人关系，相互之间是"每个人反对每个人的战争"的关系模式，实力是生存的关键因素，各方不承认对方的存在是充分合理的，国家的利益在于改变现状，中立和不结盟十分困难，暴力方式被视为必然且当然的手段，冲突和战争在任何时候都可能发生。在洛克文化视域下，核心内容是竞争，自我与他者之间互为竞争与合作的对手关系，相互之间是"每个人同每个人竞争合作"的关系模式，其逻辑是"生存和允许生存"，各方承

[①] 丁鹏、谭世强、刘瑶：《从温和建构主义角度谈文化对国际关系的影响》，《国际关系学院学报》2005年第3期。

[②] 秦亚青：《世界政治的文化理论——文化结构、文化单位与文化力》，《世界经济与政治》2003年第4期。

[③] [美]亚历山大·温特：《国际政治的社会理论》，秦亚青译，世纪出版集团、上海人民出版社2000年版，第98页。

第二章 他者主义的理论假定、类型与主体间关系重构

认对方的存在有共通之处,一切手段都可成为竞争手段,一切合作也皆可成为利益的直通车。在康德文化视域下,核心内容是友谊,其逻辑是"人人为我,我为人人",自我与他者之间关系互为朋友关系,相互之间是"每个人都是每个人的朋友",各方将对方利益内化为共同利益,合作成为增进共同利益的合理方式。

按照温特的论述,他认为霍布斯文化是过去、洛克文化是现在、康德文化则可能是将来国际社会的主导性文化。温特认为,一旦洛克文化得以内化,就很难再退回到霍布斯文化之中。但这种观点,显然只是西方国家有限经验的抽象化,难以作为世界范围内的经验通则。温特的这一经验观察,直接反映了康德关于西方文明国家内部"永久和平论"的观点,这种观点认为,西方发达民主国家相互之间不会爆发冲突和战争,已经形成了永久和平状态。然而,这一观点具有有限经验观察性,并不具有历史发展规律性,当西方国家内部遇上重大利益分歧与冲突时,仍然可能由康德文化退化到洛克文化甚至是霍布斯文化。事实上,温特本人也明确认为,"从某种程度上讲,同质的文化并非完全带来同质的认同,甚至是相反的结果。"[1] 美西方或许能够在一定程度上克服内部自我与他者的物质主义与观念主义的竞争与冲突,但无法克服与其他文明他者之间的物质主义和观念主义的双重竞争与冲突。

值得注意的是,影响国际关系的文化,其范畴要比一般意义上的文化宽泛得多,既包括传统意义上的文化知识,也包括历史传统、风俗习惯、制度规范、意识形态,还包括民族特性、种族认知和发展状态,以及包括政治、经济、军事、科技等硬实力为基础形成系列影响力的观念性软文化等。学者们认为,"一国的外交行为很大部分来源于这个国家的文化特性,外交行为的特性在某种程度上是文化特性在政治层面的一种转移、复制和表达。"[2] 因此,自我与他者关系,一方面广受各自文

---

[1] 张全义:《采访亚历山大·温特:探究建构主义的"问题领域"》,《国际观察》2007年第1期。

[2] 丁鹏、谭世强、刘遥:《从温和建构主义角度谈文化对国际关系的影响》,《国际关系学院学报》2005年第3期。

化影响，另一方面也深受利益及利益分配的影响，并且这三种文化形式，并没有把人性更高级的本性和社会发展更高级的形态考虑进去，难以具有经验上的局限性和现实上的困惑性。

根据人类发展规律和社会发展趋势，国家身份的识别最终是消极的，国际社会的文化识别最终也会弱化，自我与他者关系也会基于共存共享共生而更加趋向于和平共处，自我与他者关系文化也由此而具有一定的进化性，总体上由霍布斯文化向洛克文化及康德文化演化，形成一种正向演化状态的秩序。

在这三种无政府状态文化中，霍布斯文化不是一种稳定状态的文化，但非霍布斯状态的洛克文化和康德文化也并不一定能够护佑稳定状态，自我与他者之间的矛盾，仍然可能由量变到质变并爆发冲突甚至战争。尽管国际秩序进化的演进过程中，这三种文化模式会出现交替、反复甚至叠加，但是从近现代出现全球性国际体系的长历史角度和国际秩序的主导文化来看，从霍布斯文化到洛克文化再到康德文化的总体进化趋势，仍然是可以预期并可以期待的。

前述无政府状态下的自我与他者的三类关系文化，虽然是由温特在其社会建构主义中总结并提出，但并不只是建构主义的经验呈现，而是基于西方文化基础上的自我与他者关系类型的总结，同样也在其他国际关系理论中得以类同呈现。这三类西方的自我与他者的关系文化，虽然囊括了从"自然人"到"经济人"到"社会人"不同视角的状态结构文化的典型类型，但并不包含自我与他者关系的所有形式。布尔认为，"国家间互动关系的形式可能是合作，也可能是冲突，甚至可能是中立或者对对方的目标漠不关心。"[1] 事实上，温特在划分三类无政府状态文化时，他本人也明确指出，"我不想说这些文化包含了无政府状态的所有形式，但是这些文化确实是最重要的表现形式。"[2] 那么，这三类

---

[1] [英]赫德利·布尔：《无政府社会：世界政治秩序研究》，张小明译，世界知识出版社2003年版，第8页。
[2] [美]亚历山大·温特：《国际政治的社会理论》，秦亚青译，世纪出版集团、上海人民出版社2000年版，第325页。

第二章　他者主义的理论假定、类型与主体间关系重构

自我与他者的关系文化之外还主要有什么关系呢？例如，冷战时，许多发展中国家进行的"不结盟运动"中立立场，再如俄乌战争中，很多发展中国家包括印度、巴西、墨西哥、阿根廷、印度尼西亚等，都并没有跟随美西方国家制裁俄罗斯，也没有谴责俄罗斯，而是站在中立立场上或者什么态度没有表明。作为一种文化解释框架，霍布斯文化、洛克文化和康德文化都难以对此有效解释。这种情况表明，一方面，这三种文化的适用性，并不包罗所有文化特征，只适用于典型范畴；另一方面，这三种文化是交替出现甚至是同时叠加出现的，并不是一种文化主导一个历史时期的状态特征，至多是体现了某个历史时期的主要状态特征。

西方理性主义的三种他者主义文化类型，根本上都是把世界秩序视为因果联系的理性主义秩序，因而把"存在"（Existence）视为优先于"共在"（Coexistence）的解决问题方式或追求目标，这种以自我个体利益最大化的纯粹"经济人"个体理性文化，看似理性，实则非理性，甚至是偏执理性和反理性的。东方儒家主义的三种他者主义文化类型，总体上都秉持"共在"优于"存在"的价值理念，具有"社会人"的共在关系理性特征，把集体利益、整体利益、共同利益视为自我与他者互动的当然目标，把推进共享利益视为共同利益的合理方式，提供的公共产品既具有普惠优势，也具备道德优势，因而能够逐步建构普遍受惠的共在关系。

无论哪种国际行为体的自我与他者关系状态的文化类型，归根到底都是自然人的自我与他者关系的映象。布尔指出，"国际关系的主题只是在表面上呈现为国家间的关系，实质上是人类共同体中的人与人之间的关系。"[①] 从根本上来说，自我与他者的冲突，源于人的本性，自我与他者的合作，也源于人的本性，自我与他者的相对孤立，同样也是源于人的本性，在国际秩序的冲突与合作中，都由国家为核心的行为体来

[①] [英] 赫德利·布尔：《无政府社会：世界政治秩序研究》，张小明译，世界知识出版社 2003 年版，第 20 页。

体现这种人的本性的冲突、合作或孤立。

二 东方文化中无政府状态的三种关系文化

文化的内在特征与差异,一个地区的人对自己文明的忠诚,都具有非常大的稳定性,比政治信仰、意识形态、经济特征等更难协调和改变。一个地区、一个国家的文明一旦定型,那么其文明旨趣、文化特性、精神价值观以及宗教信仰等方面都具有非常大的稳定性。[①] 例如,多少个世纪过去了,中国的儒家文明生生不息,儒家关于人与自然的核心理念始终铭刻在中华民族的心灵上,没有因为朝代的更迭、政体的变换与时代的变化而改变或消失,而是更加包容并蓄、与时俱进,在传承中有创新,在创新中有发展,在发展中有繁荣。

要论他者主义的关系文化,东方的儒家文明把关系视为存在思维中的首位[②]。在中华古代文化中,无政府状态的自我与他者关系文化一直影响至今。在2500多年前,孔子的三个知名弟子,子路、子贡和颜回在谈到自我与他者关系时,各自阐述了自我与他者的关系认知,孔子也对这三种关系认知作了相应评论,集中体现了中华文化中的三种自我与他者关系文化,即延伸到国际秩序中的三种东方的无政府状态文化。中华古代三种自我与他者的关系文化,与温特的建构主义三种无政府状态文化,有异曲同工之处。

据《韩诗外传》卷九记载:

> 子路曰:"人善我,我亦善人;人不善我,我亦不善之。"子贡曰:"人善我,我亦善之;人不善我,我则引之进退而已耳。"颜子曰:"人善我,我亦善之;人不善我,我亦善之。"三子所持各异,问于夫子。夫子曰:"由之言,蛮貊之言也;赐之言,朋友

[①] 谢剑南:《国际关系退化机制与国际秩序重构》,时事出版社2014年版,第43页。
[②] 秦亚青:《关系本位与过程建构:将中国理念植入国际关系理论》,《中国社会科学》2009年第3期。

之言也；回之言，亲属之言也。'《诗》曰：'人之无良，我以为兄。'"①

表2-1　中华古代传统文化中三种自我与他者的关系文化

孔子的三个弟子言论	子路文化	子贡文化	颜回文化
	人善我，我亦善人；人不善我，我亦不善之	人善我，我亦善之；人不善我，我则引之进退而已耳	人善我，我亦善之；人不善我，我亦善之
孔子评论	蛮貊②之言	朋友之言	亲属之言
关系本位	世人	友人	亲人
伦理价值	惩罚模式	互惠模式	宽容模式
主体立场	勇者	智者	仁者
发展信仰	共存	共生	共享
共处文化	防御性后发制人	谦让性友善感化	仁德性善待善成
关系原则	对等	平等	同等
互动逻辑	交换	合作	共赢
文化视角	知文化	礼文化	德文化

资料来源：作者自制。

孔子三个弟子的与人为善的态度和观念，就是中国传统文化中，自我与他者关系的三种典型关系文化类型。

第一类，子路文化。子路文化即知文化，抑或理性文化。知者知人，知者文化"隐含着两个前提：一是人与人、我与他有所不同，譬如人的性情、好恶、心志、价值观等。这些不同之处，有的源自生天，有的来自后天；二是人不能不生活于群体中，自我与他者不能不交往和

---

① 韩婴撰，朱英华整理：《韩诗外传》卷九，上海书店出版社2012年版，第102页。
② "蛮貊"也作"蛮貉"或"蛮貊"，是古代中国对南方和北方部族的称呼，是未开化或野蛮社会的隐喻。参见王中江《"自我"与"他者"：儒家关系伦理的多重图像》，《北京大学学报》（哲学社会科学版）2022年第1期。

相处"。① 知文化面对的是"世人",主体立场者是知者,认为"同言而信,信其所亲;同命而行,行其所服"(《颜氏家训·序致》),奉行对等法则,立足于"知己知彼"和"使人知己",倡导"身与名俱全者,上也"(《史记》卷七十九)② 的处世哲学,秉承"人不犯我,我不犯人;人若犯我,我必犯人"的理念,以理性为关系原则,指向的是共存关系,主张利益优先和利益不可侵犯,关系由利益决定,属于惩罚模式。子路文化(知文化)是一种基本的关系文化,对应的是西方的霍布斯文化,但子路文化着眼于后发制人,属于防御性文化,霍布斯文化着眼于先发制人,属于进攻性文化。在中国数千年的历史演进中,始终奉行防御性文化,既不畏强权,也不欺弱小,无论他者大小强弱,一视同仁,相互尊重,公平正义,互为伙伴,合作共赢,现当代的中国也仍奉行这一战略文化。例如,1949年4月,中国解放战争渡江战役期间,英国的"紫石英"号军舰擅闯长江下游水域前线地区,无视中方多次警告并攻击中方阵地,引发解放军坚决的多轮次重炮反击,英方军舰不得不两次挂白旗向解放军投降。再如,2012年,中国在与日本关于钓鱼岛争端和与菲律宾关于黄岩岛争端上,采取的都是后发制人的防御性战略。③

第二类,子贡文化。子贡文化及礼文化,礼文化面对的"世人"及此基础上的"友人",指向的是共在关系,关系由文化决定,立足于"明乎礼义",重视"智者自知"、"智者不惑"(《论语·子罕》),认为"不患人之不己知,患不知人也"(《论语·学而》),或者"不患人之不己知,患其不能也"(《论语·宪问》),或者"不患莫己知,求为可知也"(《论语·里仁》),或者"不知言,无以知人也"(《论语·尧曰》),以相互尊重、和平共处、平等互利为关系原则,讲求"以礼相

---

① 王中江:《"自我"与"他者":儒家关系伦理的多重图像》,《北京大学学报》(哲学社会科学版)2022年第1期。
② 司马迁:《史记》,中国友谊出版公司1994年版,第106页。
③ [美]詹姆斯·多尔蒂、小罗伯特·普法尔茨格拉夫:《争论中的国际关系理论》(第五版),阎学通、陈寒溪译,世界知识出版社2013年版,再版序言第13—14页。

待"，讲求"礼之用，和为贵"，属于互利模式，重视言行合一与多边合作，崇尚赤诚相见，肝胆相照，包容互鉴，主张教化和感化以求善之善者，但目的在于顾全大局，不排除"来而不往非礼也"（《礼记·曲礼上)》，在核心利益受损时仍会先礼后兵。子贡文化（礼文化）对应的是西方的洛克文化。

第三类，颜回文化。颜回文化即德文化，德文化面对的是"世人"和"友人"基础上的"亲人"，其内涵主要是"仁者爱人"和"义者循理"，注重"自敬"而"人敬"，强调"躬自厚而薄责于人"（《论语·卫灵公》），或者"不患无位，患所以立。不患莫己知，求为可知也"（《论语·里仁》），提倡"君子之学也，以美其身"（《荀子·劝学》），崇尚"爱人者，人恒爱之；敬人者，人恒敬之"（《孟子·离娄下》），倡导"将有请于人，必先有入焉。欲人之爱己也，必先爱人"（《礼志》），认为"夫两不相伤，故德交归焉"（《道德经》第六十章）。对于国家间关系的德文化来说，德文化注重自我"内修"，基础是"为政以德"和"王道天下"的治国理念，认知到"德不孤，必有邻"，秉持"远人不服，则修文德以来之"理念，追求国家的"内圣外王"，强调以互惠关系为原则，提倡发展亲密互动的伙伴关系，指向的是共生关系和命运共同体，有逻辑自洽的义利观，重视以善意换取他者善意，或者是在实质性的等级关系伙伴网络中，也包含服从强势强者或安抚弱势他者，属于宽容模式。颜回文化（德文化）对应的是西方的康德文化。

在中国古代孔子三弟子的三类自我与他者关系表述中，也明显存在一种进化式关系，即存在世人、友人、亲人的由远及近关系。这三类关系文化的划分，对应建构主义的三种文化，尽管有这样那样的缺陷和不足，但是这样划分是有重要现实意义的，有利于我们在复杂的关系中以简约方式窥见到其通则。从通常视界来说，这种关系也是发展进化的关系，同样可以在相当程度上映射到"国家也是人"的国家间关系中。在现实中，这三种文化有时区分并不那么明显，甚至在同一关系中反复同时呈现这三类关系，而且社会难以存在真正平等理想的秩序，总是存在事实上的一定的等级关系和中心外围关系，所以无论是美西方建构主义的三种关系文化，还是中国学派的他者主义三种关系文化，都是相对而言的，只是大体的划分，从来不是绝对的泾渭分明的清晰甄别。

对于西方文化中建构主义的三种自我与他者关系文化之外，还存在可能的第四种相对中立或孤立的卢梭文化，同样，东方文化中亦存在自我与他者几乎不发生关系的第四种文化，即老子"鸡犬之声相闻，老死不相往来"的中立性或孤立性的老子文化，这种文化既没有对外谋取利益的野心，也不用参加战争与争夺利益。

西方文化中的自我与他者关系文化，总体上是属于（强）物质本体论文化。从根本上来说，它是个体主义的，强调内行民主、外施强权，认为国际体系建立在自利和斗争的基础上，外交政策主要采用现实主义的二元霸道逻辑，强调以军事为驱动、以安全为中心的国际关系哲学，践行的是行为主义逻辑的试验方法，内外政策都容易滑入"军事帝国主义"的泥潭，其背后本质就是西方中心论的"西方威权主义"。尽管西方他者主义的各种类型都注重维护稳定体系结构的重要作用，然而，西方他者主义的根基仍然是个体主义的，尤其是华尔兹的结构现实主义，"其理论内核依然是个体主义的，即坚持个体国家的互动导致了国际体系的产生。"[①] 这种文化基础上的他者主义，仍然把他者国家幻化成"好人"与"坏人"之分，把同质他者看成"好人"，发展成盟友关系或伙伴关系，而把异质他者当成"坏人"，视为竞争对手甚至是敌人，拼凑"小圈子"和政治集团，除了推卸责任、肆意泼脏水，盲目抹黑、指责、攻击他者。从而容易造就对立的他者和分裂的国际社会，造成更多的国际动荡和安全困境。换而言之，美西方在其个体主义基础上的他者主义视域下，美西方的对手或敌人是西方造就的，与美西方关联的连绵不绝的战争也主要是美西方造就的。

---

① Robert Keohane, ed., *Neorealism and Its Critics*, New York: Columbia University Press, 1986, pp. 268–271.

第二章 他者主义的理论假定、类型与主体间关系重构

在东方的儒家文化社会中，伦理关系成为共同背景知识中的重要成分，显示出比个体理性更为突出的文化特性。[1] 东方文化中自我与他者关系文化，根源上基于"是以立天之道，曰阴与阳"[2] 观念，相信阴阳互动始成，是"自我—他者"互成主义和整体主义的，总体上属于观念本体论文化。这种他者主义文化，立足于人性善根，根植于道家理念、法家精神、儒家文化的精髓，建立在善心、道德、中庸的文化基础上，认为"天下非一人之天下，乃天下之天下也"（《六韬》开篇），追求"大道之行，天下为公"的大同理想，认为"义胜欲则昌，欲胜义则亡"，奉行"义利兼顾，以义为先"的道德操守，推崇"远人不服，则修文德以来之"的仁德观，施行"于事度之往事，验之来事，参之平素，可则决之"（鬼谷子《鬼谷子·决篇》）的行事方法，崇尚君子文化，鄙视小人文化，认为"君子喻于义，小人喻于利"，强调"君子周而不比，小人比而不周"（《论语·为政》）和"君子和而不同，小人同而不和"（《论语·子路》），观察到"君子坦荡荡，小人长戚戚"，体认到"过后知君子，方才识好人"（《金瓶梅》第二十一回），倡导"同道为伴"，反对"朋党比周"，认为"大凡君子与君子以同道为朋，小人与小人以同利为朋"（欧阳修《朋党论》）。东方文化所崇尚的朋党文化，是立足于自身的贤人、德治、仁政的国家治理基础上，重视对内施仁政德治，对外行王道，所依赖的或所追求的国际体系结构，"是'both-and'结构，而不是'either-or'结构"，集中反映了"中庸辩证法的精髓所在"[3]，故而东方文化的儒家的在世哲学，是一种道本主义的"共在实在论"的关系本体论[4]。

依据对全球不同文化与文明的观察与分析，我们可以用简要图示来

---

[1] 梁漱溟：《中国文化要义》，世纪出版集团、上海人民出版社2011年版，第76—91页。
[2] 余顿康：《周易现代解读》，华夏出版社2006年版，第371页。
[3] 秦亚青：《全球国际关系学与中国国际关系理论》，《国际观察》2020年第2期。
[4] 赵汀阳：《共在存在论：人际与心际》，《哲学研究》2009年第8期。

表示不同内涵的文化关系。

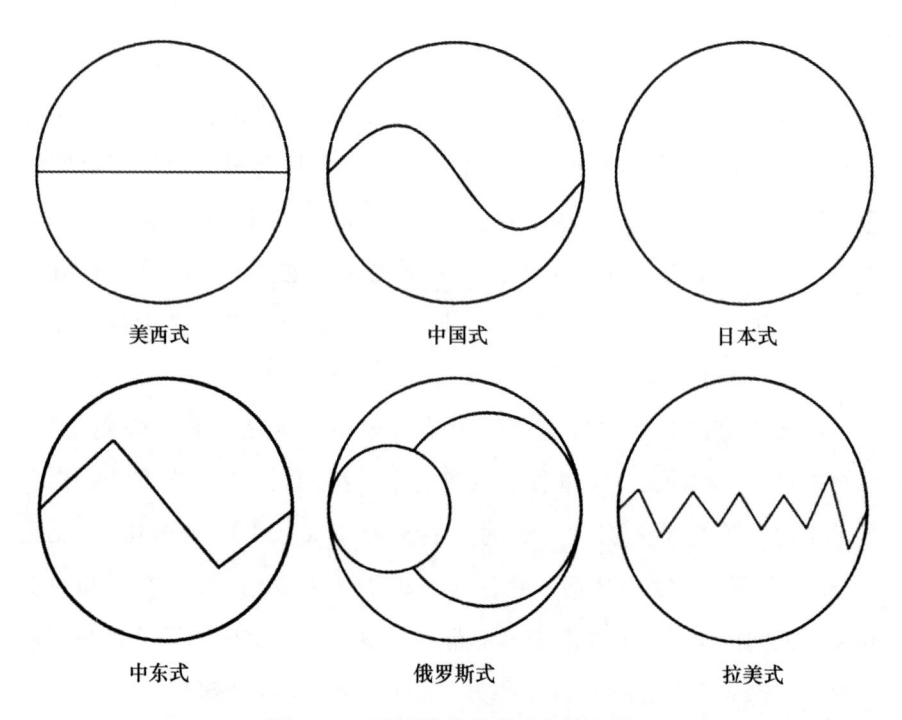

美西式　　　　　中国式　　　　　日本式

中东式　　　　　俄罗斯式　　　　拉美式

图 2-1　不同关系文化的文化内涵

资料来源：作者自制。

相比西方的他者主义文化，东方的他者主义更注重"内省"方式和"由内而外"的过程，认为"天下"作为一种政治秩序或政治价值观，主张"任何国家都可以以自己的方式将王道现实化"[1]。总体来看，中国传统文化中自我与他者的"关系理性"至少表现在三个方面：一是人们在共在关系框架中追求最大可及利益，而不盲目追求并不现实的纯粹个人利益；二是人们主动创造最优共在关系，以求改善自己所处的共在关系结构和利益实现环境；三是人们可以接受儒家"体仁行义"的现实选择，务实推动最优共在关系的构建。[2] 相对于西方的他者主

---

[1] 干春松：《重回王道——儒家与世界秩序》，华东师范大学出版社 2012 年版，第 13 页。
[2] 高尚涛：《关系主义与中国学派》，《世界经济与政治》2010 年第 8 期。

48

体，东方文明的他者主义，从来不强调"二元/多元"的对立思维定式，主张"天下体系"的自我与他者的关系范式，"追寻'世界主义'的终极目标"①。东西方不同的他者主义理念与文化，由此形成了捷克前总理伊白·帕鲁贝克（Jiri Paroubek）感叹的"中国人生意不断，西方人战争不止"的现象。故而，东方文明中具有浓厚共赢主义性质的他者主义，突破了西方纯粹个人主义基础上的"国家体系"范式，具有广阔的世界观和东方文化叙事色彩，既体现了多元文化的包容性和互鉴性，也体现了国际间相互依存的整体性和统一性，从而能够更好地推动建构"天下一家""和合共生""合作共赢"的人类命运共同体。

第四节 偏执狭隘的他者主义与合作共赢的他者主义

他者主义理论，本质上是一种基本的现实主义，由此称为他者现实主义也不为过。但是，他者主义本质上以客观状况为蓝本，并不必然奉行狭隘的弱肉强食的丛林政治和进攻性现实主义，而是主张积极看待他者存在的客观基础上，倡导以建构主义方式追求基于规则的理想主义国际秩序。当然，决策者总是站在自我角度去追求对现实利益最佳的方案，这其中不乏现实主义的方法、建构主义的途径、理想主义的目标，这也是与他者共存共在的综合互动方式。自我的独善其身是一种选择，也是一种态度，但他者并不会因此而放弃警惕性和防范举措，同样，自我的强势不仅需要自身有强大实力及联盟力量，而且也永远不要低估对手的联合反制及何种反制。

作为一种国际政治理论，他者主义既要有他者的哲学认知，也要从哲学他者走向现实他者，前者能够修正自我与他者关系可能出现偏执狭隘的情况，后者则能够有效应对自我与他者之间的具体利益分歧。从狭

---

① 秦亚青：《全球国际关系学与中国国际关系理论》，《国际观察》2020年第2期。

义的角度来看，国际政治的他者主义可被认为是强势狭隘的民族主义（如近现代以来的西方国家）。从广义的角度来看，国际政治的他者主义可被认为是开放合作的共赢主义（如中国倡导的人类命运共同体）。狭义的强势狭隘的他者主义，具有很强的攻击性，尤其容易形成盟友集团政治，奉行舆论和人权的双标，对竞争性他者进行不择手段的遏制和打压，以维持自我的权力、利益和声誉。广义的开放合作的他者主义，具有很强的互利共赢性，注重安全与发展的不可分割性，提倡发展团结、平等、均衡、普惠的全球发展伙伴关系，倡导形成普惠平衡、协调包容、合作共赢、共同繁荣的发展格局。

一 偏执狭隘的他者主义

从本质上来说，自我与他者是一种非同一的、非对称、非线性的无限责任关系。梅洛·庞蒂认为，"自我与他者的关系存在着两个方面：一方面，他者作为别的自我否定了自我的中心地位；另一方面，自我总想他者成为第二个自我。"[1] 自我中心主义者对他者的认知往往遵循对象化和统治性的逻辑，并且倾向于认为，"'我'是别具一格的主体，其他的物都根据'我'这个主体才作为其本身而得到规定。"[2] 这种自我中心主义，实际上就是"唯我论"，难以跳出"唯我"和"为我"的窠臼，在现实中常常把"自我"与"他者"的关系，看成并且实际处理为一种"物化"的主客体关系，当其反映在国际关系的现实上，就成了西方—非西方的主客体关系。同时，西方国家普遍实行两党轮流上台执政的政治制度，这是西方无底线无耻的重要根源，无论执政党还是在野党，一切政策和行动都以自我竞争利益为中心，没有了他国主权及其国家利益的概念与顾忌，相互竞相攻讦的两党在选举前、选举时、选举后，在同样偏执狭隘媒体的推波助澜作用下，往往会相互指责对方的

---

[1] 杨大春：《感性的诗学——梅洛·庞蒂法国哲学主流》，人民出版社2005年版，第361页。

[2] ［德］海德格尔著，孙周兴选编：《海德格尔选集》（下卷），生活·读书·新知三联书店1996年版，第882页。

第二章 他者主义的理论假定、类型与主体间关系重构

懦弱与无能，而且越是面临异质他者的发展壮大和维护自身利益举措时，越是表现出偏执狭隘的他者主义，两党的政客们四处拉票，比拼的不是谁更有利于自己经济社会发展和解决面临的社会矛盾，而是竞相比谁的政策与行动更出格、更强硬、更极端、更暴力，并且变成了一种偏执而狭隘的路径依赖。这种文化与体制是形成美西方偏执狭隘的他者主义的重要现实根源，尤其国际社会的后起者美国，不反思自身历史上本身曾是西方偏执狭隘的他者主义的受害者，反而更加超出传统西方列强的偏执狭隘做法，以致长期以来使美国及其附庸集团，成为国际秩序演进中最惯常的"麻烦制造者"，成为国际社会最为作恶多端的"无耻恶棍"。

大体来看，国际政治中狭隘的他者主义或者说他者主义的极端表现，主要呈现在以下二十一个方面：

* 不讲主权，只重霸权。
* 不讲民主，只重强权。
* 不讲秩序，只重利益。
* 不讲尊重，只重权力。
* 不讲平等，只重独尊。
* 不讲对等，只重优势。
* 不讲同等，只重利己。
* 不讲对错，只重立场。
* 不讲好坏，只重圈子。
* 不讲原则，只重交换。
* 不讲规则，只重压制。
* 不讲共生，只重优先。
* 不讲共享，只重垄断。
* 不讲信誉，只重自利。
* 不讲公正，只重站队。
* 不讲公平，只重收益。
* 不讲公理，只重蛮横。

＊不讲正义，只重操弄。
＊不讲道义，只重私利。
＊不讲善德，只重获得。
＊不讲共赢，只重单赢。

以上这些方面，是小撮美西方发达国家偏执狭隘他者主义的主要特性，在现实中应用为极力排斥、欺诈、封控、遏制、霸凌非西方圈子里的异质他者国家，因而就像把把尖刀，深深扎在国际社会的躯体上，刀刀剐肉，处处伤人，搬弄是非，祸乱全球，让众多第三世界发展中国家流汗流泪又流血，尤其是那些长期处于边沿化的穷国弱国小国，在西方国家的霸道和掌控下，付出了被欺压、被掠夺、被压榨、被征服的巨大代价，在历史上长期处于边缘、贫穷、弱势、落后、挨打的境地，自近现代以来的几百年来，直到现在也仍然没在根本上得到多少改变，只是不断地改以新的方式来推行霸权主义和强权政治。西方偏执狭隘的他者主义，形成以美国为核心、以英日澳为帮手、以七国集团为班底、以欧盟为依托、以北约为工具、以各类小多边联盟为团伙的"集团霸权主义"，并且明显表现为依托强势军事力量的"暴力威权主义"特性，动辄干涉、威胁、制裁、霸凌甚至军事攻击世界其他西方眼中的异质他者，是地地道道的"伏地魔"，成为全球最大的"麻烦制造者"和"不稳定根源"，给世界和平、国际安全和全球秩序带来了长期重大威胁。2023年2月20日，中国政府发布《美国的霸权霸道霸凌及其危害》报告，分别从美国肆意妄为的政治霸权、穷兵黩武的军事霸权、巧取豪夺的经济霸权、垄断打压的科技霸权、蛊惑人心的文化霸权五个方面，通过列举事实，揭露美国滥用政治军事、经济金融、科技文化霸权的种种恶行劣迹，训诫美国应该反躬自省，深刻检视自己的所作所为，放弃傲慢与偏见，摒弃霸权霸道霸凌。①

从国际关系史来看，美西方通过科技革命提前实现工业化的国家，凭借率先发展起来的政治经济和军事实力，在一元神论和二元对立观念

---

① 《美国的霸权霸道霸凌及其危害》，《光明日报》2023年2月21日第10版。

第二章 他者主义的理论假定、类型与主体间关系重构

的作用下,通过资本、暴力、科技、文化等手段,逐渐建构起来以西方为中心的国际体系,形成了近现代以来的西方主导的全球治理格局,并笃信于以西方为主导的国际秩序。在西方—非西方的主客体关系上,西方将自我定位为国际体系的中心,而将非西方定位为客体的他者。"自我要将他者定位,对他者进行批判,借由进入他者,来改造甚或影响他者,他者因而是被掌握的,是可以被'划归'到西方文明的某一个范畴(如异端、落后、野蛮等范畴)之中的,西方文明的地位因此而获得巩固,此种进入、支配他者的方式,也使得西方价值具有普遍性。"① 西方借由这种"物化"的主客体关系认知,形成了所谓的西方—东方、先进—落后、现代—传统、民主—专制、自由—威权、中心—边缘、主角—配角等图式的二元对立秩序观,偏执地把自我熟知或认可的道德意识置于所有道德实践之上,进而形成了近现代国际体系的西方中心主义的偏执狭隘的他者主义。就历史而言,自近现代以来,西方中心主义不仅是一种现实,而且确实也具有一定合理性,这可能是一定历史时期的历史事实,但这绝不是历史"宿命",世界人民才是人类历史的"中心"。

如果按照一些西方学者的说法,中国是一个以国家为名义的"文明型国家"。美国政治学者白鲁恂(Lucian Pye)甚至认为,中国是"一个'伪装'成现代国家的古老文明"。中国的文明叙事从历史中走来并在现当代得以延伸,其秉承多元一体、兼容并蓄、和合共赢的价值追求,在整体论视域下谋求协同发展和共同福祉,其文明的逻辑指向是自我与他者所形成共同体的稳定发展和繁荣进步。反观美国,美国则是一个以资本为名义的"资本型国家",资本叙事来源于人性自私,资本的属性必然是自私又自利,产生并传递了"万物皆备于我"的以利益为中心的认知,资本控制一切,"资本的逻辑是暴力的延伸"②,只讲权利,不讲义务,自然界只是无生命的生产资料,自我之外的他者是可以通

---

① 李静旻:《一个中国,两种威胁》,台湾大学政治学系中国大陆暨两岸关系教学与研究中心发行,2007年版,第27页。

② 张秀华:《历史与实践——工程生存论引论》,北京出版社2011年版,第205页。

过资本在内的手段进行控制和支配的。美国通过资本集团的控制，推行一神、排他、扩张的宗教文明和自我中心主义的强势霸权外交政策，形成了自大、偏执、狭隘、霸道的美国式"帝国迷思"，但这本身就是一个"陷阱"，不仅无所顾忌地破坏他者的发展，也同时破坏"帝国"自身。

在知名的英国国际关系学者马丁·雅克（Martin Jacques）看来，"西方人控制世界的时间很久，他们已经习惯了按照自己的想法去认识世界，在理解和尊重差异方面不够精通和熟练。所以，他们只是从极其肤浅的层面来看待东亚政治。"① 在西方眼里，中国作为一个独特异质文明国家，其国力持续腾盛，使美国感觉自我全球老大身份和霸权地位遇到了前所未有的竞争对手，美国的世界观、中国观以及中美历史观、利益观、竞争观都出现了严重偏差，把中国视为系统性竞争对手，试图从各方面对中国进行花样百出的打压、围堵、遏制、对抗。印度知名学者维贾伊·普拉萨德认为，美国针对中国煽风点火的根源是自己对于中国经济发展的焦虑，他深刻指出，"一种新的怪现象正在全球政治话语体系中弥漫，这是一种扼杀理性思考的毒雾。这种毒雾由白人至上主义、西方优越主义等丑陋思想酝酿已久，正在蒙蔽着人类的思想。这种毒雾引发的普遍症状就是对于中国的深深疑虑及仇视，不仅是针对中国的政府、领导人乃至政治制度，而且是对中国这个国家、中华文明乃至与有关中国一切的仇视。"② 埃及共产党总书记萨拉赫·阿德利认为，"帝国主义和资本主义霸权正在衰落，其行为变得愈发激进，它们宣扬种族主义，支持恐怖主义，企图在世界各地加剧紧张局势，制造武装冲突。"③

从关系性思维来看，任何对他者的排他性行为，都会表现出一种对抗关系，会形成实际上的相应的反推力。有识之士一再告诫美国战略决

---

① ［英］马丁·雅克：《当中国统治世界：中国的崛起和西方世界的衰落》，张莉、刘曲译，中信出版社2010年版，第110页。
② ［印］维贾伊·普拉萨德：《我们能就中国进行成熟对话吗？》，观察者网，https://www.guancha.cn/VijayPrashad/2022_08_14_653614.shtml，2024年5月16日。
③ ［埃及］萨拉赫·阿德利：《中国共产党的成功经验给世界带来的启示》，《当代世界》2021年第6期。

第二章 他者主义的理论假定、类型与主体间关系重构

策精英层,中国不同于苏联,中国本身是一个文明型大国,中国的发展与强大是人类社会发展规律使然,美国无法阻遏中国的国力腾盛。2022年7月19日,美国著名的现实主义大师、99岁的前国务卿亨利·基辛格博士,在接受美国彭博社采访时表示,"中国会永久存在",提醒美国当局应警惕美国国内政治气候影响对华判断,一些目标"不是通过无休止的对抗就可以实现的"。因此,不能不说,偏执狭隘的他者主义不仅会引发国际社会系列对抗与冲突,导致全球各地许多地区长久处于纷争之中,因而从长远来看,偏执狭隘的他者主义是没有前途的,必然要走向广义的合作共赢的他者主义。

二 合作共赢的他者主义

在全球化日益纵深拓展的现代社会,应当提倡广义的国际政治他者主义,即开放、合作、互利、共赢的他者主义。在相互存在核威胁的前提下,无论利益分歧有多大,无论发生什么纠纷,作为国家层面行为体意义上的自我与他者关系的最好方式,是"共同安全"而非"绝对安全",是"求同存异"而非"党同伐异",是"互利合作"而非"遏制围堵",是"协同发展"而非"自我优先",特别在大国间,"求同存异"应该成为国际关系的基本准则,而"合作共赢"则应是国际博弈的最终唯一出路。因此,广义的合作共赢的他者主义,就是从全人类角度来说的,目标指向就是人类命运共同体,历史经验反复证明,"构建人类命运共同体是世界各国人民前途所在。"[1]

他者主义理论认为,唯有通过"他者"的映象反衬,"我"才能认识"我自己";唯有通过"为他"的反复验证,"我"才能显示"为己性",正如黑格尔所认为的,"他们彼此相互地承认着他们自己。"[2] 无

---

[1] 习近平:《高举中国特色社会主义伟大旗帜 为全面建设社会主义现代化国家而团结奋斗——在中国共产党第二十次全国代表大会上的报告》,《人民日报》2022年10月26日第1版。

[2] [德]黑格尔:《精神现象学》(上),贺麟、王玖兴译,上海人民出版社2013年版,第124页。

论是偏执狭隘的他者主义，还是合作共赢的他者主义，竞争始终是自我与他者的一种共存状态。自我与他者之间的良性竞争，不以竞争为唯一直接目标来应对竞争本身，而是以发展来应对竞争和超越竞争，前者往往陷入自我中心主义的泥潭，走非黑即白的二元极端路线，一方面与同质他者容易形成盟友关系，另一方面容易与异质他者形成紧张关系，而后者则倡导开放合作、互利共赢的共赢主义，更注重发展相互尊重和互利合作的伙伴关系。对于处于同等体量与实力的大国来说，竞争意味着相互较劲，在面对其他他者时，双方都希望成功地让自己变得更有吸引力，以这种方式来壮大自我实力范围，并给对方造成压力与被动。要在竞争中战胜他者，不取决于自我的变强和他者的变弱，而取决于谁能克服自我的内部矛盾与摩擦，持续展现出稳定快速发展的良好势头。

真正的合作共赢的他者主义，是基于多边主义的摒除了意识形态和文化价值偏见的共赢主义。不同地区、不同文明、不同发展道路、不同发展阶段的国家，面对发展鸿沟、意识形态分歧、权利与利益诉求的差别，彼此唯有在尊重中弥合分歧，寻求互利公约数促进共同发展，在求同存异中实现合作共赢。那种认为只要自我发展道路符合他者发展框架时就会被他者所接受的想法，不仅是十分幼稚的，而且是非常有害的。主体间问题的根本之处，不在于自我是否与他者是同质性的还是异质性的，而在于自我发展是否成为他者观念中的拥趸者还是威胁者，因为自我在定位自我身份及与他者关系时，其核心观照是自我利益，并且拒绝来自他者自以为是的"教师爷"式的说教，并以此来判断和确定观念中的他者形象及与他者的关系定位。

自我与他者之间的差异性，不应当成为冲突和对抗的充分条件，而应成为主体间合作共赢和关系重构的必要条件。从社会发展正义角度来看，"接纳一个'他者'，成为社会正义的形式。"[1] 建构差异性主体间合作机制的共同体关系，越来越成为一种普遍的正义表达。只有重构主体间关系，重塑"自—他"关系，并且对相互身份有正确认知与理性

---

[1] [德] 莫尔特曼：《世俗中的上帝》，生活·读书·新知三联书店2002年版，第25页。

认可，彼此间进行对话、交流、合作、互动，协力消解"合而不作""共而不享""共而不生"的困境，才能形成"意义溪流"，达成"视域融合"，超越"尴尬窘境"，逐步实现主体间施动者的命运互嵌。当然，主体间关系的重构是一个渐进过程，会充满曲折和反复，有时甚至会爆发对抗和冲突，只有在共同体重构之初，就进行理性的身份认知、愿景描绘、战略协定，到互动交流、建立互信、培育文化，再到互利合作、规则制约、共生共荣，才能重构有意义的持续动态稳定的主体间关系。

第五节　国家的文化流变与主体间关系重构

对于国家和国家间关系来说，是国家的文化流变导致了主体间关系的重构，还是主体间关系的重构导致了国家的文化流变呢？还是相互建构、彼此互嵌、且行且变呢？当然，除了文化的概念之外，还有别的很多原因导致国家间关系重构，如观念、思想、地缘、综合国力等，但此处只提及了"文化"。所有这些因素，最后都可归因于大文化的概念，文化因素统领了各方面要素。一种战略文化的形成，也正是在各方面要素的共同作用下，形成了一种群体文化流变的共有知识，正是这种共有知识成为国家战略和国家政策转向的重要基础和重要依据。如日本和韩国，先后从国家层面和社会层面都形成了从"东化"到"西化"的文化流变，从国家发展文化到基层社会文化，都完全倒向了西方阵营，从而也促成了国家战略和国家政策的西向和西化，从而不断彻底地融入西方的政治、经济、军事、文化、教育等各方面的体系之中。

在世界动荡和变革持续演进的当代社会，无论是偏执狭隘的他者主义，还是合作共赢的他者主义，在应对气候变化、卫生安全、能源危机、粮食危机等安全和发展两大赤字问题时，都面临主体间关系重构的选择和施行。

人的社会关系总和实际上体现了人的共同体的本质内涵。马克思曾深刻指出，"人的本质是人的真正共同体。"① 所谓共同体，主要意涵是指，"既是生存、生活共同体、还是发展共同体、又是命运与价值共同体。"② 就存在论层面来看，自我存在和他者存在都是自行经验、自行感受、自行演进、自行推动的目的性存在。从关系性层面而言，任何对他者的排斥行为，实际上都是一种自我与他者的对抗关系。换言之，就存在论来说，共同体中的自我和他者本质上皆为主体性的存在；就关系性来说，发展与正义都应惠泽到每一个共同体成员。

　　主体间关系的重构，主要是按照利益诉求、发展需求、未来前景等因素进行自我与他者关系的重塑。而在主体间关系重塑的演进中，"对于'自我'而言，'他者'的作用往往是在否定的意义上被接受的。"③ 在这一过程中，把异质他者发展成自我的同质他者就是最为成功的关系重塑，这意味着，"在重新将他人召回时，其中一种理性安排是将他人看作为与自我密切联系在一起。"④ 历史一再证明，狭义的偏执狭隘的他者主义不仅容易引发对抗和冲突，而且难以建构相互尊重、公平正义、合作共赢的国际关系秩序，只有按照广义的合作共赢的他者主义理论，主体间关系重构才能更好地走向合作共赢的命运共同体，这也是可预见将来国际秩序的最佳选项。

　　主体间的共同体关系能够引领人类社会更好地向前发展。"人与自然界中的每一个他者，都是通过一种经验相互摄入的方式被关联在共同体之中的。"⑤ 故此，共同体的一项重要功能，就是"它相当于人体自身的免疫系统"⑥，而共同体发展的终极关切，在于促进共同体每个成

---

① 《马克思恩格斯全集》第3卷，人民出版社2002年版，第394页。
② 袁祖社：《"人类"共同价值的理念及其伦理正当性之思——不同民族"共同体"逻辑的意义及其内在限度》，《南开学报》（哲学社会科学版）2017年第4期。
③ 田庆立：《试论"他者"认识与日本中国认识形成的内在机理》，《日本学刊》2011年第6期。
④ 张康之：《对合作行动出发点的逻辑梳理》，《学海》2016年第1期。
⑤ 何景毅：《共同体的他者意蕴——马克思与怀特海正义观上的他者向度》，《理论探讨》2020年第2期。
⑥ 郭湛：《论主体间性或交互主体性》，《中国人民大学学报》2001年第3期。

第二章　他者主义的理论假定、类型与主体间关系重构

员的福祉及谋求共同福祉。法比安·鲁塞尔认为，资本主义主体间关系已经证实在全球行不通，全球治理不能由西方资本主义主导，他认为，"资本主义一味寻求巩固其统治地位，但是面对当前挑战日益显得无能为力，难以实现可持续发展。我们应该继续开展斗争，推动实现人类解放，建设共享的世界。"① 就全球治理来看，国际体系中的每一个国家，彼此都是地球村共同体中的一员，在发展命运上是紧密相连的，都是思想、言说和行动的三位一体的主体，具有普遍的共同的主体性，而特殊的甚至个别的主体性必须根植于并且服从于普遍的共同的主体性。在这一意义上说，东方主义或西方主义还是南方主义或北方主义，都只是发展的类别之分，国际社会不存在东方西方或南方北方哪一方为中心的问题。郭湛认为，"所谓'西方中心论'就是在各种变异的主体性中长期形成并影响深远的一种'中心论'，是从'自我中心论'演化而来的'唯我中心论'。"② 由此而言，国际体系行为体的主体间关系重构的路径再造，应当是以共建命运共同体为统领，走向广义的合作共赢的他者主义，超越以自我利益中心主义的资本逻辑——暴力的逻辑，让"精神性出场"③，坚持和践行真正的多边主义，更多地重视人类命运共同体的整体利益，持续深化并形成主体间关系重构新格局。

按照马克思主义的观点，主体间关系从"群体本位"转向"个体本位"之后，会再次转向"类本位"。胡塞尔认为，理想的"类本位"应当是这样的，"如果我们能够向通达自我体验一般地通达他者体验，那么他者就不再是他者，而成为了自我的一部分。"④ 为能够更好地促进主体间合作与竞争的良性秩序，形成自我与他者共建命运共同体大

---

① ［法］法比安·鲁塞尔：《中国共产党取得的卓越成就促进了亚洲和世界的发展》，《当代世界》2021 年第 6 期。
② 郭湛：《围绕"中心论"的困惑——四问"西方中心论"》，《人民论坛·学术前沿》2022 年第 13 期。
③ 张秀华：《回归工程的人文本性——现代工程批判》，北京师范大学出版社 2018 年版，第 229 页。
④ E. Husserl, *The Crisis of European Sciences and Transcendental Phenomenology*, translated by D. Carr, Evanston: Northwestern University Press, 1970, p. 139.

方向，应以合作共赢的他者主义作为文化信仰和价值追求，而不能让分歧成为一种文化和价值上的冲突，以避免引发没有赢家的重大冲突。

自我身份的塑造与确立，是在与多个他者的动态互动镜鉴与意象性关联中完成的。"对于一个主体而言，被感知的主体并不仅仅作为对象而存在，更是作为一个具身的经验主体而存在。"① 自我与他者的非对称、非同一、非线性的主体间身份确立及和谐关系的重构，离不开他者观念与文化存在即对冲，正如东方主义学说的重要学者爱德华·萨义德认为，"每一文化的发展和维护都需要一种与其相异质并且与其相竞争的另一个自我的存在。"② 可见，他者的利益、文化、价值观等本身不仅是主体间多元的体现，也是促成自我发展与进步的类比参照来源和重要动力。

"对话"是对话者的对话，"合作"是合作者的合作，同样，"竞争"是竞争者的竞争，"对抗"是对抗者的对抗。造成自我与他者关系疏远和裂变的要素很多，其中主要有三大原因：其一，差异明显的利益诉求增大了类同性建构的阻力；其二，难以弥合的观念鸿沟削弱了互信沟通的根基；其三，缥缈匮乏的生存共识虚化了合作共赢的机制。同理而言，促成自我与他者相互信任与合作共赢的要素也主要有三个方面：第一，在共享方面，积极培育主体间命运共同体意识；第二，在共生方面，强化共同利益的互利合作与机制生成；第三，在共在方面，理性规制竞争并共同应对挑战。

作为一种现实国际政治有效组织形式，共同体的形成与发展，是一个志趣相投的个体组成小组，到类似小组聚合生成利益圈，再到延伸形成命运共同体的渐进发展过程。"在一个多边主义主导的世界上，众多起中心作用和主角作用的各类主体，理应更充分地发挥建设性和创造性

---

① 何静：《一种迈向整合自我与他者的社会交互理论——读〈自我和他者：对主体性、同感和羞耻的探究〉》，《哲学分析》2017年第4期。
② [美] 爱德华·萨义德：《东方学》，生活·读书·新知三联书店1999年版，第426—427页。

的主体作用，带动全人类共同发展。"① 从历史经验和利益统合的角度来看，主体间关系的重构，应至少从六个方面着力：一是建立多重圈群，重塑关系定位；二是建立共赢机制，深挖合作价值；三是培育共生意识，达成义责规范；四是共同应对挑战，形成互利意识；五是推进多样交流，养成交往自觉；六是发展多样多元，拓展共享机会。

第六节　历史为何总会惊人相似

国际体系既是物质的，也是社会的，国际关系是个体的自我与他者社会关系的缩影。国际体系的无政府状态意味着权力分散，国家必然寻求自助体系，而自助体系会导致安全困境，由此必然导致自助体系和权力政治，这是无政府状态下以国家为主要行为体的施动者在社会互动中产生的。约瑟芬·格里克（Joseph M. Grieco）指出，"国际无政府性造成了国家之间的竞争和冲突。"② 因此，新现实主义和新自由主义在研究如何克服权力政治时，都注重如何利用国际制度来削弱无政府性的负面影响上，但显然都收效甚微，因为国际体系的无政府性从根本上来说本身只是结果，并非根本原因。直到温特的社会建构主义的出现，才对这种观点进行颠覆性质疑。③ 温特认为，自助性和权力政治的产生和存在，与无政府性没有直接的因果关系，而是国际体系成员的互动导致的，它们是社会性的、制度性的因素，而不是无政府性的内在逻辑和必然结果。④ 体系是否呈现自助性在于体系成员之间的身份关系，在于相

---

① 郭湛：《围绕"中心论"的困惑——四问"西方中心论"》，《人民论坛·学术前沿》2022 年第 13 期。

② Joseph M. Grieco, *Anarchy and the Limits of Cooperation：A Realist Critique of the Newest Liberal Institutionalism*, in Baldwin ed., Neorealism and Neoliberalism, p. 116.

③ Alexander Wendt, "Anarchy is what states makes of it：The social construction of power politics", *International Organization*, Vol. 46, 1992, pp. 391–425.

④ ［美］亚历山大·温特：《国际政治的社会理论》，秦亚青译，世纪出版集团、上海人民出版社 2000 年版，第 313—318 页。

互之间观念的建构性，而不在于是否处于无政府状态，因为无政府状态可以产生自助，也可以产生他助，观念结构赋予行动以意义，所以权力政治是社会建构的，无政府体系本身不足以导致安全困境，也并不必然导致权力政治。①

西方意识形态中的国家政治，在传统上主要遵循非此即彼的二元法，属于典型的他者主义，在具体表现状态上就是以丛林政治为关系原则。因此，西方最初的以摩根索为代表的经典现实主义政治，认为其动力来自人的本性，国际政治的实质是为争取权力而争斗，摩根索著名的现实主义六原则正是这一观点的集中反映。②后来华尔兹的新现实主义对此进行了修订，他把国际体系的无政府性作为国际关系的最根本秩序原则，从而把国际体系的无政府性作为推动国际关系发展的第一推动因素，把体系结构作为国际政治的核心分析层次，这一重大转变使华尔兹的现实主义理论被称为结构现实主义。③其他新现实主义和新自由主义等理性主义也都遵循了这一观点，并以此作为其中的一项重要理论假定，如在基欧汉的《霸权之后：世界政治经济中的合作与纷争》书中，他明确把国际体系无政府状态视为给定的"国际政治的基本特征"，并以此为起点来研究国际制度。④

把理论假定从人性转移到国际体系的无政府性作为研究的给定状态，这是国际政治理论研究的一个非常大的转变。然而，国际体系的无政府状态本身首先是作为结果而非原因出现的，因而在理论上再把国际体系的无政府状态作为原因来分析国际政治，必然具有重大缺陷，也必然会出现似是而非或者似非而是的结论，不能彻底地描述、解释和推测

---

① [美]亚历山大·温特：《国际政治的社会理论》，秦亚青译，世纪出版集团、上海人民出版社 2000 年版，第 412—422 页。
② [美]汉斯·摩根索：《国际纵横策论：争强权，求和平》，卢明华等译，上海译文出版社 1995 年版，第 3—14 页。
③ Kenneth Waltz, *Man, the State, and War*, New York: Columbia University Press, 1959; Kenneth Waltz, *Theory of International Politics*, New York: McGraw-Hill, 1979.
④ Krobert Keohane, *International Institutions and State Power*, Boulder: Westview, 1989, p. 1.

国际政治的历史、现状及发展。人性可以证实但难以证伪，而无政府状态本身则是结果而非原因。所以，从本体论意义、方法论意义、学科意义三方面来说，若以这两者之一作为国际政治理论研究的第一假定，其根基是不牢固的，在理论上也是不彻底的。

建构主义认为，一方行为发出的信号被理解成威胁时，相互威胁和安全困境才会产生，权力政治是国家建构的，不是无政府性派生的。温特提出他的著名论断："无政府状态……本身根本没有什么逻辑可言，一切都要取决于国家之间共有的观念结构。无政府状态是国家造就的。"[1] 在他者主义的角度来看，这是确定无疑的。温特还总结了西方国家政治的无政府状态三种文化，分别是"弱肉强食"的霍布斯文化、"相互竞争"的洛克文化、"互为朋友"的康德文化，以此对应国际体系中存在三种基本角色结构：敌人、对手和朋友。秦亚青认为，"两个国家在无政府体系中相遇，可能成为朋友，也可能成为敌人，关键取决于国家采取的行动和对这种行动意义的理解。"秦亚青注意到，"即使是在洛克无政府文化时期，两次世界大战似乎都违犯了温特所定义的洛克无政府文化的规则：在这两次战争中，国家之间既希望消灭对方，也不加限制地使用暴力。"[2] 这种基于身份的经验观察与理论分析，从侧面更加印证了自我对于自我之外的他者的存在，对于异质文明与异质他者，往往表现得苛刻并通常在爆发冲突时更倾向于使用暴力手段来解决问题。

在全球化、多极化、信息化深入发展的当今时代，美国对外政策中的极端他者主义观念仍然深深影响其外交行动。美国国内民主的一大诟病就是，美国人认为，"外交仅由一些精英分子所操纵，而战争才是全国人民的广泛参与。"[3] 美国主流的基督文化对所认为的邪恶毫无妥协的余地，而美国人对战争解决外交问题的方式的过度偏好，又加大了美

---

[1] ［美］亚历山大·温特：《国际政治的社会理论》，秦亚青译，世纪出版集团、上海人民出版社 2000 年版，中文版序第 41 页。

[2] 秦亚青：《国际体系的无政府性——读温特〈国际政治的社会理论〉》，《美国研究》2001 年第 2 期。

[3] 赵虎敬：《"他者"文化与美国外交》，《国际关系学院学报》2009 年第 1 期。

国对不同文化价值观的他者打击意愿，这导致美国人对有利益冲突且文化价值观异质的他者，更多地更轻易地使用武力来应对问题和挑战。美国人认为，"外交仅由一些精英分子所操纵，而战争才是全国人民的广泛参与。"① 同样值得注意的是，美国人还认为，"战争允许美国摧毁它邪恶的对手，而保持它自己的道义。"② 然而，在美国军事实力盖顶的情况下，这种盲目而偏执的自我中心主义，必然会轻视对他者的了解，也会容易忽视对他者的正当利益诉求，海勒纳·费殷（Helena K. Finn）认为，"如果美国公民不能理解美国之外发生了什么，那么他们将会基于美国中心论的角度提出错误的外交政策。"③ 当然，这种错误也是建立在维护利益之上的错误，因此，更恰当地说，这是偏执观念下的偏执政策造成的。

"人们要问，为什么一定要重复几百年来单一的'中心'或'主角'概念？我们有如此之大的世界舞台，为什么不能多中心、多主角、多主体合作同台演出？面向未来，这无疑是更符合人类共同利益、更富有主体创造活力的合作方式，是更具有共同主体性即公共性的人类命运共同体应有状态。"④ 对于美西方顽固的自我中心的个体主义观念，美国学者理查德·哈斯的观念具有很大代表性。哈斯认为，"国家间关系通常应该以国内情况为先决条件。如果一国的情况正好与我们的偏好相对立，那么将会更直接地影响我们的利益。"⑤ 这一认识实际上映射了四个方面：一是反映了外交是内政的延续，二是美西方中心主义观念如影随形，三是没有考虑他者的利益是否正当，四是对影响自我一切利益的他者要采取扼制行动。这就很容易解释美西方为何总会出现偏执理

---

① 赵虎敬：《"他者"文化与美国外交》，《国际关系学院学报》2009年第1期。
② Richard J. Payne, *The Clash with Distant Cultures: Values, Interests, and Force in American Foreign Policy*, New York: State University of New York Press, 1995, p. 84.
③ Helena K. Finn, "The Case for Culture Diplomacy", *Foreign Affairs*, Vol. 6, 2003, p. 18.
④ 郭湛：《围绕"中心论"的困惑——四问"西方中心论"》，《人民论坛·学术前沿》2022年第13期。
⑤ [美] 理查德·哈斯：《规制主义——冷战后美国的全球新战略》，陈遥遥、荣凌译，新华出版社1999年版，第67页。

性，在国内国外都奉行"暴力至上主义"，进而出现极端偏执狭隘的他者主义。中国学派的国际关系理论，都坚持否定"非此即彼"二元对立逻辑，如秦亚青提出的关系理论，坚持中庸辩证法，主张将内嵌包容性作为路径，实现进步、共同进化和可持续秩序。① 其他中国学派的国际关系理论范式也大体如此。

从国际关系历史经验来看，"秩序在表面上具有高度的一维性，单相指向行为体自己理想的合理性，并且由于合理性秩序总是建立在现实的内在逻辑之上，于是就有了'历史永远不会重复，但却会惊人相似'的现象。"② 造成这种现象的根本原因，在于美西方以自我中心主义的狭隘性他者主义、偏执性他者主义或极端性他者主义，并且由于国家的人格化和国际体系的无政府状态，无法从根本上消除这种状况，从而导致围绕权力、利益、文化、观念和荣誉而不断往复循环发生合作、竞争、摩擦、冲突、战争，因而也就呈现出历史总是会惊人地相似。概而言之，他者的存在是历史惊人相似的根本原因。

本章小结

本章主要研究了国际政治的他者主义的理论假定。理论假定作为建构理论大厦的基石，首先需要有明确而清晰的基本信条，本书提出他者主义理论的六大理论假定，即：（1）他者的存在；（2）他者是理性行为体；（3）他者的根本利益是追求安全与权利；（4）主权国家是国际体系的最重要行为体；（5）国际政治与国内政治相对剥离；（6）国际体系是无政府状态的。这里有几个问题需要说明，一是第三项假定实际是应该包含在第二项假定之内的，但是基于论述的方便，从中剥离出来，以便后续更好地进行论证；二是这里的假定有六项，而西方主流国

---

① 秦亚青：《世界政治的关系理论》，《世界政治研究》2018年第二辑。
② 谢剑南：《国际关系退化的观念、特性及理路：一种演化向度分析》，《东方论坛》2021年第4期。

际关系理论通常只有四项理论假定，没有包含第一项和第五项理论假定，这里加上这两项理论假定，正是凸显他者主义理论的内涵和价值；三是有的假定用他者代替了国家，拓展了他者作为行为体的概念范畴，体现了他者的理论价值。

从国际政治的他者主义抽象出来的合理的国际秩序，体现了无数有识之士的文化建构和秩序构想。由此，国际关系思想史的一项重要传统，就是平衡国家个体利益与国际社会总体利益，以及平衡自我利益与他者利益的总体平衡。自我中心主义浓郁的强势的自我，往往都对次强他者抱有很强的警惕性和戒备性，在直接打压不成时，幻想通过恶意"造谣抹黑"、强行"脱钩断链"、四处"拉帮结派"、高筑"小院高墙"等方式，对竞争性他者实行孤立、围堵、遏制，在全球化时代是行不通的，只会遭到竞争性他者的坚定反制，从而恶化自身发展环境，危害国际社会的和平稳定，是注定徒劳的，也是会失败的。

在国际关系史上，西方国家是自我中心主义十分浓厚的国家，尤其在帝国主义殖民时代表现得最为突出，主要表现方是在国际体系中占主导地位的西方国家，并且这种表现一直延续至今，当前西方国家的这种霸权主义和强权政治并没有多少本质上的改变。单边主义、保守主义、民粹主义通常只出现在西式选举的民主国家。对于自我中心主义思想浓厚的自我来说，原来被认为是自我周围关系相近相好的国家，或者受控于自我的国家，一旦由于内部变化，脱离原来与自我的亲近关系状况，转向竞争性他者，原来的自我就会立即放大他者的这种转变，无事生非地抹黑甚至攻击竞争性他者及转向他者的他者。需要指出的是，西方经常攻击一些发展中国家政权的保守，实则并不意味着这些国家外交政策的保守，同样，国家的相对封闭也并不意味着国家外交的保守，一切都是以利益与发展为重。换言之，保守主义针对的是国家政策文化和国家政策的内卷，并针对特定的国家文明和政权属性。

批判的武器，当然代替不了武器的批判。战争是残酷的，俄乌战争再次表明，战争不仅会让众多普通士兵血洒疆场，也会影响到政治、经济和社会发展的稳定进步，也会发生世界性的粮食危机、能源

第二章 他者主义的理论假定、类型与主体间关系重构

危机和供应链危机等。从他者主义的角度来看，压制他者，这是获得权力、利益、荣誉的重要途径；然而强大自我，才是获得权力、利益、荣誉的根本途径。在以往的国际关系历史上，自我与他者互信缺失，相互依赖又相互防范，相互竞争、合作、牵制、围堵、打压、冲突，屡屡上演惊人的历史相似，就是国际社会始终无法突破狭隘的他者主义所导致的。在今后很长的历史时期内，国际关系仍将如此反复上演。

美西方的文化传统里很重视通过压制他者获得权力、利益和荣誉，在当前的国际政治现实中，依仗强大经济军事实力或许能在一定程度上达到目的，但是面对不断崛起的核大国和经济大国时，尤其是面对"文明型国家"的崛起，则必然遇到坚决抵制。从这一角度看，狭隘的他者主义必须转向广义的他者主义，摒弃零和博弈，倡导各国坚持共同、综合、合作、可持续的安全观，建构相互尊重、公平正义、合作共赢的新型国际关系，推动建构团结、平等、均衡、普惠的全球发展伙伴关系，才是国际社会发展的共同出路。

发展是人类社会的永恒主题，也是时代进步的重要标尺。早在十九世纪，著名历史学家黎博德·兰克（Leopold von Ranke）认为，国际社会总体利益的主要实质，在于各国在各自充分独立发展的同时互相协调[1]，这实际上印证了人类命运共同体基础上的共同利益。中国站在为全人类谋福祉和人类文明发展进步的高度，倡导建构人类命运共同体，并同时提出全球发展倡议和全球安全倡议，提出构建全球发展共同体，致力实现更加强劲、绿色、健康的全球发展，这是人类社会发展的康庄大道。

---

[1] Leopold von Ranke, *The theory and Practice of History*, Georg Iggers and Konrad Von Ranke eds., Indianapolis, 1973, pp. 78 – 79, 112; Carsten Holrand, *The Concert of Europe*, New York, 1970, pp. 83 – 84.

第 三 章

他者及基于他者存在的他者主义

　　自我是客观存在的，他者也是客观存在的。自我如何看待他者，自我如何与他者相处，自我与他者相处是否存在经验性通则，以及自我与他者构成的群体、他者聚合构成的群体，形成了基于他者存在的他者主义及群体主义。研究他者主义必然要探究群体主义，研究群体主义必然要还原到他者主义，有些他者主义的内涵可以直接过渡到群体主义，仍然是有效的，群体主义也必然有群体主义的内在结构和规律性法则，这对于国际政治来说非常重要，是研究国际关系理论所要求了解和掌握的重要分析视角。

　　国际社会是一个行为体群体的共同存在，尤其是以国家行为存在的群体共同存在。对于以国家为基本功能单位的国家间群体主义，国家如何以自我方式存在、如何看待他者的存在、如何与他者的存在构成共同存在，除了互利合作以促进双方共同利益，自我还应该如何应对来自他者及他者群体的竞争、掠夺、征服、冲突、战争，以及应对来自自我权力利益的追求与维护，应对他者的权力与利益的正当诉求和超正当诉求，还有可能存在的偏执理性的牵制与打压，这些都是他者主义及基于他者群体性存在的群体主义所要深入研究的问题。

第一节　自我存在、他者存在与共同存在

　　国际关系研究中的本源对象，通常（也可以说完全）不是自然的个人，而是人类社会生活和实践交往中的群体存在，也就是前面我们讨论过的社会存在。国际关系中所指的人的存在，不再是较为原始那种作为生物的人的生存性群体存在，主要是指完全社会化的人的类属存在，即两个层面的存在：一是人的社会群体存在，二是人的共同体存在。人的社会群体存在，意指以人的社会性劳动分工为基础的、人的类属存在的物质总和，它构成了人类特有的社会性现实存在的基础。人的共同体存在，意指人的社会生存与生活本质的真正表达与最高形式的存在，它是人类社会发展中的高级阶段的存在，这也正是国际关系研究中的对象存在。

　　人的共同体存在，是国际关系研究中的本体论与认识论所共有的基础对象。无论是本体论，还是认识论，其认识来源的基础主要都是人的共同体存在。那么，人的共同体存在具体所指的内容是什么呢？应该说，人的共同体存在的形式是多样化的。马克思在建构他的历史唯物主义整个过程中，人的共同体是一个基本的重要范畴，他在不同时期使用了"自然形成的共同体""等级共同体""市民社会共同体""国家抽象共同体""虚幻共同体""真正共同体""自由人联合体"等不同表述方式，来概括他关于人类共同体在不同发展时期的不同形态和本质要求的认识。[①]

　　国际关系理论所指人的共同体存在的基础对象，主要是指国家或者部分具有国家特征的政治共同体。事实上，离开了国家共同体作为指涉的基础对象，国际关系理论的研究就没有多大意义了。然而，值得指出

[①] 胡群英：《人的群体存在、社会存在与共同体存在的哲学辨析》，《廊坊师范学院学报》（社会科学版）2009 年第 4 期。

的是，人的共同体存在，是一个具有批判性意义的概念。无论是古希腊时期的"城邦共同体"，抑或是西方文艺复兴时期的"契约共同体"，还是工业革命时期的"乌托邦共同体"，再到近现代时期的"自由人共同体"，本身都是世人对共同体存在的批判性产物。

总体来看，共同体经历了三大阶段：第一阶段属于"自然共同体"，这一阶段主要体现为"人的依赖性"阶段；第二阶段属于"虚幻共同体"，这一阶段主要体现为"物的依赖性"阶段；第三阶段属于"真正的共同体"，这一阶段主要体现为"自由人联合体"阶段。这三个阶段本质上是生产力在不同阶段发展的产物，生产力的跃迁，带来生产关系和社会关系的变革，也带来了人的关系的变革，人的共同体也越来越趋向于科学化、现实化、理性化，不断追求实现人、自然与社会三者的内在统一。按照马克思的历史唯物主义和辩证唯物主义观点，国家共同体只是人类共同体发展的一个阶段，它将随着生产力的高度发展和人类社会文明的进步而消失，逐步发展形成"以每一个个人的全面而自由的发展为基本原则的社会形式"[①]的真正共同体，"自由人联合体"将是最终符合人的需要的人类共同体形式。

我们所理解的国际关系，主要是指国家间关系及围绕国家为主要行为体而产生的一些政府间及非政府间的关系。国家作为国际体系中最主要行为体，存在的意义在于其是国际关系的主体施动者。国家出现之前，国际关系可以说是没有现实意义的；国家消失以后，国际体系中的主体施动者不复存在，则国际关系的内涵也将发生质的变化，自由人联合体之间的关系也不是我们当前探讨和分析的关系了。在此，我们不必就这一方面问题作进一步探讨了。

国家作为国际体系中最主要的施动者，可以现实地走入国际关系，但往往却不能自由地走出国际关系，尤其是某一特定时期在国际关系中有重要影响的大国或者牵涉较大国家利益的一些国家。有许多国家构成的国家体系，是我们研究的主要本体存在，作为共同存在的对象化存

---

① 《马克思恩格斯文集》第5卷，人民出版社2009年版，第683页。

第三章　他者及基于他者存在的他者主义

在，有必要提出自我存在与他者存在的概念（自我和他者主要就是指的国家），进而形成共同存在与他者存在的分析视点及不同视域下的理论范式，以便更深入地研究国家关系的一系列问题及其相关理论框架。

为何要在共同存在的概念之外，提出一个他者存在的概念呢？一般来说，他者及他者的存在，几乎只是作为一个纯哲学性的问题而探讨的，他者也主要是作为一个与自我相对应的镜像化的角色，而极少是作为利益链条上的另一个自我而出现的。自我认识的模式可以是：不能被虚拟的就不是真实的，或者套用黑格尔的话：真实的是虚拟的，虚拟的是真实的。[1] 我在这里特意提出，他者不仅要作为一个与自我相对的镜像化的他者来分析，更重要的是，要把他者作为与自我存在及共同存在的一个非常重要的利益链条上的角色来分析研究，见下图（图3-1）。

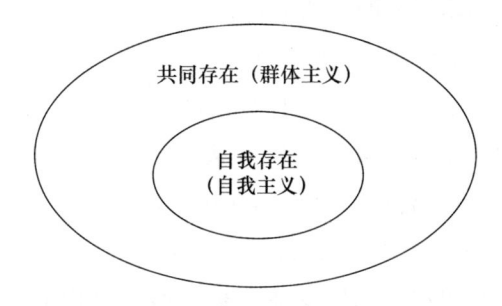

图3-1　共同存在（群体主义）与自我存在（自我主义）关系[2]
资料来源：作者自制。

他者的存在可以在很大程度上作为国际体系的主要行为体或者施动者来看待。在国际体系无政府状态情况下，施动者作为谋求存在、安全、利益和权力的行为体，在关于国际体系中权力的观念上，温特的观

---

[1] ［美］弗罗利克·托马斯：《卡普洛·拉斐尔与信息伦理学的挑战》，《国外社会科学》2002年第1期。

[2] 对于群体主义与他者主义，下文将专门有论述。本书没有论述自我主义，因为在群体主义与他者主义的论述中，包含所有自我主义的行动逻辑，实际上，他者主义本身就是自我主义的镜像，所以不再作单一论述了。

点与达尔文及福柯关于权力的观点有一致性,他认为,"权力创造了施动者,但不属于施动者。"① 那么权力在哪儿呢?谁有权力呢?这种权力是否只是观念性的呢?

自我与他者的互动,围绕着存在、安全、规制、秩序、利益、和平、竞争、冲突、统治、支配等而进行。在国家产生前,这些连续的自我与他者之间的互动,持续造就了观念、规则、制度,造就了组织和机构,造就了利益集团、阶层、阶级,然后在此基础上,造就了国家。在这一过程中,权力扮演了重要角色,因为权力一旦在共有观念中形成并产生,就具有足以让人畏惧的力量。在国际体系中,我们也能无处不在地感受权力的力量形态,虽然权力并不如国内结构那样具有明显的垂直体系及强大作用。国际体系中的权力,主要是伴随国家实力的大小而相对形成的,并且与国内的权力概念有显著的区别,权力既是国家实力的表现形态,也是国家利益的表现形态。

国家最初到底如何产生,我们不得而知,因为在依据目前可考的文字史料来看,国家已经诞生了。国家产生后,国际社会的无政府状态就更加明显了,我们由此可知,无政府状态是他者的存在造就的,本质上,"一切政治及状态皆由'他者的存在'造就"②,因而不仅国家是他者的存在造就的,国家体系及国际社会的无政府状态也是由他者的存在造就的。在国家共同存在的国家体系里,他者(国家)存在仍然是自我(国家)的一个镜像化角色,并且自我与他者之间仍然充满了各种利益上的矛盾和冲突,也无止境地持续造就各类政治事件及其相互间关系的各种存在状态。

当然,在国家与国家体系中,自我与他者作为相互存在的对象化角色,不仅有摩擦、竞争、冲突甚至战争的关系,也有共同存在发展与交流合作的关系,尤其是在当今自然环境与条件越发有恶化趋势的情况

---

① [美]亚历山大·温特:《国际政治的社会理论》,秦亚青译,世纪出版集团、上海人民出版社 2000 年版,第 408 页。
② 谢剑南:《"他者的存在"与国际社会的无政府状态分析》,《东方论坛》2011 年第 2 期。

下，在重大问题上的利益合作要远远大于利益分歧，例如在气候、环保、资源、疾病、水和粮食等共同存在的基础性问题上，自我与他者的合作不仅是各自利益所需，同时也是共同存在的物质基础所需，这也越发成为相互依赖的、共同合作发展的基本出发点，目前这种合作与发展以解决共同存在的重大问题，也日渐成为整个国际社会的一个共识及其行动依据之一。

长期以来，国际社会始终是一种不间断的和平与战争、合作与冲突并存的状态，并且总是与相应的群体和群体行为有普遍的、客观的、必然的联系，因此，国际关系理论研究应从人的群体本性的角度出发，来客观认识整个人类史上的发展着的各群体及群体活动的一般规律和相应的社会秩序建构，说明群体行为与国际关系中的重大问题及国际秩序的演绎和发展变化的关系。

群体主义是根植于人的群体性本性的群体行为的，是国际关系秩序不断构建和演绎的根本取向和规律尺度。群体主义内在法则推动了国际关系的发展并决定了世界秩序的历史、现状与未来。

国家间和自然人之间一样，有"敌"也有"友"的不同关系，身份、利益和观念的不同，能形成不同的"敌""友"关系，也会导致"敌""友"之间的关系转换。下面我们着重分析群体主义的概念、本质、法则，研究他者主义与群体主义之间的内在关系，分析群体主义中"我们"与"他们"的不同认知与身份，探讨谁是"朋友"、谁是"敌人"以及中美之间的"敌友"关系等。

第二节 基于共同存在的群体主义

从人类祖先进化的时候起，人类就是过着群体的生活，进行着群体性活动，在一定的秩序建立以后，特别是氏族社会形成，到部落的形成，到城邦的建立，再到国家的建立和国家集团组织和联合国的建立，从远古历史到现在，从区域一体化到全球化，从现在到将来，人类的群体生活的本性和所表现出的本质性的群体主义，随着科技和文明的进步，正变得越发明显，深深影响了并表现了人类社会是如何建构自己内部的关系和秩序的。

国家出现后，以国家为主要单位所形成的社会关系史和国际关系史中的活动和事件，其根源并非许多人所争论的出于人性的"善"或"恶"，而应该是"人是群体性的"这一根本群体性本性的外在体现，即发生的事件和各种群体关系是人的群体性规律的载体，而"善"与"恶"则是个人特性方面的看似矛盾实则统一的人的本性的基本的两面，并且不可分割。

从社会的一般的秩序关系上看，个人倾向于群体，有赖于群体，总是在自觉或不自觉地使个人在群体中得到显示和认可，家庭、单位、社团、组织等是社会的基本构成单位，单个的行动始终与群体性有关，特别是在那些趋向于不确定的、冒险的活动当中，群体内和群体之间的合作与冲突更加明显。国家、国家组织、国家联盟等之间的关系也是如此，各种冲突与合作、战争与和平也更是群体主义意志的更为集中的和更为突出的结果。

因此，相应地，群体主义的概念有广义和狭义之分。狭义的群体泛指本质上具有相关共同点的个体形成的整体，狭义上群体的单纯性和自然性很强，一般不具有特定的、长期性目标，也不具有核心成员与核心机构。广义上的群体泛指在某方面或某些方面具有一定行为能力和行为动向的人或组织所组合成的整体，一般具有特定的、长期性目标，有其核心成员及核心机构，并有相应的组织规则，核心成员或核心机构代表着该群体的利益，并维持和促进与其他群体的关系。群体利益有重叠、竞争、相互依赖和扩大的趋势，群体的含义也有发展和扩大的趋势。

广义上的群体又有两层含义。其一是指各国国内的团体及团体组织所形成的群体，有相应的独立性和自主性，有相对稳定或固定的组织形式，代表着一定实体利益，根据行为模式的不同和利益范围的大小，可以产生跨国行为；其二是指国家及国家组织所形成的国际性群体，这是

第三章　他者及基于他者存在的他者主义

最高意义形式上的群体，其利益、实力和行为方式等形成了有跨国特性的国际关系。由此，群体主义是指在人的社会性本质特性的基础上，由人所构成的群体或群体组织具有相应的特定的内在法则，并在其客观性、普遍性和导向性作用下，群体的行为或行动使群体社会的发展和群体之间的关系形成了一定的内在规律性特点，并由此形成了相应的社会性群体和国际性群体之间特定的复杂关系和秩序，内在法则不仅影响和决定人类历史的基本关系和秩序，还对人类未来的秩序和关系起着导向性、规律性、反复性作用。

群体主义的形成，离不开规范的成形、沉淀、传播至最后内化。温特对规范的内化作了三种等级分析，第一种是由于外部的压力或胁迫，第二种是因为符合自己的利益，第三种是因为认为规范具有合法性。[1]这三种情况分别都在其划分的三种国际政治文化中，即霍布斯文化、洛克文化和康德文化，都存在三个等级的内化情况。无论是被迫接受还是主动接受规范的内化，规范都始终是群体主义政治的灵魂。

国家属性的群体主义仍然遵循人的群体的基本身份属性，在寻求身份认同的过程中，国家有时会让渡某些利益甚至部分权力，以形成意识形态或利益基础的统一战线。这其中，"最容易受到网络压力影响的国家是那些渴望属于规范性共同体的国家"[2]，那些以他者主义划线的国家，在抗拒外群体的身份认同与遭遇利益分歧时，同时也难以避免地被自我认同并被内群体的他者视为内群体内中的某种群体身份，要么是维持自我相对于他者的优势，要么是寻求他者对自我的内群体认同，这实际上暗示了内群体和外群体之间存在着等级关系，在这种等级中，自我或内群体往往自认为或被认为优于他者或外群体。当然，很多国际关系学者批判了这种把"自我—他者"异质化的二元结构，对这种国家身

---

[1] ［美］亚历山大·温特：《国际政治的社会理论》，秦亚青译，世纪出版集团、上海世纪出版集团2008年版，第335—387页。

[2] Margaret Keck and Kathryn Sikkink, *Activists Beyond Borders*, NY: Cornell University Press, 1998, p. 32.

份的敌对化定位表达了不满。① 不过，仍然有很多学者尤其是西方学者把这种二元结构视为一种身份属性的当然结构。

第三节 他者主义与群体主义的关系

本书把他者主义作为国际关系的元理论，主要是基于他者首先是自我的镜像，没有他者，自我及自我主义就失去依托，失去彼此镜像，再谈论自我主义就失去意义。自我与他者的共同存在，形成一个最小单元的最基本群体，更多的自我与更多的他者，形成了真正意义上的群体，则自我主义与他者主义也分别有了意义，同时，结合了自我主义与他者主义的群体主义，也有了意义，但群体主义不是自我主义与他者主义的合一，群体主义始终具有自身的特性。本书中特地就他者主义与群体主义分别作出论述。

首先要有他者，才能与自我形成一个群体，因而首先也要有他者主义，才有群体主义。实际上，群体总是与他者同时存在的，因而为了便于研究，我们引出一个概念，即群体主义包含他者主义，这似乎本是一种自然而然的包含关系，但区别开来还是有重大学术研究意义的。

从本体论而言，群体主义在理念上较多偏向于现实主义，但显然仍包含了自由主义、建构主义和激进主义等的某些思想，并且对异彩纷呈的新理念也持开放态度。实证主义、诠释主义和科学现实主义是国际关系理论研究的三大研究理路，一些具体的研究理论或理路都可以归于这三种的某种，而这三类研究方法本质上都是为了研究国际关系的。从此种意义上来说，群体主义等于国际关系，群体主义理论也等同于国际关

---

① Abizadeh A., "Does Collective Identity Presuppose an Other? On the Alleged Incoherence Of global Solidarity", *American Political Science Review*, Vol. 99, No. 1, 2005, pp. 45 – 60; Berenskoetter F., *Friends, There are no Friends? An Intimate Framing of the International*, Millennium-Journal of International Studies 35, 2007, pp. 647 – 676; Hansen L., *Security as Practice: Discourse Analysis and the Bosnian War*, London and New York, NY: Routledge, 2006.

系理论，只不过，群体主义的含义明显要宽泛得多，国家间关系只是一个主要的群体间的关系。为了便于国际关系理论的研究，我们在某些方面直接把群体的含义窄化成国家，由此使群体主义与国际关系直接挂靠。

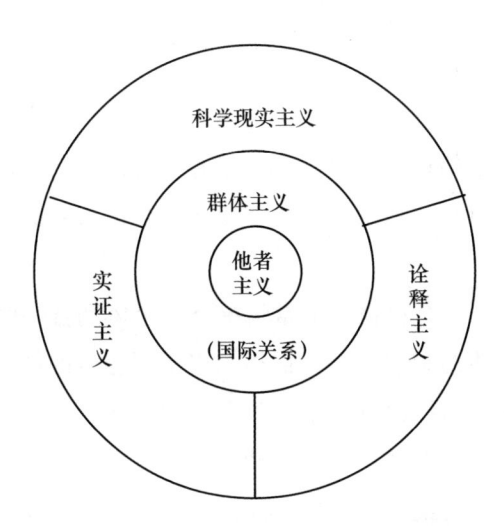

图 3-2　他者主义、群体主义与国际关系研究的知识论

资料来源：作者自制。

说明：图中心的他者主义，没有使用自我主义的概念来代替，主要是因为他者主义本质上是自我主义的镜像。没有他者的存在，自我主义就失去了任何意义，因而本书中使用他者主义作为国际关系的元理论。

一　个体与群体

从哲学的角度来说，个体就是能够独立设定对象的单个人，从人类社会的发展来说，个体指处在一定社会关系中，在身份、能力、意识和作用等方面有区别的有生命的个人。群体是指社会上的有意识和行为能力的个人通过一定的社会关系结合起来的集合体，在概念方面，在本章的开始已有界定。

群体是个体的组合，个体的价值在于群体，只有融入群体，个体的价值才能得到体现，群体的结构状态也制约个体。尽管个体需要群体并融入群体，但个体与群体的利益既有一致性，也有冲突性，个体的特殊利益与群体的普遍利益并不总是一致的。一旦群体形成，群体便具有不同于个体的身份、利益、观念、文化、声望、目标和行动等，群体还具有个体所没有的确定性和行动力。①

个人与群体，除了以上所说的区别，还有一个重要的方面就是意识。意识是类似于心理、观念之类的概念，也还指对自身与外界的有关认识。人是意识性的社会动物，群体是意识性的社会团体，个人和群体都通过意识调整自身的观念与行为，谋求与自己有关的各种利益及存在价值。

个体和群体都各有利益，通常情况下，个体利益一般会服从群体利益，但当较强个体的利益在某一群体内得不到相应的满足时，个体便可能会选择把群体的组织原则及宗旨放在一边，独自追求自己的利益甚至于脱离群体。在某一群体中，当成功的个体脱离原有群体，进入另一个概念的群体，或者自组新的群体，就形成上一章我们探讨过的他者主义概念中新的"我们"。这种行动可称为"成功者的脱离"。众多成功者的脱离逐渐吸收群体间宏观事件的影响，不仅通过自己的行为与互动形成新的宏观层次的结构，也逐渐产生了新的共有观念与共有知识，促成结构的变化与群体体系的转型，并逐步形成新的秩序状态。

不同的群体，其身份、构成、利益、性质、特点、宗旨、观念、功能、作用和影响等，都是不一样的，其对其个体影响的广度和深度，也是有别的。一定的群体，其内部的文化特征与历史传统，既有助于塑造与维护群体的一致性，也有利于该群体与其他群体的区分与相处。群体与群体的组合，构成了复杂的社会，就国际关系来说，如果群体的基本概念定位为国家，则形成国际社会。这就是我们重点要论述的群体

---

① 群体存在不同于共同体存在，群体更具有随机性与自然性，在概念上以群体代替共同体，更能显示人性的本质与群体特性的本质。一般意义上的共同体偏向于政治性，并且武力不是共同体内部的选择，例如历史上的城邦、城市、王国、民族国家等，现代社会偏重于国家间组织，如欧盟等。

主义。

个人有强弱之别，群体也有强弱之分。在有政府的社会，尽管有法律、道德和暴力机关，但在社会生活现实中，还是有很多不公平的现象。从来如此，也许永远存在不公平的地方，强者占据更多资源，弱者则人轻言微。在无政府社会，按照一般逻辑，强者可为所欲为，做自己认为能做的一切，弱者则忍其必忍，做自己不想做但只能做的一切。无论在有政府社会还是无政府社会，也许关于个人与群体之间强弱的对比说法过于简单，过于绝对化，但确实是一种不对称的存在。当然，强弱之间是可以相互转换的，强只是相对强，而弱也只是相对弱。

二 他者主义与群体主义

他者主义不仅是关于自我与他者关系的探讨，也是关于自我与他者共存价值的探讨。[①] 他者存于群体之内，他者主义的意义范畴也不会超脱于群体主义的范畴。

在前一章，我们讨论了他者存在的意义与价值，讨论了他者的存在造就了观念、制度、组织和结构，造就了国家产生与国际社会的无政府状态，也讨论了他者的存在造就了文化、贸易、金融、劳动分工与资本流动。我们再举一些典型的例子：战后，为了应对日益强大且不好合作的"他者"苏联，以美国为首的国家成立北约。针对北约的行为，以苏联为首的国家为求得自身安全，保护自身利益，随后成立了华约。南苏丹是苏丹眼中难以就范的"他者"，二者在民族、宗教、文化和政治方面存在着较大差异，经过两次内战和多年谈判，南苏丹最终于2011年从苏丹分离出来，成为一个独立的国家。

再例如，为了促进劳资双方合作，防止他者一方损害另一方利益，促进充分就业和提高生活水平，扩大社会保障措施，1919年成立了国际劳工组织；第二次世界大战时，为了安排战后和平稳定的国际秩序，众

[①] 对于从肉体上消灭他者，这种可能性是存在的，但个别他者的消失，不影响广泛意义上的他者存在，因此，他者就是指存在的他者。

多国家发起成立联合国,以防止和压制世界各地的"跳出来"扰乱和平秩序的他者;为了规范国际贸易,防止"他者"实行不正当竞争,谋求不正当暴利,1947 年成立了独立于联合国的关贸总协定(GATT),1995 年后改称为世界贸易组织(WTO),以促进全球贸易的正常有序开展。

不难看出,在分析他者主义时,随时都可以看到"群体主义"的影子,也就是说他者不是孤立存在的,他者主义也不只是相对于自我而言的,也即他者主义一定是群体主义中的他者主义,群体主义中一定包含有他者主义。事实上,"我们的大多数乃至所有的行动都是内在的心理过程/动力与外在的社会约束的混合产物。"① 因而,无论何种主义,都离不开自我与他者对利益的判断及其相反判断而引发的系列后续政策与行动。

在群体主义中,因为难以有效地把握他者的发展与意图,或者说不能明确知道他者在什么时候对自己构成威胁,所以群体中有两个非常重要的原则,一个是"山头主义",另一个是"帮派主义",这两个主义不仅在国家内部的各类群体中普遍存在,在国家之间更是如此。② 如果说他者主义和群体主义是个体存在和共同存在的"是存在(Be Excistence)",则山头主义与帮派主义则是他者存在与群体存在的"怎么(How)"存在,本质上,这个 How 同时也回答了"为何(Why)"存在和"如何(What)"存在的问题。

山头主义的最重要作用是彰显自己存在,形成一定的存在空间,这个空间不只是地盘的空间,还有相互之间微妙关系的空间。一个农民要有自己的耕作地,一个企业要有自己的生产基地,一个国家要有自己的地理空间,本质上都是同一道理。个体存在还要与外界有各种联系,这是个体显示存在、确保存在、延续存在的必要前提,通俗一点说就是个体的"立足"问题。"基于地缘的邻近对国家安全认知的影响"③。

---

① 唐世平等:《观念、行动、结果:社会科学方法新论》,天津人民出版社 2021 年版,第 18 页。
② 这"两个主义"贯穿于下文所说的十大群体主义的法则之中。
③ [美]斯蒂芬·沃尔特:《联盟的起源》,周丕启译,上海人民出版社 2018 年版,第 21 页。

第三章 他者及基于他者存在的他者主义

在国际关系的主权原则之下,"国家"的存在就是典型的山头主义,意味着国家主权需要得到彼此间单边和多边承认和尊重,不希望被侵犯、兼并、分裂,有时甚至还涉及国家周边地区的相关利益。譬如,美国在立国后不久,就于1823年抛出了著名的"门罗主义(Monroe Doctrine)",排斥欧洲列强,欧洲不应再殖民美洲或涉足美国与墨西哥等美洲国家之主权相关事务,而对于欧洲各国之间的争端,或各国与其美洲殖民地之间的战事,美国保持中立,相关战事若发生于美洲,美国将视为敌意行为。又如,英国在欧盟发展的问题上,迄今仍选择独立于欧元区之外,但又总是参与欧盟事务,这也是明显的山头主义。再如,印度一再宣称在印度洋范围内有特殊利益,排挤其他大国染指其自认的利益范围,也是典型的山头主义。

帮派主义是群体主义中的"小群体主义"(或称小多边主义),主要是指现实主义中的均势或谋求某种特定优势。均势是各种力量谋求动态平衡的一种状态(当然也可以是手段和目标),优势是为了确保自身利益以及行动上的自由与胜算。无论在什么时期,均势总是自觉或不自觉的一种保障利于自己利益的手段,弱势国家需要均势,强大的国家也需要某种均势,来维护自己的强大,或者防范他者破坏有利于自己利益的"均势"状态,这种均势需求之上的存在与力量状态就是优势。帮派主义主要是谋求利益和心理及行动上的优势,在表现上,并不一定是为了有效保全自己、发展自己、壮大自己,在特殊时候,也是为了抵抗、对抗、压制或者消灭"危险"的他者。例如,当前的美国,作为唯一的超级大国,可谓独步天下,一方面因其自身强大的政治、经济、军事和文化实力,另一方面,也自第二次世界大战后,美国彻底放弃了一度奉行的"孤立主义",实行"拉帮结派"的政策,即奉行现实主义与理想主义结合的"帮派主义",不断巩固和发展美国的综合实力和优势地位。美国不仅在全球有数百个军事基地,牵头成立北约并保持领导地位,还在全球与众多国家有同盟关系或特殊关系。冷战后,美国对伊拉克、南斯拉夫、科索沃、阿富汗、利比亚等国采取的几乎所有重大军事行动,均采取了"帮派主义"的政策,即总是拉扯了一大帮国家一起采取行动。

这种帮派主义具有等级制联盟体系的基本特点，即"单向性与封闭性"①。

山头主义和帮派主义有利于群体中个体身份的认定、定位与互认，也因而使个体的身份是变化的。个体身份的变化既有助于群体结构的建构，也是群体结构解构与重构的重要因素。温特认为利益建构权力，观念建构利益，而观念又是由身份建构的。这种观点是值得商榷的，至少应该只是部分地可以这样认为，因为利益本身不论何种观念都存在②，甚至不需要观念也可能存在或部分地存在着。尽管利益、权力与身份及观念之间确实有某些内在逻辑关系，但如果一定要扯一种绝对性的关联，则难免具有某种形而上学的性质了。

在这里讨论他者主义与群体主义的关系时，可能会给人一种产生误解的印象，即这里所讨论的他者主义与群体主义似乎大部分是关于政治和军事上的，尤其是政治上的。的确，国际关系中，政治和军事等传统的"高级政治"占去了相当大份额，但政治和军事从来不是意味着全部关系，经济、文化、贸易、金融、环保、反恐、应对能源危机等"低级政治"中，山头主义和帮派主义多少都有些显示的，只是强弱程度不同而已。例如，为了应对美元的一统强势地位，欧盟为了巩固一体化、加强经济实力、扩大影响力，于1999年正式启动并发行欧元，徐图与美元及日元争雄。这实际上就是山头主义的一个具体表现，当然，对欧元的解读是多方面的，这只是其中的一个方面。而在应对始于2008年的世界金融危机中，欧元区、美元区和日元区以至中国的人民币区等都在很大程度上，放下争执与分歧，同舟共济，共同协作，采取有力措施，加强协调，尽量提振市场和人们的信心，以求平稳度过金融危机，同时在此期间，还产生了应对经济危机的二十国集团（G20）模式。然而，此次危机刚刚有所好转，群体内部再次突出分歧，尽管在金融危机中，中国做出了巨大贡献，也作出了重大的利益牺牲，而美国和欧盟却为了自己利益，随后要求中国货币升值的声音渐次大了起来，而

---

① 李德杰：《体系的羁绊：亚太小多边安全合作的互动逻辑》，《国际展望》2024年第2期。
② 在人类社会，人是有意识的动物，因而无论在何种利益场合，观念都是存在的，并且都是带有价值倾向性的。

第三章　他者及基于他者存在的他者主义

且这种声音始终不绝于耳。其后，特朗普政府在对华发起贸易战和科技战之后，拜登政府又进一步推行排华的小多边主义（minilateralism），不断建构美英澳、美日菲、美日韩、美英加澳新、美日印澳等的针对性联盟和亚太经济框架等小多边集团。可见，山头主义和帮派主义总是无时不在地甚至是不自觉地有所表现，并发挥"无形之手"的重要影子作用。

第四节　共同存在的国家间群体主义法则

与自然科学中存在着科学的法则和规律一样，人类社会也存在着内在的法则和规律，很多国际关系的理论对此有很多争论，认为人类社会不存在普遍的基本法则，但实际上普遍的基本法则是存在的，只要看到人是群体性的，就至少有人性的群体主义法则作为规律普遍存在。当然，除了群体主义的说法，也有称为社群主义的说法。古希腊就有了社群主义的说法，事实上，"当代社群主义从亚里士多德那里找到了基点"[①]，但社群主义针对的是个人主义而言的，与本书的群体主义着眼于国际政治而言是有本质区别的。

总体上，群体主义有十大本性法则，它相应地是以人的群体本性为最始出发点和最终归依，是人的群体本性所表现的特征和行动的一般规律的体现。下面我们避开从社会学的角度来看国家和社会内部的群体势力之间的争斗、对抗和冲突，而只从国际关系和世界秩序来探讨一下这十大本性法则及其现实表现状况。

一　安全法则

一个群体的自身存在总是作为其第一考虑的，安全总是群体的第一需要，生存是群体首要的绝对要务。一个人，睡觉时害怕有袭击，那是

[①] 曹晟旻：《权利优先论批判的学理剖析——以自由主义与社群主义之争为对象》，《北京联合大学学报》（人文社会科学版）2024年第1期。

不安全的；吃饭时担心没东西吃，也是不安全的。这一点不仅是对个人，对任何群体、组织、社会和国家及国家群体都具有类同意义。而且，群体对安全的需要，会有潜意识的扩大的趋势，并且需要保持。群体一旦发现有对自己不安全的异己因素出现，就会关注这一因素，从而防止和限制其发展，而且，如有可能和必要的话，就会想办法去化解甚至是消除这一异己因素。

一个群体出于对安全的考虑，一般是会希望寻求更多更大的支持力量，除非是做不到或是受到了某些制约。当然，这种所谓的支持力量，不一定会是同一性质的力量，只要是支持的，不论是实际支持还是名义上的支持，甚至是善意的中立，都会被视为这一群体的同盟或朋友，但这一点也许并不是完全出于安全的考虑。例如，2022年2月24日爆发了俄乌冲突，而冲突的起因，正是是基于北约不断东扩，严重挤压俄罗斯的安全空间，而乌克兰倒向美西方，直接撞击俄罗斯的国家安全空间软肋，则正是俄罗斯对乌克兰展开特别军事行动的导火索。现实主义最关注的一个基本问题是国家安全至上，国际关系批判理论也认为"真正的安全只有通过人民和集体才能够获得，只要他们不被安全所剥夺。"[1]当然，安全并不是只有他者安全了自己才得以实现安全，也就是说安全并不完全取决于相互依赖。本质上，安全取决于受攻击的可能性，而意外的可能（如极端天气、恐怖主义、公共安全等）总是存在的，所以从理论上讲，绝对的安全是没有的。美国出于对安全的担心和对恐怖主义的愤怒，以反恐划线，采取先发制人、非敌即友的做法就是典型的例子。

新冠疫情暴发和俄乌冲突爆发后，全球化发展出现了急剧暂停和退化浪潮，尽管这不会被视为历史大趋势，但全球化遭遇挫折却是不争事实，美国时任财长耶伦认为，现在还不是全球化的中介，但未来的全球化将是一个"盟国间的全球化"，说明美国及其西方盟友都高度重视生产链、产业链、价值链的安全性。当然，并不只是美国和西方盟友有这种

---

[1] Ken Booth, "Security in Anarchy: Utopian Realism in Theory and Practice", *International Affairs*, Vol. 3, 1991, p. 547.

担忧，任何国家都会有这样的担忧，而且其他国家更有理由担心这样的安全。事实上，美国和西方国家对中国的贸易战与科技战、对俄罗斯的制裁等，再一次为广大发展中国家敲响了安全警钟。群体的安全不像个人的安全那么简单，它还涉及更多的利益考虑，与群体的大小、所在地域、经济、文化、价值观、社会制度息息相关，与异己力量和其他群体的实力及所持的态度和倾向也有很大关系。就全球所有群体来说，气候变化、粮食安全、产业链安全、能源安全、资源安全、水安全、网络安全、数据安全、基因安全、核安全等都构成了群体安全的要素，各方都围绕个体安全和共同安全，不断进行安全圈建构，也由此不断产生相应的矛盾和冲突，由此又衍生形成另外的安全问题，从而形成典型的安全困境问题。

二 发展法则

群体发展及群体社会的发展是绝对法则。任何群体都是发展并且变化着的，这是人类进化的必然规律，这种发展不只是单个群体自身的发展，而是全体的发展，是整个人类文明的进步，包括多方面的生存环境的提高的发展。发展是人类的进步，是必然的，是任何群体和群体里的个人都无法妨碍或阻止的。

群体的发展是不平衡的，发展是永恒的主题和要求，各个群体在本质上都是促进发展的动力和力量，也都在不同程度上寻求发展，愿意寻求并在寻求尽可能多的协同发展。大国的兴衰与其内外的条件和因素、其发展的方向与意志等有直接的关系。可以谨慎地设想，当各个群体的发展能最终跨越历史的恩怨，逐步形成更稳定有序的、更大的、更高级的群体性社会时，当区域化进一步向多领域变革的全球化发展时，当语言文化特征和国别的不同仅仅只是作为大群体的内部识别的多样性特征时，达到或实现马克思所认为的"人的自由而充分的发展"，那么人类的前景就可以是光明的。在这一理解的层面上，我们暂时可以认为欧盟给我们提供了一个适当的范例和努力的方向。

发展永无止境，但发展有其必然规律。"经济全球化或许遭遇逆风，但历史大势不会改变，'脱钩断链'没有出路，开放合作是唯一选择。"① 尽管国际社会的竞争与摩擦始终会存在，但可以肯定的是，人类社会以及各个群体的发展，经过无数劫难的人类社会，注定会走向更和谐、更发达、更有统一社会规则的社会状态中去，会朝着建构以全人类共同价值观为基础的人类命运共同体的方向发展。不过，竞争、摩擦、纷争与冲突并不会随着合作共赢的命运共同体建构而消失，相反，一些地区和国家间的纷争，有时还会加剧，不同群体之间利益、观念、权力的对抗与冲突将始终存在，并不会因为命运共同体的建构而消失。

三 同化法则

物以类聚，人以群分。不管什么样的群体，总是在自觉和不自觉的时候追求一种类同于自己群体的单一性，都试图按照自身的价值倾向同化周围有关的其他群体，因为同化（assimilation）符合最大安全和各种利益的最大化。欧盟是一个典型的例子，欧盟在长期的发展过程中，不断在扩员，并且其内部也在同时进行不断的同化，尽量使内部各国的政治、经济、价值观、外交甚至军事及内部各种事务都朝着一种同一性的方向发展，尽量使新欧洲呈现出一种性质同一的状态，不管将来的欧盟是联邦还是邦联，同化始终在进行着，这符合欧洲各国和欧洲整体的利益。美国在第二次世界大战后，着力维护、巩固和推行世界的资本主义化，进行所谓的人权外交，强调援助和制度、人权、民主价值观挂钩，同时力图将美国的基督教文化普世化。第二次世界大战后，美国在欧洲、拉美、日本、韩国、菲律宾、澳大利亚、新西兰、印度、越南等国家和地区以及联合国、世界银行、北约等国际组织，都投入了大量人力、物力、财力，其动机和目的是很显然的，历史也检验了同化法则的运用对美国的巨大功效。

在某些方面具有相近或者相同特质的群体会自然地得到相应群体的认同。同化法则遵循着从易到难、由点到面的一般规律。一个群体在对外关系交往中，不仅求同化异是代价较小的交往方式，而且总爱在安全

---

① 郑明达：《习近平会见荷兰首相吕特》，《人民日报》2024年3月28日第1版。

和利益上寻求最大的同化，增强自己的最大存在感和安全感，在手段上会不遗余力在政治、经济、文化、外交等方面对外部其他群体进行同化。美国一度把全球化视为美国化和西方化，在多极化暂成现实之际，美国又声称全球化将发展为"区域全球化"或"盟友间的全球化"，一方面大肆搞"小院高墙"和"脱钩断链"的把戏，另一方面大量搞"以需求导向的功能性合作"[1]的小多边主义，这是典型的"排他性同化"，体现了同化法则的有限性和局限性，也体现了同化法则的应用性和适应性。毋庸置疑，相比激烈的对抗、冲突和大规模战争，同化法则是代价最小的方式。

在总体和平时期，软实力在这种同化中具有非同小可的作用，具有长久效应。硬实力往往是软实力的最重要依托，巧实力体现了硬实力与软实力的合理搭配和使用。同化法则的实践在初始阶段一般会导致较多的党同伐异情况的出现，而所谓的同化一般都会朝着硬软实力占主导地位的主体群体所认同的价值目标及制度转化。

在美国学术界和美国的政治生活中，"同化"这一术语已几乎难觅踪迹。这也许与所谓的"政治正确"文化氛围有关，也许是出于某种公平和道德感，也许是出于行动上的方便而掩人耳目，但并不等于说业界学者与政治精英放弃了同化的策略及同化幻想，相反，美国根深蒂固的基督教文化及美国信条（The American Creed）[2]，始终寻求外界"对

---

[1] 包广将、饶金山：《美国塑造印太秩序的小多边主义路径》，《东南亚研究》2023年第3期。

[2] 所谓美国或美利坚信条的概念被广泛使用是因为政治学者麦尔多在1944年出版的名为《美国困境》（The American Dilemma）的书。在书中，作者点出美国在种族、宗教、民族、地区以及经济上的异质性，但是，他认为，所有的美国人都共享某种东西：一种社会气质和一种政治信条。为此，他用冠以大写字母的"美国信条"（the American Creed）来代表之。这一用语很快为媒体所接受，并被美国国内外的观察家视为构成美国民族国家认同之关键的，甚至是决定性的成分。然而，麦尔多的表述并没有把基督教伦理与他所定义的美国信条联系起来。相反，他所谓的美国信条实际上是启蒙运动所讴歌的人生来平等、自由、民主、博爱。这包括了今天美国国家政治所主张的言论与结社自由等已为美国宪法所规定的东西。而亨廷顿却把所谓清教伦理强调为美国信条的重要成分，主张所有美国公民和想成为美国公民的人都必须视此为美国的正朔。参见范可的文章《亨廷顿的忧思——评〈我们是谁：挑战美国的民族认同〉》，《读书》2005年第5期。范可认为，冷战后，美国信条的核心理念已经衍生至诸多领域，尤其是政治、经济与文化领域，是民族主义中的普世主义。美国力图确保唯一超级大国的霸权地位，而同化则是最有效、最可靠、最永久的一种策略。同化不仅是手段（公开或隐秘手段），也是目的（短期或长远目的）。

盎格鲁的遵从"的同化政策。第二次世界大战后，美国一直不遗余力地推行国内族群与国际伙伴的同化政策，包括文化、宗教信仰、政治制度、价值观等，同化的最终目标是让他者接受"美国信念"，即从语言、文化、观念、制度、价值观和意识形态等进行彻底的类属性同化，从而防范出现结构性分离甚至是结构性对抗。例如美国著名国际关系学者塞缪尔·亨廷顿（Samuel P. Huntington）曾在《我们是谁：挑战美国的民族认同》一书中，正式呼吁联邦政府重新考虑把同化推到决策的层面。值得注意的是，美国在语言、文化、制度、价值观、意识形态等方面的同化策略受到戒备、防范和反制的同时，也利用全球化进程中面临的挑战，不断强化美国同化能够同化的他者，如美国利用俄乌冲突，推动欧洲欧盟化、欧盟北约化、北约亚太化、韩国日本化、日本英国化，利用中国发展带来的影响大做文章，把中国描述成最重要的竞争对手，从而打造美英澳 AUKUS 集团、美日印澳四方安全机制，组建美日韩、美日菲等小多边，召开所谓"民主峰会"，推出"印太经济框架"和"美洲经济计划"等，推行价值观外交和军事外交，形成更紧密的同盟结构，意在深化同化效果，有针对性地进一步拉拢并整合以美国为核心的西方力量。

四 异化法则

异化本来是一个重要的哲学概念，这里的异化法则是相对于国际政治中的同化法则而言的。罗萨认为，"异化指出了自我与世界之间的关系的一种深层的、结构性的扭曲，亦即一种主体处于、'坐落于'世界当中的方式遭到了扭曲西方的存在论者。"[①] 国际格局有自己的逻辑与秩序，在世界历史上，任何霸权或强权都不能完全建立符合自己利益的统治秩序。某个群体（主要是指社会群体集合的主权国家）如果感到异己力量的压迫或威胁的话，或者是一种实在的敌对势力，或者觉得是

[①] ［德］哈特穆特·罗萨：《新异化的诞生——社会加速批判理论大纲》，郑作彧译，上海人民出版社2018年版，第117页。

第三章 他者及基于他者存在的他者主义

一种不能去同化或被同化不了的群体，甚至不能获得只是简单的中立或简单的支持时，就可能转而采取一种异化的态度，实际上就是排斥、对抗、打压和遏制，或者甚至是采取预防性的消除性战争，这种战争可能是传统方式的，也有可能是非传统方式的。比如与他者进行脱钩断链、小院高墙式的剥离，抑或是另起炉灶等，也可能是与他者进行多种方式的争夺、冲突、战争，再有就是更加强化与盟友之间的合作，包括以在岸、友岸、近岸的"三岸"方式促进同一阵营的内部合作。这是一种群体在一定时期的意志倾向和战略倾向，主要与历史传统、文化、意识形态、时下利益、观念变动有关，以此确保建立和维护相对可控的权益、权力和权威。

西方传统文化中奉行异化法则的做法在世界事务中影响至深。为了更多财富和权力，为了应对冲击和挑战，为了掠夺、征服和统治，崇尚实力哲学与暴力原则，追求以实力压制一切，向那些在自身存在范围之外的他者存在，进行无情的霸凌、掠夺、征服和杀戮，为的就是实行以自我为中心的霸权和强权，列维纳斯认为，"在战争中显现出来的存在面孔，被定格在统治西方哲学的整体性概念中。个体被还原为暗中支配他们的力量的承担者。"[①] 从根本上来说，对于不能被同化或难以被同化的他者，自我一方都倾向于以暴力方式打压甚至清除异质他者，这样的异化结果通常最为彻底，因为暴力方式的压制可以直接中断他者存在的连续性，他者的覆灭意味着异化的成功。因此，列维纳斯认为，"暴力与其说是伤害和消灭人，不如说是打破人们的连续性，让人们扮演无法认出自身的角色，让他们不仅背叛承诺，而且背叛他们自身的实质。"对于西方存在论哲学来说，"存在论作为第一哲学的哲学是霸权哲学"[②]。这种霸权哲学正是西方国家一直以来所信奉并在现实中推行的，是国际社会最大的不稳定之源。

美国在全世界到处有军事基地，到处推行民主和人权外交，进行政

---

① Levinas, *Totality and Infinity*, The Hague: Martinus Nijhoff Publishers, 1979, p. 21.
② Levinas, *Totality and Infinity*, The Hague: Martinus Nijhoff Publishers, 1979, p. 46.

治、经济、文化、制度、价值观外交，并且经常在认为必要的时候，采取军事行动，不惜投入巨大的物力、财力、精力和人员。在冷战时期，以美国为首的西方资本主义国家对以苏联为首的社会主义国家的所谓的"遏制"战略，即是属于异化法则的策略。9·11事件后，美国推翻塔利班政权和萨达姆政权，是对异己力量的直接消灭，同时为相应的同化作铺垫和准备，对阿富汗和伊拉克进行有利于自己战略目标的同化性改造。从博弈论方法分析来看，非对称实力关系下的利益存在，"利益搁置模式和利益均分模式都不是真正的和解之路，只有共同开发模式才能使冲突中的两国走向真正和解。"① 不过，如今在全球化、信息化、商业化新时代，西方以实力为基础的霸权主义和强权政治已难以奏效，美帝国主义和美国优越论的时代已经过去了，新的以相互尊重和合作为基础的共赢主义国际秩序正在逐步走来。

在异化法则中，出于权力配置、意识形态、地缘政治、经贸安全、文化文明、制度体制、种族民族等不同因素，对于实力强大的异己他者，自我不可能不存在警惕心理。"存在主义异化论要求我们以个人的经验和体验为出发点，对一种不舒适、不自在的生活现实作出分析，去探讨我们与周遭世界的关系为何变得如此畸形，以及这种关系又是如何让我们越来越远离好生活的。"② 安全是自我参照的实践，"安全化是一种激进的政治化"③，无论全球化发展和社会进步演进到何种程度，只要他者的存在威胁到了自我存在的权益，就仍然有发生对抗和冲突的可能。为了巩固并维护自我的权力和利益，对实力强大的异己他者，通常会采取排斥、遏制、剥离的态度，采取打压、围堵、脱钩的方式，甚至会采取战争的方式来试图弱化甚至是消灭他者。这是一种霸权主义和强权政治的做法，在当代已难以为继，"人为制造科技壁垒、割裂产业链

---

① 谢晓光、岳鹏：《国家间不对称冲突如何走向和解——三种模式的博弈分析》，《太平洋学报》2014年第2期。
② 罗譞：《本质主义还是存在主义——？重思异化理论的方法论潜能》，《理论月刊》2024年第2期。
③ 魏玲、刘淑琦：《不对称与发展自主：东南亚应对中美基建竞争》，《南洋问题研究》2022年第3期。

供应链，只会导致分裂和对立。"① 对异质他者的异化做法，必然会受到回击，会像回旋镖一样伤及自身利益。

合作共赢是一种有限选择。只有在没有感受到他者的威胁性存在时，合作共赢才具有实际意义，或者在面对共同的重大挑战或威胁时，才能暂时搁置对抗，采取合作措施共同应对挑战与威胁。反之，一旦共同的重大挑战或威胁消除后，原来掩盖的矛盾又会重新凸显出来。美国曾经寄望于以"接触"同化中国，但进入 21 世纪以来，越来越发现"西化"中国的同化策略，已经不再是其合理策略和优先选项，于是转而采取更为强硬的"异化"策略，在各方面都发起遏制中国的打压，一方面企图把中国发展限制在美西方可控范围内，另一方面改造中国周边战略环境以孤立中国。且不说中国会否变得更强大并在某个阶段超过美国成为世界最大经济体，也无论美国针对中国的异化法则最后效应如何，美国在相当长时期内仍会继续使用异化法则这一策略来对待中国。

应该强调的是，"分而治之"是异化法则里的优效法则。当然，其前提是"统而视之"。中国战国末期，秦始皇在众诸侯列国中，势力并非超强，在"合纵连横（也即统而视之）"的大算盘下，利用"远交近攻（也即分而治之）"的策略，一个一个消灭了其他六国，完成了统一中国的大业。在东罗马帝国的拜占庭王朝时期，为了解除来自帝国周边的威胁，查士尼大帝主要采取了两种做法：其一，是利用基督教作为帝国的外交工具；其二，就是对异族群体进行分而治之。从历史来看，越是强大的国家或其他势力群体，对待目标性的异质他者，运用分而治之的策略就会越有成效，但是对待势均力敌的对手，则难以奏效，甚至反而在对抗中逐渐丧失其既有优势。

五　非对称法则

群体间他者发展的不平衡造成了群体之间力量和关系的不对称，这是一个绝对现象。他者力量以及他者存在基础上的群体力量的升降，造

---

① 郑明达：《习近平会见荷兰首相吕特》，《人民日报》2024 年 3 月 28 日第 1 版。

成了群体之间非对称却相对稳定的秩序与关系的变化。"不对称结构既是物质性的，也是关系性的。"① 因而，即使是同一格局相对稳定时期的国际关系，也会因物质性及由此引起观念性关系变化而变得复杂多变。他者间非对称实力的持续变化，往往发生由量变到质变的情况，从而使原本自我与他者之间非对称相对稳定的状况出现质的变化，变成了非对称不稳定状态，从而极易产生或放大分歧、摩擦、冲突甚至战争。全球性合作与和平是建立在非对称群体关系的相对稳定的秩序之下的，这种动态性稳定直到有决定性变化的影响才能改变既定格局。

在区域性或全球性的国家群体内部，"大国和中小国家之间形成了不对称关系。"② 这种不对称关系，可以形成对抗和冲突的对手关系，也可以形成合作与共赢的联盟关系。在松散的国家群体内部，由于群体本身的和外在的客观因素，小群体之间和群体内部之间的摩擦、争执、冲突甚至战争就可能经常发生了。联盟内部的相互关系通常比较稳定。在不对称联盟中，强盟主与弱盟友会各取所需，肯尼思·华尔兹认为，强盟主无须担心中小盟国的忠诚，因为这些国家没有其他选择。③ 从历史经验来看，非对称联盟比对称联盟持续的时间更长久。

在非盟友的不对称关系中，由于领土、资源、文化、传统、历史和现实等原因，很多对抗性冲突和恐怖性暴力活动来自实力非对称的群体之间，自我与他者之间的某种矛盾长期累积，如果得不到疏解和消除，处于不对称的弱势一方就会采取恐怖行动或突然行动来发泄整个群体的仇恨，或者准备某种途径或方式来获得某种单一性的平衡。竞争性、敌对性的自我与他者之间能力与实力的非对称，会产生非对称攻击或非对称打压的方式，尤其在全球化、信息化、智能化的现代社会，为非对称

---

① 魏玲、刘淑琦：《不对称与发展自主：东南亚应对中美基建竞争》，《南洋问题研究》2022年第3期。
② 黄宇兴：《地区竞争、联盟关系与不对称外交战略》，《世界经济与政治》2023年第9期。
③ Kenneth N. Waltz, "The Origins of War in Neorealist Theory", in Robert I. Rotberg and Theodore K. Rabb, eds., *The origins and Prevention of Major Wars*, Cambridge: Cambridge University Press, 1989, p. 45.

中所存在的不公平正义处境提供了更多反击的出口。这就是为什么在冷战后，我们还看到了世界上有那么多的地方发生了恐怖活动、对抗、冲突和战争的主要原因所在。

在自我与他者之间，非对称冲突除了弱者对强者反抗性的恐怖主义行径之外，还存在强者对弱者的暴力压制，结果要么是同化，要么是异化，换言之，要么是依附或结盟，要么是削弱或消灭。国际政治的大多数纷争竞合与恩怨情仇，归根到底都是由实力的非对称所引起，这并不是非对称法则本身的问题，而是人对非对称现实的态度问题。从更广泛意义上来说，非对称法则建构了国际政治的行事逻辑和规则基础，促进了全球商品流通、国际经贸发展和人员往来流动，也在很大程度上推动了人类社会历史和全球治理的发展。非对称法则的强大驱动力，来源于非对称法则本身所蕴含的人对权力与利益所持的观念和欲望。因此，可以说，自我与他者之间的非对称法则在国际政治中永远存在。

六 就近法则

由于他者的存在，自我通常有某种根深蒂固的孤独感或恐惧感或依赖感，都有一种寻求同类和同质的本性，以使自己觉得有更多的存在感、安全感和立足感。某一群体（自我）在对外上，一般都首先会注意到周边地缘情况，所关注的目标或对象是和自己直接有关联的，因而主要是地域上就近的联合或组合，这样既方便又实际，结合也自然会紧密些。[①] 当然，这绝不只是指地域上的就近，还指在政治上、经济上、文化上、军事上、体制上、传统上、意识形态上，甚至是贫富上等，某一特性相近的群体，容易结合成某一同一体，这会更有实际的益处，也会使群体得到更多更大心理上的安慰和安全感，得到相应的群体认同和认可，并得到单个群体所难以达到的或得到的利益上的好处。大陆主义和海洋主义的碰撞，独立自主和霸道强权的博弈，利己主义和共赢主义

---

① 这实际上就是通常所说的地缘政治。为了便于表述，使用了就近法则的说法。

的合纵与连横，就是就近法则的重要体现。在关系友好层面来说，从善如登，就近法则指向的是群体彼此交流互利、合作共赢的法则，例如美日同盟、美英特殊关系、南方共同市场等。但是，在关系恶化层面来说，从恶如崩，就近法则指向的是群体彼此牵制对抗、暴力冲突的法则，如印度与巴基斯坦的对抗、俄罗斯与乌克兰之间的冲突、以色列与巴勒斯坦之间的战争等。

  群体的就近组合或对抗并非都有一个明确的、统一的针对性目标，可以是松散的、临时的、名义上的。如果国家间存在一定的、长期的利益和目标，有相近的、统一的意志，有内部的要求和动力，有外部的条件和环境，就近友好或交恶的状态，就可能会在相当长的时期里存在并延续下去。就近法则在历史上和当代都有普遍体现，区域一体化、地缘整合和全球化是人类发展史上的一个必然的规律，故此，邻近小范围群体间的友好合作或冲突对抗有其必然规律，而全球性大范围群体一体多样化[①]或曰全球化发展也是应然趋势。

  就近法则体现一个国家在发展进程中，往往会呈现出两种截然不同的命运，即"好运喜剧"或"厄运悲剧"。就近法则的"喜剧"，在于自我和他者可以就近组成某种目标一致的群体组合体，在非对称法则的作用下，可以互通有无、优势互补、抱团取暖，也可以进行集体防御、一致对外、共对挑战。同样，就近法则的"悲剧"，在于弱者通常会感受到就近他者并且是强者的某种威胁，有可能在发生冲突时会产生"离天堂太远而离地狱很近"局面出现。在就近法则里，弱势一方的他者，如果不选择平衡路线的就近"喜剧"角色，就会变成非对称路线的就近"悲剧"角色。在围绕自身的对抗性局势发展中，弱者的选择余地很少，要么会走向弱势的自我对强大的他者"以卵击石"，要么会寻求域外更强大他者的安全保障并走集体安全道路，要么是被迫成为更强大他者的"代理人战争"工具。所以，在群体主义的就近法则里，

[①] 有学者如温特等人就认为世界政府可能会出现，甚至给出了一个时间，他认为一百年后会出现世界政府。参见［美］亚历山大·温特《国际政治的社会理论》，秦亚青译，世纪出版集团、上海人民出版社 2000 年版。

自我与他者关系的策略变化，很容易成为检验到底是"悲剧"还是"喜剧"试金石。

七 认可法则

发展的不平衡，造就了实力、身份、权力、利益、观念、声誉、关系的不稳定，因而，群体自身及所处的周围关系，不是永远固定不变的，而是会变化、发展、更新的。一个群体对另一个群体的看法和认识也绝对不能是僵化的，而是要及时调整，更为重要的是，某一群体对他者群体在行动中所造就的事实，一般会持一种令人惊讶的事后认可的态度。认可法则，是一种人的本质的使然，人会趋向于对改变不了的既成事实转而认可并且尽量去适应它，群体之间也会如此。认可法则完全可以说是各国基于自身实力和利益的考量，而选择究竟对自身周围的变化是认可还是不认可。

不过，在国际关系的现实中，认可法则的运用是一个很微妙的事。有主动的认可，也有被动的认可，有事前认可，也有事后认可，有政策性（策略性）的认可，也有行动上的认可等。从认可的效果来看，有失败的认可，也有成功的认可。2008年2月17日，科索沃宣布独立，在是否认可其合法性的问题上，对很多国家来说是很微妙的事情，但都是基于自身利益的考量来决定的。2011年3月10日，利比亚反政府的"利比亚全国委员会"刚与卡扎菲政权发生战事不久，法国成为了世界上首个承认其合法性的国家，这在当时形势完全不明的情况下，可以说是个重磅炸弹，后来反政府武装在交战约半年后，赢得政权。法国的这种完全出于自身利益考量的举动，虽然具有冒险性，但这种认可有时候证明是策略性的、主动的、成功的认可。2021年9月7日，卷土重来的阿富汗塔利班宣布组建临时政府，当时仓皇撤逃阿富汗首都坎布尔的美西方势力，第一时间都对塔利班临时政府口诛笔伐，不认可塔利班政权，但随着时间推移，一些国家选择与塔利班政府发展外交关系，美西方也不得不以默认方式认可塔利班政权。

认可法则在国际事务的运用可谓司空见惯。无论是在历史上还是现实中，认可法则都有被作为一种战略或策略而被刻意地大量利用。

在国际关系历史上，认可法则的案例俯拾即是。如在1936年3月7日，羽翼未丰但野心膨胀的希特勒命令一支3万人的德军开进莱茵河非军事区。而法国虽然强烈抗议，并且调集部队陈兵边境，但最终法国因国内混乱的政治分裂，以及对战争的恐惧，而没有对德国发起惩戒。英国方面由于对法国与苏联签署《法苏互助条约》也对德国进行帮腔，而其余国家也只是口头抗议，最终对德国的违约行为的惩戒，也就不了了之。英法这种不具有实质反击意义的言行，等于认可了希特勒的冒险行为，从此也壮大了希特勒的扩张胆量。希特勒后来回忆这个场景时说，进军莱茵河以后的48小时，是我一生中最紧张的时刻。如果当时法国人也开进莱茵河，我们就只好夹着尾巴撤退。可见，在国际政治中对于认可法则的运用，不仅会直接影响相关方的重要利益，也会对后续格局的发展产生莫大的深远影响。

在当今国际政治现实中，认可法则的案例也比比皆是。如在1999年5月9日，正值北约战机轰炸中国驻南联盟大使馆引发中美外交危机之际，菲律宾故意把"马德雷山号"军舰开到中国南海的仁爱礁，借口船底漏水而坐滩仁爱礁，妄图非法占领中国的仁爱礁，并对南沙群岛的其他岛礁进行侵扰。菲律宾把军舰上的十多名菲军称为"孤岛战士"，被赋予"保卫仁爱礁"的使命，被视为"国家英雄"和"民族骄傲"，以此来大肆宣传菲律宾对南海的主权主张，并通过不断非法运送补给和建筑材料的方式，妄想在国内和国际造成仁爱礁是菲律宾领土的既成事实的态势，企图永久性霸占仁爱礁。事实是，仁爱礁主权没有争议，有争议的是赖在上面的菲律宾破船。但是，很多年过去了，"马德雷山号"仍然像牛皮癣一样贴在仁爱礁上面，2024年以来，菲律宾加强了在仁爱礁闹腾的举措和频率，但中国绝不可能任由菲律宾胡来。中国在保持克制的同时，及时采取坚决应对举措，进行了有理有力有节的回击。2024年3月28日，中国国防部发言人明确表示，"中方不会在南海问题上任菲胡来"①。显然，中国绝不可能允许菲律宾利用"认可法则"非法长久霸占中国领土。

有必要指出的是，认可不同于认同。认可偏重于面对国际关系中新发生事实所持的态度，而认同主要是指心理层面上的，偏重于对国际关系中其他行为体及行为所持的主观态度。有学者认为，"认同是自我与他者之间的一种关系的认定，是共同体成员对现实境遇中生存价值归属的自我确定。任何行为者作为体系中的一部分总是在他所属的共同体中，通过互动确定其生存认同的价值取向。"②从很大程度上来看，中国崛起已成事实，也无可阻挡，但美西方仍然固守西方主导世界事务与引领世界发展的二元零和思维，不愿面对现实来认可中国作为一个伟大文明国家的正当复兴与崛起，这将导致难以回避的摩擦与对抗，甚至有人担心中美有可能滑入"修昔底德陷阱"。尽管美西方需要很强的战略智慧和决断勇气，来承认中国崛起本身既是一种基于社会发展的道义，还是一种基于历史规律的复兴。因此，美西方依据局势发展采用适当的认可法则，仍不失为一种明智的战略与决策。

八　层次法则

群体内部与单一自我的一个显然的不同之处，即结构上的层次性。这在国际关系理论中有专门的层次理论论述，如华尔兹的结构现实主义理论就是非常著名的一种国际关系理论。在现实主义者看来，国际社会存在中心—次中心—外围的层次结构，而层次法则是权力政治的最生动写照。现实主义认为，层次性体现了权力，也体现了权力所谋求或掩盖下的利益，正是权力为核心构建了自我与他者组成群体的层次性。此处说的层次法则，与结构现实主义的层次性有共通之处，都是以国际社会的层次性作为分析国际政治的逻辑起点，主要是倾向于自我与他者互动中，为了实际需要而在行动上要考虑遵从或制约的层次原则。

---

① 《国防部：中方不会在南海问题上任菲胡来》，光明网，http://www.mod.gov.cn/gf-bw/xwfyr/lxjzhzt/2024njzh_247047/2024n3y/16297391.htm，2024年3月28日。
② 余潇枫：《"认同危机"与国家安全》，《毛泽东邓小平理论研究》2006年第1期。

单个群体的内部关系有层次性，群体与群体的关系也有层次性。塑造和维护这种层次性关系是围绕"五个中心"展开的，即以自我为中心、以安全为中心、以利益为中心、以权力为中心、以声誉为中心，并且一般伴随有不同程度的合作性、竞争性、垄断性、依附性、强制性、对抗性、冲突性，并且这个层次性在很多领域和维度都有重叠性、交叉性和延展性。群体的层次属性，是以实力为基础的权力为内核，因此，在同一层次（阵营），在促进合作方面较为容易，在不同层次（阵营），则容易引发群体矛盾、纠纷、对抗和冲突。例如，以盎格鲁-撒克逊人为核心阶层的美、英、澳、加、新精英势力，在内部容易相互合作，有矛盾时也容易相互理解和宽容，但在对外上，却总是有意无意在社会上和国际上鼓吹"白人至上主义"，就是一种典型的自认为身份高人一等的"白人中心主义"。蒂尔登·勒梅勒（Tilden J. LeMelle）认为，"白人文明和白人工业化国家改变了非白人为主体的国家的生活方式和生产标准，这成为国家间仇恨、敌对和冲突的根源。"[1] 美西方国家以白人种族主义为基础，不断鼓吹白人处于人种结构上的最高层次的观念，由此试图建构并强化美西方主导的国际秩序形象的合法性、正当性与必然性。近年来，白人极端主义给国际社会带来极大挑战。一方面致使西方社会内部种族仇恨犯罪和白人极端主义暴力事件不断发生，另一方面也使得国际秩序中一向存在的，受到白人至上思想影响的种族主义、霸权主义、地区干预主义等不合理因素更为凸显。[2]

一个群体一旦从普通层次跻身到另一较为"光鲜"层次，就可能立即想办法洗刷自身原来层次的低阶感，极力维护自身新的层次感，甚至可能掉头对原来较低层次进行攻击。如有的从底层平民进入官僚精英阶层，有的从发展中国家进入发达国家，有的从穷国变成富国，等等。在世界各地，层次法则经常被运用到了极致。例如，在世界历史上，全球各地都出现了一种类同情况，即：镇上人普遍看低自然村落人，郡县

---

[1] Tilden J. LeMelle, "Race, Internation Relations, U. S. Foreign Policy, and the African Liberation Struggle", *Journal of Black Studies*, Vol. 3, No. 1, 1972.

[2] 王伟：《论白人至上种族主义因素对国际秩序的影响》，《民族研究》2021 年第 5 期。

人看低镇上人及自然村落人，市州府人却看低郡县人和镇上人，然而，到了各国首都（最高统治者所在的政治文化中心），首都人却又普遍认为首都之外的其他人都是"乡下人"。在层次法则中，甚至还有出现了一种"怪现象"，如在殖民时代，殖民地的少数人在殖民者国家学习了一下，回国后，反而瞧不起本国人了，自认为比本国人的层次要"高人一等"，这种现象曾在印度普遍存在，即使在现代印度，也仍然存在这种层次分明的现象。印度有婆罗门、刹帝利、吠舍、首陀罗四大种姓，而且种姓的层次性非常分明，不可跨越，如社会中地位最高的种姓婆罗门，甚至不会与低种姓的人坐在一起吃饭，至于通婚那更是不可理喻的事情了。

在国际交往中，不同层级的人在外访中，接待国通常也只派出对等级别的人进行接访，这也充分体现了群体主义的层次法则。世界各国和相关群体组织的各种外交活动，包括首脑出访、缔约和协议、结盟、发展各种伙伴关系等具体的外交事件，一般都会遵循层次法则，这是各群体在建构和追求一种动态的利好的层次定位和不断的博弈的行为活动。当然，国家在层次上可以跨越一个或多个层次而具有多层次的归属性，并且群体中交叉层次的状态不是静态的，而是具有一种天然的动态的平衡特性。

正是群体主义有这种特有的层次性，所以群体在社会秩序中所引起的和所产生的各种关系错综复杂。层次性具有浓郁的权力主义色彩，不仅在群体归属上会产生自我族群主义的强烈阵营意识，也会产生他者排外主义的浓郁保守观念，并且，这种强烈阵营意识和浓郁保守观念，无处不在，又极难消除，规律性地存在于大大小小的国际事务中。

九 非定法则

变化是世界万物的永恒规律。基于他者存在的群体主义，其蕴含的非定法则源于自我意识、身份变化及利益的可变性，其原因在于自我认知界定的可变性或由局势变化的可变性导致。非定法则是对自我存在的关注和担心，在对内和对外关系上是以群体自我利益为最高核心的，对国家来说，国家是以国家利益为最高核心的。因此，在一定程度上来说，非定法则可以称为自我法则或自主法则。

由于群体和其他群体之间的关系是不能被割舍的，群体之间的关系在形式上的表现就是非定法则。这一法则奉行的原则就是利益至上，具体到国家的对外关系上，国家的立场和政策会变来变去。事实上，这一法则遵循了古老教训，不完全相信朋友，不完全抗拒敌人，在国家间关系的政治博弈中，表现为没有永久的朋友，也没有永久的敌人，一切以群体利益为轴心而不断迂回变化，这是一种波动性的互动关系。例如第二次世界大战前，英、美反苏反共，对德国一再妥协，第二次世界大战中却又对德国作战，与苏结盟，第二次世界大战刚过，又与苏长期处于冷战状态。冷战时期，波兰、匈牙利、捷克斯洛伐克是华约的成员国，现在却加入了曾与之敌对的北约。这些都是非定法则的突出例证。

在很大程度上来说，非定法则的实质就是趋利避害。当出现了涉及重大国家利益的事件时，有关国家总是设法来重新审视自身、定位自身、保全自身、发展自身。"国家加入国际进程的动因是国家利益的驱使，一旦国家认为自己付出的代价高于利益牺牲的承受限度，只要是一个主权国家，就可以进退自如，修整自己的选择。"[1] 利益是根植于有利的需要，国家利益是一种无形的、广泛的客观存在，个人利益、集体利益和全民利益受到国际关系影响时，都会是国家利益的组成部分。

十　和平法则

和平是个人和群体的生命存在和发展的根本条件的必要环境。"和平与合作比暴力和普遍竞争对自我保护有较大的效用。"[2] 人类的各种文化、宗教、主权和人权、上层建筑、国家等的建设，不是为了冲突和战争的目的，而是为了和平。人类是永远倾向于向往和平、追求和平的，"只有引导人类走出价值分歧以及文明冲突的旧价值体系，摒弃零

---

[1] 肖佳灵：《国家主权论》，时事出版社2003年版，第486页。
[2] [美] 塞缪尔·亨廷顿：《文明的冲突与世界秩序的重建》，周琪、刘绯、张立平等译，新华出版社2002年版，第135页。

和思维，才能树立新的全人类共同价值，才能契合各国的共同利益，才能有效推进世界的和平发展大局。"① 历史上的大大小小的战争后所产生的各类条约、和约，绝大多数就是直接以保障和维护和平为目的的。避免群体性的大规模的冲突和战争，争取国际总体和平的途径很多，最有效的、基本的一点就是要保持克制和沟通。

在和平时期，"我们有必要想想修昔底德两千多年前的一句告诫：认为冲突必然爆发的想法可能会成为导致冲突爆发的主要原因。双方都认为会与对方交战，于是做了充分的军事准备，在对方看来，这样的准备工作恰好印证了自己最担心的事情。"② 这就是著名的"和平困境"，只要有国际社会异质他者的存在，就会存在和平困境。群体与群体之间的关系，包括一个群体内部的不同利益团体之间的关系，简单来说就是战争与和平的关系，就世界范围内来说，也许战争没有断过，但就某一单个群体（主要是指国家）来说，历史上的和平时间远远超过了战争时间，即使是战争，战争的目的在名义上也往往是为了和平。

群体的冲突具有普遍性，对那些与自己不同的并有能力伤害自己的人，人们自然抱有不信任，并把他们视为威胁。但是一个冲突的解决和一个敌人的消失，同时也会产生新的冲突和新的敌人，会产生新的个人的、社会的及政治的力量，所以和平的假设与和平的维持同样重要。当今的每一个重大问题的背后，都有深厚的群体主义因素，每一个问题都可能会引发群体之间的多层次的合作与冲突，当然，有些冲突不是必然的，甚至可以说是人为的。2023 年 10 月 7 日凌晨 6 点，哈马斯对以色列发起新一轮攻击，致使以色列对加沙地区进行了持续性的大规律"扫荡"，并且导致了周边国家黎巴嫩、叙利亚、伊拉克、伊朗等国家先后不同程度地卷入冲突，再次印证了和平的脆弱。2024 年 4 月 13 日晚，伊朗为报复以色列轰炸伊朗驻叙利亚大使馆被炸事件，首次从伊朗

---

① 邓宗豪、龙玉秀：《中国式现代化促进全球持久和平发展》，《当代中国与世界》2024年第1期。
② [美] 约瑟夫·奈：《中国使人意识到和平的可贵》，《海峡时报》2005年3月18日第5版。

本土发射了对以色列大规模的导弹与无人机打击，从而更加引发了世界对中东局势外溢和扩大化的担忧。

需要指出的是，群体主义法则的运用，对一个主体群体来说，一般而言是综合运用的。在事实上的不对称国际关系中，不论在和平时期还是非和平时期，利益和权力往往会忽视道德和法理，这种忽视的最终后果，就是冲突和战争。相反，在冲突和战争之后，人们对和平的守护会显得更加坚定一些。然而，时代也是发展的，和平稳定的国际秩序并不会一成不变，尤其是地区的利益分歧和争端，更容易引起冲突和战争，从而仍可能挑战世界和平与发展的格局。这就形成了"和平—冲突—和平"的往复循环过程。只不过，在这个过程中，和平始终是绝大多数人所向往并且坚定维护的。

本章小结

过去的群体合作与冲突的事实，已经证明上述群体主义法则对人类历史和人类群体之间关系的规律性的、导向性的、反复性的作用。阎学通指出，"国际格局两大核心要素，一是力量对比，二是大国战略关系。"[①] 实际上，这种观点正是对于国际社会中国家间群体主义本质的深刻认识和精辟总结。

建构主义的研究从身份的角度，探讨了国家身份的多维性，处理了国家等级的社会维度，对于自我与他者进行了身份属性的建构及在此基础上的定位分析，指出内群体和外群体的区分，既是他者主义基础上群体主义的行为行动指南，也是促使国家行动的一种社会压力。

有些人不是把本质看作某种现象的本质，而是加以扩大化，把它看作属于更广泛范畴的共性或类属。在人类历史长河中的人类认识过程，决不会在某一瞬间获得绝对真理，然后戛然而止，本质也不能囊括作为

---

① 阎学通：《国际关系理论与大国关系研究》，《世界经济与政治》2003年第5期。

某一感性形态的现象整体，因为本质实际上是排除干扰经过净化的抽象。研究国际关系理论，总不可避免地带有经验主义和实证主义的倾向，因此，认识与研究国际关系本质也必然不是一个视角的，而是多视角的，不是到此为止的，而是有待深化与发展的。

未来国际关系与国际秩序的演绎和发展变化，也将始终是以人的群体性本性为出发点和归依，以群体主义十大法则为根本取向的。群体利益及国家利益的相对性，全球资源利益的有限性，以及人类总的来说总是会向更文明、更理性的方向发展，从而使将来的国际关系和世界秩序也会朝着一个更合适的、有序性的合作治理的方向发展。

总之，根植于人的群体性的群体主义本性法则，是国际关系中各种层次群体互动的根本指针，推动了国际关系的发展并决定了世界秩序的历史、现状与未来。

第 四 章

国家的身份属性与身份退化

第一节 国家的场域属性

什么样的行为体才是国家？国家是何时产生的？为什么会产生国家？国家的功能与作用是什么？要回答以上问题，我们从国家的概念与内涵入手。

日常生活中，国家具有双重含义，"国家"有时指政府机构或权力机器，有时却又指归这种政府或权力所支配的整个社会体系。① 列宁曾经指出，"国家问题是一个最复杂最难弄清楚的问题，也可说是一个被资产阶级的学者、作家和哲学家弄得最为混乱的问题。"② 分析、了解和正视"国家"的概念本身对于分析国家的生成具有重要意义。国家作为人类文明发展的主要伴生物，对于国家起源阐释和概念辨析各不相同，即使是对相同的材料，也会做出大相径庭甚至相互矛盾的解释。需要指出的是，鲜为人知的原始国家的情况都先于复杂文字的出现，现在对于最初国家是怎样生成以及如何生成，只能是依靠有限的推理或者想

---

① ［英］安东尼·吉登斯：《民族—国家与暴力》，胡宗泽等译，生活·读书·新知三联书店1998年版，第18页。
② ［俄］列宁：《论国家》，人民出版社1995年版，第59页。

第四章　国家的身份属性与身份退化

象,考古学的发展还不足以证明国家是怎样产生的以及如何产生的。而且,正如哈斯诘问的,"考古学应该是描述性的,还是阐释性的?是归纳的,还是演绎的?是有确凿根据的,还是武断的?是唯心主义的,还是唯物主义的?"①

一般来说,国家是指有土地、人民、主权的三个根本要素统一体的政体。"国家"的概念在古代中国典籍里很早就使用了。国的繁体字"國",按照古代中国人的理解,一个国家必须具备四个条件:一是居民,以小"口"代表;二是土地,以"—"代表;三是武力,以"戈"代表;四是疆域,以大"囗"代表。显然,这已经直观地包含了国家的基本构成要素,把这四个条件组合起来,便成了一个"國"字。有意义的是,国的异体字还有囯、囻、圀、囶等,直观上看,这些字明显都具有一定的"占地为王"和"管辖地民"的意思。《辞海》中"国家"的解释是:1. 古代诸侯称国,大夫称家,后用国家为国的通称;2. 指皇帝;3. 指经济上占统治地位的阶级为了维护本阶级的利益而对被统治阶级实行专政的工具,主要由军队、警察、法庭、监狱组成。一般认为,"国家起源于社会物质生产发展引起的社会分工现象以及由其产生的私有制,是人类社会历史发展到一定阶段的产物。"② 国家是个历史范畴,并不是从来就有的,它是阶级矛盾不可调和的产物和表现,在经济发展到一定阶段而必然使社会分裂为剥削阶级和被剥削阶级时产生,并将随着世界上剥削制度和阶级的彻底消灭,因其丧失作用而自行消亡。③《现代汉语词典》对"国家"的解释是:1. 阶级统治的工具,同时兼有社会管理的职能。国家是阶级矛盾不可调和的产物和表现,它随着国家的产生而产生,也将随着阶级的消灭而自行灭亡;2. 指一个

---

① [美]乔纳森·哈斯:《史前国家的演进》,罗林平、罗海钢等译,求实出版社1988年版,第6页。

② 陈乡、陈德祥:《马克思国家观的演进逻辑及现实启示》,《湖南社会科学》2024年第2期。

③ 辞海编辑委员会编:《辞海》(缩印本),上海辞书出版社1980年版,第767页。

105

国家的整个区域。①

在现代欧洲各国的语言中,"国家"一词有大致相近的拼法,如 state(英)、Etat(法)、Staat(德)、estado(西)等。这些词都有一个共同的起源,它们来自拉丁语 status。Status 的本义是立场、状况、条件或身份。这个词,现代英语仍在使用,其含义也基本未变。② 当然,也有不少西方学者主张表达国家概念的 state 一词直接来自 estate。State 的最初含义不是国家,而是后来发展起来的。Estate 在古代法语中拼作 estat,在现代法语中拼作 etat。estate 在德语中,拼作 stand,含义与 Staat 也是不同的。从词源上看,"国家"一词反映了统治权威与土地所有权、财产、家庭出身、等级有密切的关系。但是词源学无法说明状况、条件、地位、身份等概念是怎样演变为国家概念的,以及 Estate 是怎样变成 State 的。③

在文字上考证国家概念的渊源,虽然无法说明国家的起源,也无法准确而全面地概括原初国家的定义,而且现代国家的统治形式和统治手段已发生了很多变化,但国家的基本功能与职能作用仍然具有很大的同质性,因而考察国家概念、属性与本质,对于国家生成要素的考察,仍具有参考价值,对于分析国家是为何产生以及如何生成也仍具有重要意义。

显然,国家的概念与国家的本质是直接密切相关的。占有垄断暴力工具的权力以及使这种垄断同某种领土观结合起来,这都是一般意义上的国家的特征。④ 西方学者对于国家的定义,一般倾向于政治社会学的解释。韦伯认为,国家是"在一既定领土内成功地要求对物质力量的合法使用实行垄断的人类社会。"⑤ 哈斯认为,国家是"一个分层社会,在这个社会中管理机构控制着基本生活资料的生产或谋取方式,从而必

---

① 中国社会科学院语言研究所词典编辑室编:《现代汉语词典》(第五版),商务印书馆 2005 年版,第 520 页。

② 吴惕安、俞可平主编:《当代西方国家理论评析》,陕西人民出版社 1994 年版,第 71 页。

③ 吴惕安、俞可平主编:《当代西方国家理论评析》,陕西人民出版社 1994 年版,第 72 页。

④ [英] 安东尼·吉登斯:《民族—国家与暴力》,胡宗泽等译,生活·读书·新知三联书店 1998 年版,第 20 页。

⑤ Max Weber, "Politics as a Vocation", in *Essays from Max Weber*, Routledge, 1998, p. 78.

第四章 国家的身份属性与身份退化

然对其余居民行使强权。"① 恩格斯给国家的定义是："国家无非是一个阶级镇压另一个阶级的机器"②。列宁也曾对国家有过经典定义："国家是阶级统治的机关，是一个阶级压迫另一个阶级的机关。"③ 文森特认为，"国家是居于统治者和被统治者之上为政体提供秩序和连续性的公共权力。"④

凡是组织都具有政治特征。可是，国家是一种最高属性、最多手段、最高主权意义的组织，与其他组织相比，国家的一个显著特点是，它是在冲突中或者是利用冲突而建立的，同时，只有国家这类组织才会在一定地域内巩固军事力量，而军事力量的巩固又同暴力工具的控制相伴随。安东尼·吉登斯认为，国家可以被界定为这样的政治组织：它的统治在地域上是有章可循的，而且还能动员暴力工具来维护这种统治。⑤ 国家在形成的过程中，共同利益显然并非国家的首要目标，它是不同社会利益团体冲突的产物，国家的首要目标主要是维护既得利益者利益，当然，国家统治阶层可能同时有抗击外敌或者是扩大疆域的目标。国家统治职能集中体现了国家权力，国家权力具有强制性、主权性和普遍性，国家依靠有系统的暴力，维护统治阶层的利益，处理内部事务并同时维护社会基本秩序。

国家是否具有道德，曾是一个十分具有争议性的问题。有人认为冲突产生国家，国家就是暴力统治，没有国家道德可言。当然，国家统治阶层为了实现政治上、经济上和思想上的统治，必然要采取强制的手段，但是，国家的产生，是否同时赋予了国家道德的功能，或者这样的功能是否可归于国家职能的一部分？国家除了基本的人与土地等要素的

---

① [美]乔纳森·哈斯：《史前国家的演进》，罗林平、罗海钢等译，求实出版社1988年版，第155页。
② 中共中央马克思恩格斯列宁斯大林著作编译局编译：《马克思恩格斯选集》第2卷，人民出版社1995年版，第336页。
③ 中共中央马克思恩格斯列宁斯大林著作编译局编译：《列宁选集》第3卷，人民出版社1972年版，第176页。
④ Andrew Vincent, *The Theories of the State*, London, 1987, p. 218.
⑤ [英]安东尼·吉登斯：《民族—国家与暴力》，胡宗泽等译，生活·读书·新知三联书店1998年版，第21页。

自然属性外，还具有社会属性和政治属性。尽管有争议，但没有人否定的一个事实是，无论怎样来说，国家都是人类文明发展和进步的产物。国家在原始社会后期产生的过程中，相对于刀耕火种的原始文明，已经显著地得到发展，统治阶层对于自己的利益、社会各群体的利益、共同利益已经有了较为成熟的认知。显然，统治阶层要想维护并实现自己的利益和意志，只有在手握暴力的同时，也赋予国家一定的道德职能。国家道德应该包括社会的和平、正义、公平、民主，个人的自由与发展，以及由个人品德、民众信仰、社会道德与规范、国家法律构成的社会秩序。而正是这种国家道德，使国家对内社会职能得以实现和强化，使对外职能也得以被内部各阶层和其他国家认知，这样才使得统治、国家、生产、文明得以续展。从这个意义上来说，国家从一开始应该是具有国家道德的。

第二节　他者的存在造就国家生成的两种主要理论

既然国家的问题是如此复杂，也如此重要，那么，国家到底是如何起源，又是怎样生成的呢？探讨这个问题，结合国家的概念辨析，可以有效地阐释国家的本质，并对国家的起源与生成，形成有说服力的有效解释。

在原始社会，生产力很低下，人类仅仅是为了生存而生存，对于简单的社会关系的组合，一般也都是因血缘关系结合在一起，复杂一点的血缘关系发展到简单的家族关系，或者由相近血缘关系的几个家族简单组合成部族或者氏族，至于国家，最初是没有的。由于目前仍然无法根据考古实物或文字来有效考证国家的起源，19 世纪以前，西方政治学对国家的生成，大多是出于哲学的推论或猜想，并且主要依据古代的神话和传说。他们提出了许多关于国家起源的见解，比如，神创论、自然发生论、契约论、家长制论、贸易论、灌溉论、人性论、进化论、武力

第四章　国家的身份属性与身份退化

论、博弈论等。这些论点虽然从不同的角度来推断国家的起源，但是这些观点大都是以冲突的不可避免性和不可调和性作为设定前提或者背景，只不过在面对冲突和矛盾时，这些论说在解释人们如何应对冲突和矛盾时，产生了相异的解读和推论。这些观点的指向，从还原主义的层层剥洋葱的方法来论证的话，最终都指向了同一个原点，即他者的存在，正是由于他者的存在，冲突和融合就成为群体相处的主要方式，也成为了国家产生的两大主要模式。

在当代，分析研究国家起源的学科首推政治人类学。政治人类学对国家起源概念的解释可以分为两种流行的基本理论模式，一种是冲突论，另一种是融合论或整合论。这两大模式分别阐释了国家的起源，当然，这两大模式同样既是国家起源的原因，也是其起源的结果。

一　冲突论

冲突论被学界广泛认为是国家产生的主要方式。冲突论的主要代表人物有恩格斯、斯宾塞（Herbert Spencer）、纳德尔（S. F. Nadel）、奥本海默、奥贝格、蔡尔德、怀特、斯图尔德、弗里德和卡内罗等人。

由于原始社会的物质资料极其有限，最初不得不实行生产资料公有制。在原始社会中，没有生产资料的私有制，没有剥削，尽管有时也存在相邻地域关系的人由于食物或者简单物质资料而引起的冲突，但还并不存在阶级的分化以及阶级对立，因而作为阶级斗争工具的国家也是不需要的。马克思说："这种原始类型的合作生产或集体生产显然是单个人太小的结果，而不是生产资料公有化的结果。"[①]

西方政治学者一般认为，国家首先是为解决社会内部的冲突而产生的，是社会分工导致私有财产的出现并由此引起一系列对内与对外冲突的结果。随着生产力的发展和进步，农业获得了发展，人们渐渐选择定居并且聚居的生活，社会分工也随之产生并有一定的发展。社会分工的

[①] 中共中央马克思恩格斯列宁斯大林著作编译局编译：《马克思恩格斯全集》第19卷，人民出版社1995年版，第434页。

发展渐渐导致了剩余产品的交换、占有、使用和支配的现象，也逐渐产生了一部分不直接从事生产的少数群体。"分工的规律就是阶级划分的基础"①，一定区域范围的社会，经过三次大分工之后，产生了奴隶主阶级和奴隶阶级，奴隶主逐渐掌握财富成为社会富人。"他（富人）向他们（邻人）说：'不要用我们的力量来和我们自己做对，而要把我们的力量集结成一个至高无上的权力，这个权力根据明智的法律来治理我们，以保卫所有这一团体中的成员，防御共同的敌人，使我们生活在永久的和睦之中。'……社会和法律就是这样或者应当是这样起源的。"②显然，奴隶主为了合法、永久占有财产和支配财产，为了剥削奴隶和镇压奴隶的反抗，并且防御外来侵犯或者侵犯别的部落以夺取奴隶及财物，就需要一种特殊的组织来代替部族或氏族社会，这种组织就是国家。

在冲突模式中，"暴力既可以表现为直接的血腥镇压，也可以表现为通过控制一些生活必需品和服役的形式。"③ 维持一个分层体制所使用的暴力性强制制裁是最终的决定性因素。弗里德认为，产生国家的原动力是解决分层制度中的内在冲突，维护社会秩序的需要，国家中首要的是强制性的统治结构，它们能够运动武力来维护等级制度和私有财产的神圣不可侵犯，国家是"超出了血缘关系之上的社会力量建立的复杂机构"。④ 韦布对此也有相类似的论述，"战争首领拥有分配战利品的权力……对于新的臣属，他可以强迫他们服从、缴税、承担公共事务、防御外敌入侵……一句话，打碎部落机构，建立国家。"⑤

---

① 中共中央马克思恩格斯列宁斯大林著作编译局编译：《马克思恩格斯全集》第3卷，人民出版社1995年版，第321页。

② [法] 卢梭：《论人类不平等的起源和基础》，李常山译，商务印书馆1962年版，第128页。

③ [美] 乔纳森·哈斯：《史前国家的演进》，罗林平、罗海钢等译，求实出版社1988年版，第99页。

④ Morton H. Fried, *The Evolution of Political Society*, New York: Random House, 1967, p. 229.

⑤ [美] 乔纳森·哈斯：《史前国家的演进》，罗林平、罗海钢等译，求实出版社1988年版，第24页。

恩格斯对此曾做过深刻的分析。他在《家庭、私有制和国家的起源》一书中说，"国家是表示：这个社会陷入了不可解决的自我矛盾，分裂为不可调和的对立面而又无力摆脱这些对立面。而为了使这些对立面、这些经济利益互相冲突的阶级，不至于在无谓的斗争中把自己和社会消灭，就需要有一种表面上凌驾于社会之上的力量，这种力量应当缓和冲突，把冲突保持在'秩序'的范围内；这种从社会中产生但又自居于社会之上并且日益同社会脱离的力量，就是国家。"[①]

有意义的是，冲突论者还运用考古学以有限的材料来论述国家的起源。英国著名考古学家蔡尔德（Gordon Childe）指出，考古学发现，奢侈品大都集中在神庙、宫殿、王室的坟墓以及生产它们的手工作坊中，因此他认为不平等的分配导致了统治阶级和劳动阶级之间的冲突。他说，"尽管由于生产力的发展，剩余物的集中是必然的，但看来侵占了大部分社会剩余物的极少数统治阶级和陷于赤贫境地并且实际上连文明所带来的精神上的利益都享受不到的大多数人之间存在着尖锐的经济利益的冲突。"[②] 尽管缺乏经验材料，蔡尔德认为这种冲突是国家产生的一个直接原因，国家企图运用意识形态的力量来使不平等的制度合法化，并用有力的经济和武力惩罚来帮助实现这些企图。

二　融合论

另一种国家起源的重要学说是融合论。启蒙时代表现于一般"社会契约"论思想中的融合论观点，在19世纪末和20世纪初以许多不同的形式出现。尽管有所不同，但是其中大多数的共同理论都出自于英国社会学家赫伯特·斯宾塞的内容丰富的著述。斯宾塞勾画了两条不同的演进路线，在第一条演进路线上，战争刺激内部社会的发展；第二条演进

[①] 中共中央马克思恩格斯列宁斯大林著作编译局编译：《马克思恩格斯全集》第4卷，人民出版社1995年版，第166页。

[②] [美]乔纳森·哈斯：《史前国家的演进》，罗林平、罗海钢等译，求实出版社1988年版，第24页。

路线上，战争以给社会系统增加外部因素的方式导致发展。[1] 实际上，在斯宾塞的分析中，对融合和冲突二者在政治机构发展中的作用都是给予承认的，在第一种演进路线中，他认为战争是作为内部政治演进过程的一个融合途径；在第二种演进路线中，他认为战争也是一种掠夺的手段。

融合论的主要代表者有卢梭、梅因（Henry Maine）、摩尔根、冈普洛维茨、凯勒、杜尔海姆、塞维斯等人，他们的分析尽管各有不同之处，通过社会学的抽象或者历史再现等的方法来探讨国家问题，但他们都有一个共同的基本点，即阶级分化和国家产生于一个社会被另一个社会所征服[2]。融合论的突出代表者塞维斯认为，所有权的集中一方面提高了生产力，另一方面又使社会分为等级，从而引起了社会利益的冲突。在国家产生之前，这种冲突是在亲属关系中解决的，因为政治权力的分配取决于既定的亲属关系。当冲突发展到亲属关系不能加以解决的时候，就产生了超越亲属关系的国家。他进一步断言，"政治权力组织经济，而不是相反。"[3]

在斯宾塞的分析里，内部衍生政府的最初出现，是对组织化了的战争环境中由内部压力引起的一种适应性反应。通过把各种社会力量组合在统一的有规章的机构下，相互分离的社会集团获得了一种联合的优势，这样他们更有可能在冲突中获胜，下级单位、失去了自主性沦为附庸的单个团体和下属百姓，从经济上、安全上和军事利益上的增长中得到了补偿。在斯宾塞的模式中，内部有规章的机构的最初发展，在许多方面类似于洛克、霍布斯和休谟提出的社会契约论中关于国家形成的论述。实际上，斯宾塞对融合和冲突二者在政治机构发展中的作用都是给予承认的，但他认为冲突是由外部引起，而不是内部发展起来的。社会

---

[1] ［美］乔纳森·哈斯：《史前国家的演进》，罗林平、罗海钢等译，求实出版社1988年版，第43页。

[2] ［美］乔纳森·哈斯：《史前国家的演进》，罗林平、罗海钢等译，求实出版社1988年版，第48页。

[3] Elman R. Service, *Origins of the State and Civilization*: *The Process of Cultural Evolution*, New York: Toronto, 1975, p. 286.

第四章　国家的身份属性与身份退化

系统中存在着阶级差别，它产生于财富和权力的不平等分配，也产生于征服，但阶级之间的关系是共生的，未必敌对。①

国家的生成，始终充满了冲突对抗，也体现了一部分人对另一部分人的强制。无论冲突论还是融合论，需要特别指出的一个问题是，在东方或者西方，在古中国、古埃及、古印度、古希腊等以及古美索不达米亚的巴比伦（位于两河流域的今伊拉克地区，可能是该地区出现的第一个国家）、古中美洲的奥尔梅克（位于墨西哥湾的早期复杂文化，可能是该地区出现的第一个国家），根据"群体相互作用"模式中的普遍现象，"国家在特定地区出现的结果之一是刺激周围地区形成国家"。②毋庸置疑，这也是国家的生成方式之一，尤其是当国家的概念广为传播、扩散并被认知后，当冲突不可避免并且不可调和时，这种国家的生成方式就成为最主要的甚至是唯一的生成方式。

原始国家的产生，到奴隶社会、封建社会以及近现代社会，新国家的成立、独立和生成大都遵循了冲突论和融合论的模式，而且冲突占据了主要的驱动原因。国家生成后，国家的演绎经历了从朝代更替或者国名变更的漫长历程，也经历了国家的分裂、并合、联盟等形式，到以威斯特伐里亚会议为标志的现代民族国家体系后，国家的主权原则才得以被国际社会更广泛认知，国家的疆域范围也相对固定下来。

进入近、现代后，一些地区的新国家通过各种方式得以生成。虽然在生成的原因上，可能有宗教的、意识形态的、种族的、民族的、领土的、资源的、利益的、战争的、历史的和政治的等原因，比最初国家的生成要复杂得多，但是新国家仍然基本是在激烈的内部或内外冲突甚至是暴力之后生成的，自我与他者不可调和的冲突乃是最根本的动因。

---

① ［美］乔纳森·哈斯：《史前国家的演进》，罗林平、罗海钢等译，求实出版社1988年版，第44—47页。
② ［美］乔纳森·哈斯：《史前国家的演进》，罗林平、罗海钢等译，求实出版社1988年版，第5页。

国际政治的他者主义理论

第三节　国家的自我身份属性与他者身份属性

关于国家身份观念属性的说法，在建构主义理论兴起之前，尽管在现实主义、自由主义和马克思主义的有关著述中，都或多或少地从不同方面有提及或论述，例如现实主义提及最多的国家在国际体系中的主权、权利与利益，就是国家身份属性的一种物化；自由主义提出的民主国家之于专制国家；马克思主义则更在相对的立场上，提出了身份属性的精确描述。在建构主义理论中，国家的身份属性被当作一种分析国际关系理论建构的关键性术语，尤其是温特的建构主义理论中，把国际关系理论中国家的身份问题提高到了一个前所未有的高度，并且认为，国际社会主要是一种观念结构，物质因此只有通过观念结构才具有意义，体系结构塑造了行为体的身份，身份界定利益，利益决定行动。

国家是人的集合，因此在某种程度上说，"国家也是人"[①]，理解这一点，就比较容易解释为何说国家也是有身份属性的。当我们试图回答"我"是谁、"他"是谁、"我们"是谁、"他们"是谁时，我们就可能会试图寻找"我们国家"与"他们国家"之间的区别及相互关系的答案，这样，国家的身份属性问题便会越来越清晰地浮现在我们的眼前。

尽管国家的身份有国内建构的一面，但建构国家身份和利益的观念在很大程度上是由国际体系层次无法还原的整体规范结构造就的。国际体系一般来说是相对固定的，即使有秩序的调整，也不会改变国际体系的无政府状态，所以，在把国际体系结构当作一种给定的状态条件时，国家总是与国家利益联系在一起的，但由于利益是由身份界定的，所以重要的问题先是探讨国家的身份属性。身份理论是社会建构主义的主要标志性概念之一，"身份理论是根据自我和社会之间的交互关系来解释

---

① [美]亚历山大·温特：《国际政治的社会理论》，秦亚青译，世纪出版集团、上海人民出版社 2000 年版，第 272 页。

社会行为的，它和美国微观社会学中的符号互动论传统有着密切的传承关系，是将符号互动论的基本观点运用到社会学经验研究中产生的理论成果。"①

温特把身份作为有意图行为体的属性，它可以产生动机和行为特征，赋予身份成为国际关系研究中"连接环境结构和国家利益的一个关键点"②。这意味着，"身份从根本上说是一种主体或单元层次的特征，根植于行为体的自我领悟。但是，这种自我领悟的内容常常依赖于其他行为体对一个行为体的再现于这个行为体的自我领悟这两者之间的一致，所以，身份也会有一种主体间或体系特征。"他认为，两种观念可以进入身份，一种是自我持有的观念，一种是他者持有的观念。身份是由内在和外在结构建构而成的，即身份是由结构塑造的。他分析了四种身份：（1）个人或团体；（2）类属；（3）角色；（4）集体。个人或团体身份是指行为体成为独立实体的因素，对于他者来说是外生的；类属身份是指具有社会内容或意义的相同特征，具有内在的文化向度；角色身份不是基于内在属性，而是存在于和他者的关系之中；集体身份是角色身份和类属身份的独特结合，它具有因果力量，诱使行为体把他者的利益定义为自我利益的一部分。温特同时指出，除了第一种身份之外，其他三种身份都可以在同一行为体身上同时表现出多种形式。所有四种身份都包含利益成分，但又不能还原到利益。由于身份具有不同程度的文化内容，所以利益也有不同程度的文化内容。③ 实际上，个体或团体身份是该国家成为国家的基本因素，即对有组织暴力的垄断权，后三种身份，我们可以统一归之于（国际）体系身份，这对于分析国家利

---

① Michael A. Hogg, Deborah J. Terry and Katherine M. White, "A Tale of Two Theories: A Critical Comparison of Identity Theory with Social Identity Theory", *Social Psychology Quarterly*, Vol. 58, No. 4, 1995, p. 56.
② [美]罗纳德·杰普森、亚历山大·温特、彼得·卡赞斯坦：《规范、认同和国家安全文化》，彼得·卡赞斯坦主编《国家安全的文化：世界政治中的规范与认同》，宋伟、刘铁娃译，北京大学出版社2009年版，第61页。
③ [美]亚历山大·温特：《国际政治的社会理论》，秦亚青译，世纪出版集团、上海人民出版社2000年版，第282—285页。

益、国际关系、国家外交政策、对外行动、战争与和平具有重要意义。

国家不仅是有身份的,国家身份还包含了国家的硬身份和软身份。一般来说,硬身份由硬实力构成,软身份由软实力构成,但硬身份和软身份都镶嵌在国家的体系身份和相互身份之中,即国家的体系身份和相互身份各自均包含了国家的硬身份和软身份。国家身份还具有继承性和变革性。国家身份的继承性,首先表现在主权身份与地缘身份上,无论国家的国体、政体、对外战略、外交政策取向和发展层次是否改变,国家的身份一般都会被既有的国际体系所顺延性地认可;其次,国家身份属性的继承性还表现在新旧当权者改变之后的国家特性上。国家身份的变革性主要体现在国体、政体、政策以及由于经济军事实力发展而引起的全球地位的变化。

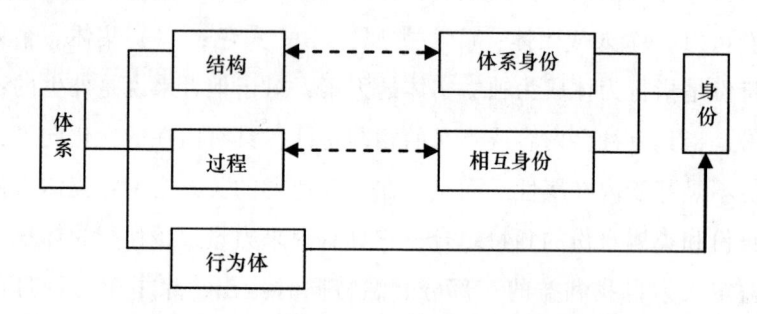

图 4-1 体系、行为体与身份的对应关系

资料来源:作者自制。

说明:国际关系的基本存在方式是国际体系,当行为体之间的互动形成共同利益和共同价值观时,国际体系会进一步演变成国际社会。国际体系包括结构和过程两个维度。

第四节 国家双重身份的体系身份与相互身份

国家体系身份是指一个国家在全球意义上的国际体系里面的身份,包括实力大小、国体特征、政体属性、价值信仰、文化传统、发展状况等，其中最重要的是实力大小，这个实力包括人口多少、国土面积、拥有资源、军事力量、政治经济实力，有时候也包括文化、制度等软实力。体系身份整体上包含了温特的国家四类身份的后三类身份，即类属身份、角色身份和体系身份。

国家的体系身份不只反映了国家的国家特性、社会特性、政策导向，也反映了国家的文化特性。国家的体系身份在分析、描述、解释和预测国际关系及国际秩序时，是远远不够的。事实上，国家的身份是双重的，除了体系身份之外，还有国家之间的相互身份，包括多边身份与双边身份。多边身份是指国家在地缘、全球意义上与其他国家之间的相互关系身份，包括多边机制或组织中的身份，双边身份是指两个特定国家之间的相互关系身份。一个非常有意思的现象（也许是本质）是，在国际政治及国际秩序中，尤其是在重大的、决定性的和平与战争的历史时刻中，在某种相对意义来说，国家的相互身份比国家的体系身份对局势的发展更具有决定性，而在进一步的多边相互身份与双边相互身份中，国家的双边身份比多边身份对局势的发展更具有决定性意义。

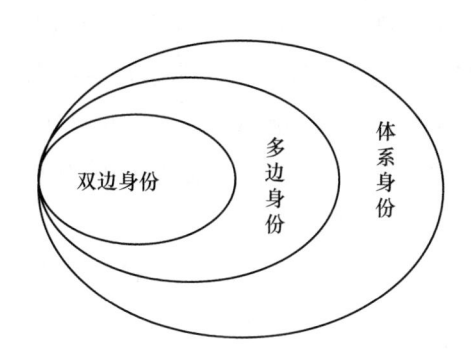

图 4-2　国家的体系身份与相互身份关系及功能区别

资料来源：作者自制。

说明：上图有两层含义，一是包含关系，即体系身份包含多边身份，多边身份包含双边身份（我在上文中把多边身份与双边身份合称为相互身份，而体系身份与相互身份合称为国家身份）；二是影响关系，即在多数国际和平与冲突的决定性重要时刻，多边身份比体系身份更有决定性意义，而双边身份又比多边身份更有决定性意义，也就是说，国家间的双边相互身份是和平与冲突的关键性身份要素，相互身份的改变往往直接导致国家间的冲突与战争。

国家在任何时候都具有体系身份与相互身份的双重身份属性。体系身份与双重身份既具有建构性，也具有解构性，体系身份的建构与解构与一国的国力及国内的繁荣与发展密切相关，而相互身份的建构与解构则主要与他国间的价值观及政策取向有关。国家的体系身份与相互身份既有排斥之处也有互益之处。体系身份几乎没有情感性因素，而相互身份则浑身上下都显示着社会认知与情感因素，其中情感是相互身份形成和转变的一种驱动型力量。以泰费尔为代表的早期社会身份理论家非常重视情感性因素的作用：不但社会身份本身就包含着对自我所属群体的情感意义，更重要的是，自尊等情感需求还是社会身份形成的主要动力。[1] 在体系身份与相互身份之间，如果体系身份在国际体系中居于主导国地位，则相互身份往往服从于体系身份的需要，但体系身份明显能有效地增益于相互身份的建构、生成、维护与巩固。当然，无论是体系身份和相互身份，本身都包含利己身份的成分，他们并不冲突，相互身份的建构本身也有自己的逻辑准则，并非总是与体系身份保持一致性，在特定时候相互身份甚至反过来挑战体系身份的价值。

如果根据建构主义的经典观点，"他者在互动中的身份取决于自我对他者的定位"[2]，国家的体系身份与相互身份在得到国际社会中他者的确认后才具有意义，即身份本身只有处于社会关系中才具有意义，这意味着国家身份是把国家利益本身置为目的，因而国家具有何种体系身份及相互身份，虽然并不常常是以国家利益为出发点的，但国家身份的改变则肯定是以国家利益为出发点的，并且与具体问题和具体威胁直接相关。因此，在一定的相对稳定的较长时期内，把身份作为给定因素，

---

[1] 季玲：《重新思考体系建构主义身份理论的概念与逻辑》，《世界经济与政治》2012年第6期。

[2] [美] 亚历山大·温特：《国际政治的社会理论》，秦亚青译，世纪出版集团、上海人民出版社2000年版，第421页。

第四章 国家的身份属性与身份退化

可能更有利于国际关系的理解与分析，但不利于国家的政治行动分析，因为国家利益不是固定不变的，国家的体系身份与相互身份在不断地发生着微妙的变化和量变累积。国际体系实际上是一个进程，一个由于被内在和外在结构相对稳定之后似乎是给定因素的进程，但这显然只是一个假象，否则我们所应用的方法论就变成了本体论，反过来使我们的分析与研究失去了意义与价值。

身份改变，权利、义务与责任也相应改变。体系主导国身份的改变，主要在于自身实力的保持和制度性繁荣，其体系身份在很大程度上决定相互身份的构建、强弱、解构和改变。非体系主导国的体系身份变化，在很大程度上是附着于相互身份变化的。不管是体系主导国还是非主导国，其体系身份和相互身份的改变，都导致权利、义务与责任的改变。无政府状态是导致身份改变的根本外围原因，但无政府状态同时也具有内在制约性，使身份的改变具有滞后性，也是权利、义务和责任不具有绝对性意义的重要原因。

受文化、文明、制度、意识形态、价值观等内生性因素的影响，身份认知与身份忠诚度通常会有很大的惯性。体系身份的改变，国内民众可能会较快适应，但并不代表他者能及时对自我身份改变的认知和对身份忠诚度的适应性改变，抗拒心态、逆反心态、打压心态、围堵心态、遏制心态和颠覆心态比认可心态、顺应心态和合作心态要更常见，但如果由于外力介入而改变身份，则容易获得区域性甚或全球性的适应性认知和观念更新，如温特所总结的，"这一切取决于他者对以前的身份有多大的留恋程度，取决于双方有多大的权力。"[①] 自我及他者任何一方所确认的国家体系身份与相互身份一旦改变，各种新的相互博弈及游戏规则也会随之到来，而公平、正义、和平、进步、道德、理性、合作、共赢仍然是价值判断的最佳天然尺度，现实挑战和未来发展也都昭示世人，地球终究是个"地球村"，人类发展与共、责任与共、利益与共、命运与共。

---

① [美] 亚历山大·温特：《国际政治的社会理论》，秦亚青译，世纪出版集团、上海人民出版社 2000 年版，第 469 页。

第五节　他者镜像的国家形象

所有的身份都可以间接视为形象，国家身份的总和即国家形象，但不是所有的身份都可以合适地上升为国家形象，而且，国家身份被视为一种具体，国家形象则被视为一种抽象，抽象虽然是源于具体的主观反映，但这种反映是经过了自我价值观的洗刷而形成的，带有浓厚的价值偏好和情感色彩。国家身份不同于个人身份，国家身份有自身的特质，国家身份的表象在被解读为国家形象时也与个人形象有别。"在国际社会中，国际行为体间保持互动关系，每一个行为体的行为及特征都在其他行为体的观察之中。众多观察者对某行为体的行为进行评判，国家形象便产生了。"[1]

综合来看，国家形象的基本要素可以概括为物质要素、制度要素和精神要素三个层面。[2] 从建构主义的角度来看，"社会体系最终只有一种结构，它同时包含了物质和观念两种内容"[3]，为了便于分析，制度要素和精神要素可以归之于建构主义分析意义上的观念要素。物质要素是指支撑国家生存和发展的自然物质基础和各种物质要素的总和，其中既包括疆域、人口、自然资源，也包括在此基础上形成的国家的经济、科技、军事实力、体育等综合实力要素；制度要素是指国家的各类制度系统以国家权力为中心凝结为一个整体，共同规范着整个社会的运行和人们的各项活动，从而成为构成国家形象的重要元素；精神要素集中体现在国家的民族精神或民族性格上。国家形象的三大特性是：系统性和多维性、动态性和相对稳定性、对内对外的差异性。[4] 系统性和多维性

---

[1] 汤光鸿：《论国家形象》，《国际问题研究》2004 年第 4 期。
[2] 管文虎主编：《国家形象论》，电子科技大学出版社 1999 年版，第 25—31 页。
[3] Alexander Wendt, *Social Theory of International Politics*, Cambridge University Press, 1999, p. 190.
[4] 张昆、徐琼：《国家形象刍议》，《国际新闻界》2007 年第 3 期。

第四章　国家的身份属性与身份退化

是指尽管国家形象诸要素的地位和作用不同,但共同构成了国家形象的完整、统一的系统,并从不同侧面向公众发出不同的信息;动态性和相对稳定性是指国家形象并不是一成不变的,但国家形象一旦形成,就会对国内外公众产生影响,并对具体的国家形象保持惯性认知,只要国家的各要素大体保持相对稳定,国家形象也保持相对稳定;对内对外的差异性是指每个国家的"自我期待形象"与国际社会的"实际评介形象"或多或少有差异,很少有一致的时候。

国家形象的这三大要素和三大特性比较客观地反映了国家形象的本质,这三大要素和三大特性也都交叉包含在国家的体系身份和相互身份之中。国家形象和国家身份都既可以单一化,也可以集合化,某种单一定义的国家身份和单一定义的国家形象可以相互指涉,但集合的国家身份和国家形象则不能相互指涉,即国家身份的总和是国家形象,但不能反过来说国家形象的总和就是国家身份,因为国家形象它包含较多的随意性、主观性、情感性、价值观性甚至意识形态性因素,而国家身份具有严格意义上的客观性和可证性,几乎不存在可论争性空间。在国家的国际行为中,也难以推翻其既成的国家身份属性去推测其可能变更的国家战略和国家政策。

适当地、正确地评估国家的制度性要素和精神性要素,这要求正确看到和评估他国的体系身份。同时,还必须考虑他者对自我国家形象的评介和判断,即必须考虑自我与他者之间相互形象背后的相互身份,诚如汉斯·摩根索指出的,"别人对我们的看法同我们的实际情形一样重要。正是我们在他人'心境'中的形象,而不是我们本来的样子,决定了我们社会中的身份和地位。"[1] 罗伯特·杰维斯也精辟地指出,"如果不考虑决策者对世界的看法以及他们对别人持有的形象,那常常是无法解释至关重要的决定和决策的。"[2] 在日益平等化、民主化、透明化、

---

[1] Hans J. Morgenthau, *Politic among Nations: The Struggle, for Power and Peace*, The McGraw-Hill Companies Inc, 1985, p. 97.
[2] [美] 罗伯特·杰维斯:《国际政治中的知觉与错误知觉》,秦亚青译,世界知识出版社2003年版,第18页。

信息化的国际关系实践中，国家实力政治在部分地向形象政治转移，并且转移速度在加快。

在这种转移中，如同强势身份可以覆盖弱势身份一样，某些强势国家形象可以覆盖某些弱势国家形象，这一方面取决于国家综合国力的发展，另一方面也取决于国际舆论舆情的发展。国际关系中从来就没有绝对性的道义和绝对性的理论，所以从经验而言，国家形象的判定标准是国际社会的主流舆论，但也针对不同地域、不同对象国而有别，国家形象是一种国家间各自身份基础上相互建构的文化产物，"国家形象是一个国家内部和外部的行为主体对该国所有变量因素持有的总体认知和评价。"① 虽然历史传统、制度、文化、价值观、宗教信仰以及相互关系等的不同，各行为体所采用的判断标准和结论不尽相同，但价值和道德底线基本一致，国际社会的共有知识和共有规范累积是评判国家形象共同的相对固定的价值基础，"全人类认同的价值观，将随着各国交往的普遍化而通行，如和平、稳定、发展、合作、民主、人权等，已经成为国际舆论的公共标准。"②

尽管国家身份的总和是国家形象，但国家身份主要偏向于国家硬实力或硬性条件方面，而国家形象则偏向于软实力或软性条件方面，国家形象的塑造也偏向于国家威望、国家声望、国际影响力或国际声誉，托马斯·谢林指出，"声誉是国家值得为之而战的为数不多的因素之一。"③ 在国家基本体系身份和相互身份不变的情况下，国家形象日益多元化、正面性，国家形象的功能除了传统的政治与外交以外，其商业功能在全球化、信息化的现代社会中也日益重要，各国也日趋重视国家形象的竞争。"现代意义上的国家形象，被认为应闪耀国家力量和民族精神的光芒，并应与社会道义相吻合。……对于升至'主要国际政治

---

① 漆亚林：《中国国家形象建构的历史进路与路径选择》，《人民论坛·学术前沿》2023年第24期。

② 汤光鸿：《论国家形象》，《国际问题研究》2004年第4期。

③ Jonathan Mercer, *Reputation and International Politics*, Ithaca and London: Cornell University Press, 1996, p. 2.

力量'层面的不同制度国家而言,'形象竞争'现象尤为明显。它们竞相对世界展示自身形象,旨在让更多的国家对本国产生好感,吸引更多外资、人才和技术交流,提升产业水平,壮大硬实力,并希冀在参与世界政治事务中将更多的国家团结在本国周围。"[1] 国家形象的可塑性推手主要在于政府的认知与意志,国家制度的重大转向、外交战略与政策的重要调整、经济社会的变革性改革、领导人的更换等,都有可能作用于国家形象的再造。

第六节 国家身份的退化与进化

国际体系结构一旦形成,便具有强大的稳定性。即使体系中有国家对自己的体系身份提出质疑,试图挑战既有的体系秩序,国际体系本身自有的特定的张力将会最大限度地阻止这种调整,其原因在于国家利益不只是建立在单个国家的基础上,也建立在整个体系结构的基础上,为单个国家的利己利益挑战整个国际体系的集体利益无疑具有极大的难度,此外,体系内的国家对于安全的本体性需求,也从根本上制约着国家无限扩展体系身份的可能。这种长期形成的共有知识和本质上理性的自我约束,注定体系结构的改变不是惯常现象,而是特殊现象,不是突然的、单向性的变更,而是渐进的、交互式的过程。为了便于分析,在这里只分析身份的退化,因为身份进化的分析大体上就是身份退化的反向现象。

国家的体系身份与相互身份的变化,尽管不会在一段时间内表现得那么显著,但历史性地来看,必然会随着国家实力升降及影响力大小的变化而变化。确实,"身份总是在发展,总是受到挑战,也总是实践活动的结果,这仍然是实际情况。"[2] 国际关系作为国家间互动形成的一

---

[1] 汤光鸿:《论国家形象》,《国际问题研究》2004 年第 4 期。
[2] [美] 亚历山大·温特:《国际政治的社会理论》,秦亚青译,世纪出版集团、上海人民出版社 2000 年版,第 427 页。

个体系，包括体系结构、行为体（国家）和过程三个基本要素，行为体之间持续的互动就是过程，过程具有突出的历时性和流动性，互动构建了体系结构，体系结构塑造了观念分配上的行为体及其相应的体系身份与相互身份。体系结构有三大特性，一是无政府性，二是共时性，三是相对稳定性，这三大特性既促进了国家间以国家利益为核心的互动，也制约了国家间非理性追求的互动。建构主义者认为，任何社会体系的结构都包含三个因素：物质条件、利益和观念。由于物质条件通过观念赋予的意义发挥作用，而利益是由观念建构的[1]，体系结构变迁的动力主要有两种方式，一种是在国家的能力分布和身份属性没有发生明显变化的情况下，体系结构变迁的动力主要来自国家间互动方式的改变；另一种是在国家的能力分布和身份属性明显转移的情况下，体系结构变迁的动力主要来自国家间规范变更和观念分配的改变。这里的国家能力分布和身份属性本质上是一体性的，但又有因果之分，即国家身份变化的原因就是国家能力分布的改变，然后才是规则的适应性调整和观念分配的跟进到位。

  体系身份的调整或改变源于国家能力分布的调整或改变，在一定程度上也依赖于相互身份的调整，即行为体的互动。身份退化的两层含义是体系身份的退化与相互身份的退化，体系身份退化的关键原因是国家在能力分布上的下降，相互身份退化的关键原因有三个，分别是国家利益的冲突、国家能力分布的下降、规范的调整或改变。概括来说就是一个吻合度的原因，即身份是否退化与国家利益、国家能力和规范是否相吻合，一旦国家能力分布的改变造成了体系身份的改变，就可以把体系身份的改变作为给定条件来分析相互身份的变化，当然，相互身份的改变并不完全依赖于体系身份的改变，甚至在更大程度上是由国家利益来界定的。

  相互身份的建构与退化，在于国家能力分布、国家利益与体系身份

---

[1] Alexander Wendt, *Social Theory of International Politics*, Cambridge University Press, 1999, p.190.

第四章 国家的身份属性与身份退化

是否吻合,在于国家间相互身份是否吻合,在于自我是否对他者的核心利益甚至根本利益有决定性的牵制能力和手段。由于行为体(国家)是国际关系中最活跃的因素,因此也是过程中呈现的状况特征和体系结构是否稳定的决定性因素。显然,相互竞争性强或利益关系强的行为体(国家),对自己在体系结构中的体系身份及国家间相互身份的退化始终保持很强的敏感性,敏感的主要原因来自自我在某些领域难以抗压的脆弱性。身份的退化在绝大多数情况下对绝大多数国家来说,除了在政策上的努力,其他几乎是无能为力的,甚至是体系霸权国也无法避免在所有领域都始终保持决定性的强势。

国家身份的退化,有诸多原因,身份退化的结果,有时是有单独目标指向性的,有时是相互影响性的,大体上有三类结果:

- 一是促进行为体间相互关系的进化(和平、合作、发展、一体化)
- 二是引发行为体间相互关系的退化(摩擦、冲突、对抗、战争)
- 三是推动体系结构的调整或转换(格局、秩序、规范、治理机制)

必须指出的是,身份的退化与行为体间相互关系的进化或退化、体系结构的调整或转换是互构的、相互影响的。身份的退化主要相对于现状而言,其中体系身份的退化主要是由于内部分裂、政策转向、他者崛起、战争打击、制度约束、体系转型等因素,相互身份的退化主要是由于利益冲突、政策调整、他者崛起、体系转型、规范制约、自我意志等因素。身份的退化有相对退化和绝对退化之分。身份的相对退化,主要相对于横向对比而言,其中体系身份的相对退化,指由较高等次的体系身份退化为相对较低等次的体系身份,而相互身份的相对退化,指从原来关系状态退化为相对弱化的关系状态。身份的绝对退化,主要相对于纵向对比而言,其中体系身份的绝对退化,指由较高等次的体系身份退化为较低等次的体系身份甚至不再享有原来的体系身份,而相互身份的绝对退化主要指从盟友、伙伴、朋友的关系退化为对手、敌手、敌人的关系。

随着全球化的持续发展、国际经济一体化的深入进行、各国相互依存的继续加深,一些国际组织要求域内国家的国家主权进一步让渡,以适应区域一体化和全球化的持续深入发展,因而国家主权身份退化的迹象也日趋明显。从某种意义上来看,国家主权的有限让渡,确实可以被视为国家主权的退化,但如果超越国家主权本身的传统含义,发现这种国家主权的让渡可以被视为国际体系结构进化阶段上的一种必然过程,或者换句话说,某些主权的退化(让渡)使国家获得了更多的进化(一体化)。

国家身份退化的边界,究竟是米尔斯海默所说的"大国政治的悲剧",还是全球治理或者世界国家呢?迄今为止,国家身份退化大体上一直与大国政治的悲剧相连,但在五百年、一千年或更长远的时间后,国家的体系身份可能会退化为失去主权意义的组织身份,而国家的相互身份则可能退化为这种组织间的相互关系。自由制度主义者声称,超国家的治理是局部的,因为它是国家在一个相互依存的世界里通过其政策与行动的战略协调能够获得的现实利益发展起来的,它们强化了国内目标,缓冲了强权政治,局部的超国家治理最终会扩展为民主国家的"和平联邦";现实主义者认为,超国家的治理总体上仍然依据最强大国家的政策和利益而定,国际机构大体上只是工具而已,民族国家就是终极状态,战争也不会消失,即使在全球化时代的任何一种可信的全球治理的解释,都无法否认各国权力之间的不平等在日益加剧的事实,历史上霸权国体系身份的退化并没有防止其他霸权国的崛起;马克思主义和新葛兰西主义在很大程度上偏向于现实主义的观点,但其认为全球治理组织和机构不完全只是管制和管理的作用,它们也是斗争的场所,斗争的结构有可能改变世界的秩序。① 建构主义者认为,微观层次上争取承认的斗争,加上军事技术发展的推动,同时受到宏观层次上无政府性

---

① 戴维·赫尔德、安东尼·麦克格鲁编:《治理全球化:权力、权威与全球治理》,曹湘荣、龙虎等译,社会科学文献出版社2004年版,第18页。

第四章　国家的身份属性与身份退化

的引导，终将导致世界国家的诞生，"简而言之，通过争取承认，无政府逻辑导致了无政府状态自身的消亡。"① 不得不说，建构主义具有浓厚的理想主义和世界主义情怀，但现实主义才是自古以来国际政治的真实场景，只有基于现实主义（方法）基础上的他者主义（理论），才能更有效地解释这个星球的国际政治。

第七节　国际体系的进化与退化

国际体系（The International System or System of State, Interstate System）是一个相对比较宽泛的概念，有人称之为全球体系或世界体系。国际体系应该是一个独立的研究对象，并不必然地依附于国际关系。詹姆斯·多尔蒂与小罗伯特·普法尔茨格拉夫认为国际体系是指"既是国家构成的系统（System），也是国家组成的社会（Society）"②。田中明彦认为国际体系似可定义为"存在于地球上的社会系统中、自身不带上位系统的最上位系统"。③

国际体系中，他者的存在是一个客观先在的，他者的存在造就了制度、规范、共有知识、组织机构、阶级、政党、国家及国际组织，造就了自我国家与他者国家之间及国家群体之间的动态互动关系，造就了国际社会的无政府状态。秦亚青认为，人与人之间的互动构成了社会，国家与国家之间的互动构成了国际社会。④ 温特指出，互动关系形成身份，身份决定利益，利益决定行动⑤，因而互动关系决定着国际秩序的

---

① Alexander Wendt, "Why a World State is Inevitable", *European Journal of International Relations*, Vol. 9, No. 4, 2003, p. 494.
② ［美］詹姆斯·多尔蒂、小罗伯特·普法尔茨格拉夫：《争论中的国际关系理论》（第五版），阎学通、陈寒溪等译，世界知识出版社2003年版，第127页。
③ ［日］田中明彦：《世界系统》，杨晶译，经济日报出版社1990年版，第10页。
④ ［美］亚历山大·温特：《国际政治的社会理论》，秦亚青译，世纪出版集团、上海人民出版社2000年版，译者前言第27页。
⑤ 白云真、李开盛：《国际关系理论流派概论》，浙江人民出版社2009年版，第245页。

状态和形式，使国际政治体系与所有的人造体系（man-made systems）一样，也可能失效、失序或瓦解。国际关系作为国家对外关系的综合表现形式，像人类社会生活本身一样具有进化和退化两大基本形式。

按照理性主义的假定，在国际无政府主义状态下，国家外交的核心是利益，国际政治的核心是权力，而国际关系的核心则是秩序。尽管国家追求权力大小与利益的多少，本质上属于国家的个体行为和对外政策范畴，但国家固有的首要功能与作用是保全自己存在，并且国际体系和特定的实力分布结构制约着国家无限扩张的欲望。这就意味着，在一定的历史时期内，国家间关系有其现实合理性，国际秩序也具有当然的合理性和必然的内在惯性。

马克思从人类解放的高度来分析国际关系与国际秩序，虽然马克思相对忽视了国家在作用上的独特性与功能上的顽固性，但他坚信历史的进步性和社会的进化。诚如华尔兹评价的，他认为人类将最终实现世界主义的政治理想，"人类将不再生活在国家内，而结成一个非政治的自由联盟。"① 历史进步性与国际关系机制的进化具有一定的联系，历史不可假设，但历史往往以同一种类似模式反复出现，这正是机制退化的一种功能显示。

国际关系所指称的机制（regime）是在社会共有知识（socially shared knowledge）② 的基础上形成的，往往具有特定的功能与作用，而其首要的功能与作用则是促进秩序的稳定与延续。国际机制是指国际行为的机制化。③ 国际机制的最大功能是"制约和调节国际社会角色的行为"。④ 国家的对外行动一方面显示国家的需要和追求，在促进国际关

---

① ［美］肯尼思·N. 华尔兹：《人、国家与战争——一种理论分析》，倪世雄等译，上海译文出版社1991年版，第109页。

② 社会共有知识（或称之为文化）来自温特的建构主义的一个概念，是个体之间共同的和相互联系的知识，也是指行为体在一个特定社会环境中共同具有的理解和期望。共有知识是建构主义结构最根本的因素。参见［美］亚历山大·温特《国际政治的社会理论》，秦亚青译，世纪出版集团、上海人民出版社2000年版，第187页。

③ Stephen Haggard and Beth Simmons, "Theories of International Regimes", *International Organization*, Summer, 1987.

④ Stephen Krasner (ed.), *International Regimes*, Cornell University Press, 1983, p. 62.

系机制退化的同时，使国际关系的进化机制得以实现；另一方面，也在不断调整着既有的国际机制和改变着国际秩序。

秩序是机制的结果，如果机制不管用，那么秩序就无从谈起；如果秩序有序，那么机制一定起了作用。因此，如果某一机制削弱了，则说明这一机制与其实践行为不相协调，就需要加以调整。机制的调整主要有两种形式：一是机制进化，即机制的原则和准则都基本不变，只是根据现实发展的需要，调整或修改某些领域内相互认可并运行着的规则。这种调整并不带来行为体权力分配方面的显著变化，基本不影响到机制的权力结构和状态；二是机制退化，即原有机制的原则、准则和规则都遇到了重大挑战，不再具有可接受性和可操作性，必须只有重建新的国际行为的原则、准则和规则，才能适应和满足已经变化了的实力变化与权力转移。也就是说机制退化为形成新的机制进化让路，原有机制必须推翻并重建某种新的机制，以此对新秩序有所反应、控制和规划。例如从国联到联合国、从欧共体到欧盟、从两个德国到一个统一的德国、从关贸总协定到世贸组织等的关系或机制的变化等，属于前者形式；而华沙条约组织的解体、西欧防务联盟解散、韩日就历史与岛屿争端问题引起的纠纷、南北苏丹因石油利益引发的冲突、美国伊朗从合作到冲突和G7机制的退化等，则属于后者形式。

基于文明的进步，尽管不能忽视事件的因果链条式逻辑关系，但从大历史角度来看，迄今为止，人类文明的指向性塑造、国际关系的历史实践、社会秩序和各国人民的期望等，都表现为正向演化的总体倾向，当然也始终伴随着各种不同形式的国际关系的退化。[1] 温特承认自己是进化论者，"我认为国际关系的历史将是单方向发展的：如果发生结构性变化，那么，这样的变化是朝着历史进步的方向发展的。"[2] 秦亚青

---

[1] 本书研究的国际关系"进化（Progression）"和"退化（Regression）"是相对国际关系中行为体的合作与冲突的，简而言之即合作意即进化、冲突意即退化。它是一种因果链条式机制，而非社会学中"社会进化论（social evolutionism）"的单向线性进化论。

[2] ［美］亚历山大·温特：《国际政治的社会理论》，秦亚青译，世纪出版集团、上海人民出版社2000年版，第387页。

也直截了当地指出，"建构主义是进化理论"。①

国际体系的进化，总是伴随国际体系的转型而实现的。秦亚青认为，转型中的国际体系，总是处于一个延续与变化共存的状态。他认为，国际体系的转型主要表现在三个方面：一是体系自身的转型；二是体系结构的转型；三是国际治理体系的转型。关于体系自身转型，就是指体系本身发生了质的变化，最根本的定义性特征是秩序原则，比如主权原则，最明显的特征是体系单位的变化，比如从帝国体系转向民族国家组成的国际体系。在重大国际事务中，以主权为基本原则、以民族国家为基本单位的体系仍然是当今的主导形式，但行为体多元化和主权原则松弛化在全球层面已经显现出来。关于体系结构转型，主要是指实力分布的变化，最典型的特征是"极"的概念，冷战结束之后，国际体系的结构呈现出"一超多强"的格局，这种格局还没有出现拐点，但多极化趋势更加明显，新兴国家作用明显加强。关于国际治理体制的转型，是指维护国际体系秩序的制度性安排，是与国际体系中的威胁性质高度相关的。冷战前，传统安全威胁一直是国际体系中的主要威胁，国家之间的战争是这种威胁的最高形式，所以，国际治理体制的最重要制度性安排是势力均衡，是大国之间维护相对的实力相当状态，以遏制战争冲动。冷战后，安全威胁性质发生了重大变化，一方面传统安全威胁持续存在，另一方面是非传统安全的大量涌现，合作治理成为新的国际治理体制原则，多边主义在很大程度上成为新的共识，新兴国家发挥更大作用。②

历史上，国际体系的转型，大致可以分为三大阶段。

第一阶段，以1648年欧洲三十年战争后签订的《威斯特伐利亚和约》为界③，是古代区域性混战无序的家族式王国体系逐步转向现代主

---

① ［美］亚历山大·温特：《国际政治的社会理论》，秦亚青译，世纪出版集团、上海人民出版社2000年版，译者前言第29页。

② 秦亚青：《国际体系转型以及中国战略机遇期的延续》，《现代国际关系》2009年第4期。

③ 第一阶段的时间点也有争论，比如沃勒斯坦选定的时间点是1492年，这一年，哥伦布发现了"新大陆"。人类社会由区域文明走向全球文明，国际体系才得以慢慢形成。

权民族国家体系，这一阶段初步完成了国际体系的基本框架，形成了国际体系的基本制度与秩序原则。

第二阶段，以1945年第二次世界大战结束为界，这一阶段，国际体系的特征主要是各大国积攒力量、称霸地区、征服世界的实践，也验证了特定的国际体系结构制约着国家无限扩张的可能。

第三阶段，以1991年冷战结束为界，这一阶段属过渡性阶段，时间跨度太短，但也具有特殊意义。冷战的结束，使美国暂时性一超独强，国际权力与支配控制力前所未有。但同时国际体系也显示出日趋完善性，逐步向多极、多元、平等、民主、和平、稳定、发展的国际新秩序演进。

国际体系的转型，总的来说是进化式的。乔治·莫德尔斯基（George Modelski）在总结世界政治的进化时，认为是由4个进化机制推动的：增加变量（variation）、合作（cooperation）、选择（selection）、放大（amplification）。其中，增加变量、选择、放大都是达尔文进化论中的常见的自然进化机制，而以政党、联盟和社会运动表现出来的合作机制则是社会进化区别于生物进化的标志。莫德尔斯基指出，"全球政治的进化可以看作是由多种政策设计、扩散而形成的竞争、合作机制推动的结果。"[①] 尽管莫氏这一理论把进化主要归于"合作"的结果，尚不足以全面解释进化的动力、原因、方式、特征和发展方向等，但至少承认并试图解释全球政治和国际体系是一个不断发展进化的过程。在亚历山大·温特的建构主义中，国际体系的发展具有明显的进化特性，在结构形式上，温特根据国家之间互动特性的不同，提出国际体系三种可能的无政府状态文化：相互敌对的霍布斯式"敌人"文化、自己存在也让他者存在的洛克式"对手"文化、和平互助的康德式"朋友"文化。霍布斯文化是过去，洛克文化是现在，康德文化则可能是将来国际社会的主导性文化。温特进一步认为，一旦洛克文化得以内化，就很难

---

① 转引自许嘉《美国国际关系理论研究》，时事出版社2008年版，第492—493页。George Modelski, "What is Evolutionary World Politic", http://faculty.Washing.edu/modelski/whatsEWP.Htm.

再退回到霍布斯文化之中。

在国际体系的转型与进化中,国际和平机制的发展脉络最具有典型的进化特征,也就是说,国际体系的进化机制主要体现之一就是国际和平机制的发展。首先,欧洲三十年战争后于1648年签订了《威斯特伐利亚和约》,这无疑具有转折性意义,它标志着国家主权原则的确立、国际法的产生、国际规范的传播和集体会议讨论决定制度的创立,也标志着世界近代史的开端。从此,资本和武力征服进一步向世界各个角落扩张,世界各地加快了民族国家的形成与产生,科学技术的作用越来越大,生产力与生产关系进一步大幅革命性地调整。

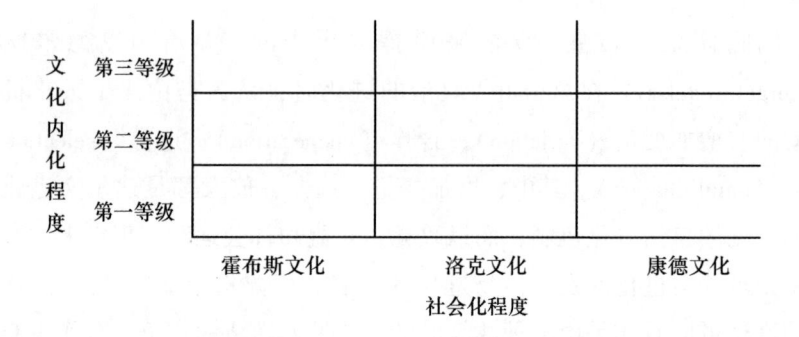

图4-3 温特的建构主义理论中国际文化的多种实现方式①

其次,神圣同盟②的产生。由于《神圣同盟条约》产生了国际政府的名称,因此神圣同盟通常被人们称之为"国际政府"③,这是世界上第一次进行世界政府的尝试。尽管有诸多局限性,但神圣同盟试图以超

---

① [美]亚历山大·温特:《国际政治的社会理论》,秦亚青译,世纪出版集团、上海人民出版社2000年版,第322页。

② 神圣同盟建立在1814年的《肖蒙条约》、1815年的《四国同盟条约》和1815年的《神圣同盟条约》的基础之上。《肖蒙条约》为奥地利、英国、普鲁士和俄罗斯订立了为期20年的同盟,并保证了击败拿破仑战争之后的领土安排;《四国同盟条约》除了在限制法国的扩张、共同应付法国威胁等方面进一步确认了《肖蒙条约》之外,还确立了通过定期举行会议机制;《神圣同盟条约》则强调所有统治者均应信奉基督教原则。

③ [美]汉斯·J. 摩根索:《国家间政治》,中国人民公安大学出版社1990年版,第563页。

第四章　国家的身份属性与身份退化

国家的国际组织机构来管理世界、强制制裁、控制冲突、预防战争、实现和平，并进一步确立了相对完善的国际制度、规范、程序或惯例，对国际关系的协调、国际秩序的管控、国际和平的发展产生了积极作用，具有重大实际意义。

再次，国际联盟是国际组织发展与国际和平保障的一个重要里程碑。国际联盟是一战后在"凡尔赛—华盛顿体系"[①]上产生的，它打破了欧洲长期支配、在世界体系居中心地位的格局。与神圣同盟相比，国际联盟具有很大的进步性，具有了更多"政府"的性质，是一个拥有代表机构而实际存在的组织，加入国联的每个国家都拥有在大会和行政院投票的权利，权力分配取决于在行政院是否拥有常任理事国资格。尽管国联后来由于各种矛盾和形式的发展而失败了，但仍是世界和平和国际体系进步机制方面的一次重要尝试，不代表着世界和平与国际体系的进化机制到此为止，它为更高级的世界性和平组织"联合国"的产生奠定了样本性作用。"联合国又在国联的基础上进行了前所未有和更高水平的实验"[②]，这种实验是值得的，为战后维护世界和平与发展作出了重要贡献。不过，由于美西方霸权主义和强权政治的作梗，联合国的作用有限，在现实中阻止世界各地大规模冲突与战争的不是联合国，而是战争本身的巨大损失引发的抗争反弹、民意反弹与机制反弹。

最后，联合国是在人类历史上最大、最残酷、最凶险的第二次世界大战基础上产生的，它不仅是对战争的反思，也是对和平的深刻认识。与国际联盟相比，联合国的组织机构更加完善，联合国的性质、宗旨、

[①] 一战改变了原有的世界大国力量分布状态，英、法等国的实力遭到不同程度的削弱，而美、日等国跻身于世界强国之林，欧洲不再是世界唯一的政治经济中心，美洲和亚洲同样成为国际关系的重要舞台。巴黎和会重建了凡尔赛体系的欧洲秩序，华盛顿会议暂时建立了华盛顿体系的东亚和太平洋地区秩序，两者合称为"凡尔赛-华盛顿体系"。国际联盟被威尔逊称为"和平的保障"，盟约规定了"增进国际间合作并保持其和平与安全"，"承担不从事战争"的义务和维持各国"基于公正与荣誉"的"公开邦交"。盟约"第一次确立集体安全制度的要素"，代表着迈向集体安全的重大步骤。在国际联盟短暂的历史中，其机构处理过66件事务，从技术性的立法问题到有关武装冲突的重大问题。其中20件提交其他机构；11件是以违背国际联盟义务的武力征服来解决的。它成功地处理了其余35件事务。

[②] 李铁城：《联合国的历程》，北京语言学院出版社1993年版，第2页。

原则、作用、目的和对和平解决国际争端的方式都有了进一步发展，"在从国际法律结构到全球法律结构的谱系中，联合国起到了承上启下的作用"①。尽管联合国在战后初期一度沦为了美国等大国控制世界事务的工具，但总体上，联合国的行动和目标大都指向了和平，尤其冷战后，联合国对世界和平的作用与贡献得到进一步强化②。尽管联合国没有能有效阻止一些主权国家之间的战争，但联合国本身与运作机制仍旧在不断发展与完善之中。"联合国的历史就是一部由各种思想、妥协和局限性经验构成的历史，而所有这些思想、妥协和经验都或多或少导向了这样一种超国家的秩序"③，这种超国家秩序就是国际体系进化机制中不可或缺的重要载体，也是国际体系进化机制的重要体现。

本章小结

国家是人的集合，因此也具有某种身份。处于国际体系结构中的国家不仅具有身份属性，而且具有体系身份和国家间相互多边或双边的双重身份。国家身份的总和可以抽象上升为国家形象，国家的体系身份与相互身份的变化影响国家形象的变化。国家身份的退化本质上是身份的转换，并不意味着国家功能的无效性和过时性。

国际关系学是一门有趣的学科，如果从一个主义的给定假设和所持的观点及立场出发，要么是沿着某类理论路径一路狂奔，旁若无他而不能自拔，要么是被诸多理论弄得晕头转向，陷入困惑而无所作为，极少有能彻底反省并找到真正理论出路的，以致著名国际关系学者马丁·怀

---

① [美] 麦克尔·哈特、[意] 安东尼奥·奈格里：《帝国——全球化的政治秩序》，杨建国、范一亭译，江苏人民出版社 2003 年版，第 3 页。
② 联合国成立以来，已经成功地处理了世界各地 200 多起国际争端，联合国绝大多数成功的维和行动也得到全世界的认可。
③ [美] 麦克尔·哈特、[意] 安东尼奥·奈格里：《帝国——全球化的政治秩序》，杨建国、范一亭译，江苏人民出版社 2003 年版，第 4 页。

第四章 国家的身份属性与身份退化

特（M. Wight）认为根本没有国际关系理论可言。[①] 从研究的角度来看，国际关系不在于没有真相，而且真相显然也不是唯一的，解释真相的方法与范式也不是独一无二的。国家身份的退化不代表国家的无效性和过时性，也不代表国家的正当性和功能作用受到了毁灭性的质疑，在无政府文化中，国家身份的退化在本质上只是换了另一种身份，不涉及国家的消亡和世界国家的诞生，即使在遥远的将来，自由、平等、人权、法治、公民社会和全球治理的发展真的进化到了可以让国家消亡的阶段，那也不是我在这里讨论的国家身份的退化问题，而是国家任何身份都不复存在的问题了。这个阶段真的很遥远，遥远到我们尚没有相应的、足够的知识累积来理性地进行合情合理的、有充分说服力的逻辑推理。

本章提到基于中国传统文化的他者主义理论三类关系文化，即知文化、礼文化、德文化。这三种文化是基于自然个人关系的经验划分，是中国传统文化中最典型的三种分法，其关系原则分别是对等、平等、同等，在伦理价值上分别是惩罚模式、互惠模式、宽容模式，其互动逻辑是交换、合作、共赢。这种自我与他者关系文化的分类，分别比建构主义的霍布斯文化、洛克文化、康德文化要更趋进步一些，建构主义的三种文化模式，完全是站在利益角度来立足与划分的，他者主义的三种文化模式，则是站在道义的角度来立足与划分的，具有本质上的东西方文化差异，也具有本质性的价值观差异。

[①] H. Butterfield and M. Wight (eds.), *Diplomatic Investigations*, London: George Allen & Unwin, 1966, pp. 17–34.

第 五 章

他者主义悖论：相互防范与相互依赖

第一节　和平与冲突的悖论[①]

"悖论"原是一个哲学概念，通常指违反常理的思想观点，它的意义比较丰富，包括一切与人的直觉和日常经验相矛盾的结论。在西方，悖论（paradox）一词最初源于希腊语"para + dokein"，意思是"多想一想"。在中国春秋时期，就有"悖论"这一名词的出现，只是在古代，一般以单独的"悖"字作为简括，意思是自相矛盾的说法或结论，意为荒谬之事或谬论。

公元前6世纪，哲学家克利特人艾皮米尼地斯（Epimenides）说："所有克利特人都说谎，他们中间的一个诗人这么说。"《圣经》（《提多书》第一章）里也曾经提到："有克利特人中的一个本地中先知说，'克利特人常说谎话，乃是恶兽，又馋又懒'。"这就是著名悖论"我在说谎"的来源，即如果他在说谎，那么"我在说谎"就是一个谎，因此他说的是实话；但是如果这是实话，他又在说谎。古代中国也有一个

[①] 以往多数情况下，人们提到和平，就会提及战争，在这儿，以广义的"和平与冲突"替代狭义的"和平与战争"（冲突包含战争），来描述国际社会中两种截然相反的国际秩序状态。

第五章 他者主义悖论：相互防范与相互依赖

类似的例子：《庄子·齐物论》里庄子说"言尽悖"，后期墨家反驳道，如果"言尽悖"，庄子的这个言难道就不悖吗？类似的还有"世界上没有绝对的真理"，我们不知道这句话本身是不是"绝对的真理"。总结起来，悖论有三种主要形式：（1）某一命题看起来似乎肯定错了，但事实上却是对的（似非而是）；（2）某一命题看起来似乎肯定对了，但事实上却是错了（似是而非）；（3）一系列推理看起来无懈可击，最终却发现逻辑上自相矛盾（谬论）。

和平不是因为和平而和平，而是因为冲突而和平；如果没有冲突，那是因为当时冲突的代价过大。我们先分析有关战争的悖论。当前一些普遍的战争悖论的观点有，战争是手段还是目的？战争主要是暴力冲突还是和平竞争？战争是破坏行为还是创造行为？战争重在打击敌人的手段还是打击敌人的观念？战争是硬件驱动还是软件驱动？战争是短兵相接还是非线性非对称战场进行？战争的目的是取得胜利及维护国家利益还是避免失败及维护正义人道准则？

战争的重要性自不必多言。我们再想一想，战争难道只是悲剧、一无是处吗？战争代表的总是破坏和死亡吗？古代堪称伟大的军事著作《孙子兵法》开宗明义地说："兵者，国之大事，死生之地，存亡之道，不可不察也。"确实，历史上数不清的大大小小战争，毁灭了无数生灵，破坏了无数家庭的幸福，吞噬了无数辛苦积累的财富。但是，战争也促成了新阶段和平，焕发了人的本性力量，促进了生产关系发展，推动了历史前进，缔造了人类与文明。如果没有战争，社会就会显得过于简单，历史就会显得过于平静，人类就会显得过于木讷，文明的色泽就会显得过于黯淡。

比战争更广义的是冲突，冲突的极限是战争。冲突是指某一可确认的人或群体，有意识地反对一个或几个可以确认的人或群体，原因是它们各自在谋求不同的目标。无论什么样的社会形态，什么样的社会内部结构与管理体制，也无论国际体系如何，国家与国家之间的关系如何，冲突都是存在的。冲突归根结底的原因是他者的存在，而他者的存在是永恒的客观现实，即使消灭了冲突中的某一特定他者，其他的他者很快就会填补空出来的冲突一方的他者位置，因此人们不能指望消灭冲突，同时也不能没有冲突。

冲突的形式有观念冲突和利益冲突，有文明冲突和身份冲突，有暴力和非暴力的冲突，有显性和隐性的冲突，有可控和不可控的冲突，有可解决的和不可解决的冲突。最显而易见的冲突种类，从个人层次上来看，包括吵架斗殴、意见分歧、法律争执以及犯罪杀人等。从国家层面上来看，包括国际摩擦、制裁、纠纷、战争与国内战争、革命、政变、恐怖活动、暴乱等。值得注意的是，冷战也应该是冲突的一种重要表现形式①。在此，无论人还是国家，与自然的冲突都没有列入通常所说的社会性的冲突之列。《吕氏春秋·荡兵》总结了八种个人的或群体的或国家的争斗形式。"察兵之微：在心而未发，兵也；疾视，兵也；作色，兵也；傲言，兵也；援推，兵也；连反，兵也；侈斗，兵也；三军攻战，兵也。此八者皆兵也，微巨之争也"。至于国际冲突的类型，大多数学者倾向于分为五类：即一般冲突、国际危机、恐怖活动、内战与革命、国际战争（局部和世界战争）。1965年美国军事战略理论家赫尔曼·康恩（Herman Kahn）针对朝鲜战争和越南战争失利的教训，在《逐步升级战略》一书中将冲突的过程分为7个门槛（分歧产生、不要翻船、核武器是不可想象的、不使用核武器、中心避难、核战争、城市目标）和7个阶段（潜伏的危机、传统的危机、紧张的危机、离奇的危机、威慑性攻击、攻击军事目标的战争、攻击民用目标的战争）以

---

① 在核武器出现之前，国际争端不是通过和平就是通过战争来解决的。但是在第二次世界大战后，这种情况发生变化，出现了冷战这一特殊形式，冷战即是"不太可能的和平"和"不太可能的战争"两个特殊因素的产物。国际关系中所谓的冷战是相对于热战而言的，它是指敌对双方形成对立，但是，又以不触发直接武装冲突为限的敌对状态。国际关系中的"冷战"一词是由美国政论家赫伯特·斯奥普于1946年初在为美国参议员伯内德·巴鲁克起草的一篇演说中首先提出的，但在外交政策上，冷战的开始是以丘吉尔1946年3月5日在美国的富尔顿演说为信号，以1947年3月12日杜鲁门总统发表的国情咨文为起点，之后，"冷战"的概念就开始得到广泛应用。一般所说的冷战，就是特指美国和苏联之间的冷战。但实际上，对于冲突的本质而言，冷战不只出现在某一特定国家间的状态，在人与人之间、国家与国家之间的某些时候，都可能出现冷战的特征。比如夫妻两人吵架后在一段时期内互不说话的状态，国家与国家之间因为利益争执所形成的某种僵持状态，都可以视为冷战，都可以被视为是冲突的继续，或者直接被视为一种冲突状态。

第五章 他者主义悖论：相互防范与相互依赖

及从相互报复、禁运封锁到武力威胁、战争讹诈、常规战争到核大战的44个阶段[①]。罗伯特·利伯（Robert Lieber）认为，康恩的分析虽无多少新的东西，又充斥着"想象"，但是却把国际冲突的变化"加以简化"，仍有重要参考价值[②]。考虑到国际关系的现实与发展，在此列出了六种面上的冲突：

- 人与人的冲突
- 人与社会的冲突
- 国家与国家的冲突
- 分配与欲望的冲突
- 生产力与生产关系的冲突
- 理想秩序与现实状态的冲突

对于冲突的理解，《吕氏春秋·荡兵》同样指出了其作用的两面性："夫兵不可偃也，譬之若水火然，善用之则为福，不能用之则为祸；若用药者然，得良药则活人，得恶药则杀人。"意思是冲突与战争不可消灭，正如水与火等自然物质一样，善于运用就会创造福祉，不能善用则会成为祸害；比如用药治病，得到良药就可救活病人，得到毒药就可杀人。对于人类社会和国际关系中的冲突，应理解为冲突刺激了本能，启迪了智慧，促进了革新，产生了规范，形成了机制，造就了国家，调整了秩序，缔造了和平。

生，以死为对比，有生有死才延续永恒；秩序，以混乱为参考，有序无序才见规范的重要；和平，以冲突为尺度，道义在利益中更显存在之价值。然而，关于和平与冲突，是和平酿就冲突还是冲突造就了和

[①] 倪世雄等：《当代西方国际关系理论》，复旦大学出版社2001年版，第275页。

[②] Robert Lieber, *Theory and World Polities*, Winthrop Publishers, 1972, pp. 112–113, 转引自倪世雄等《当代西方国际关系理论》，复旦大学出版社2001年版，第275—277页。学者们还论及了国际冲突解决的三类途径：（1）政治途径解决，包括国家之间的谈判、协商、斡旋、调停；（2）法律途径解决，以国际法庭为主进行的调解、仲裁和裁定等；（3）行政途径解决，指联合国等国际组织所作的各种努力。实际上，战争仍然是国际冲突解决的一个重要途径，2008年俄罗斯和格鲁吉亚的战争、2011年美国和法国等多国参与的利比亚战争、2022年的俄罗斯与乌克兰的战争，即是例证。

139

平？是和平导致冲突还是冲突就是和平的前戏？和平是否总是高于战争？理想的战争是否总是大于现实的和平？是和平还是战争在建构权力、利益与身份？民主国家是否是战争的安全屏障？以和平的名义发动战争是否就是正义的战争？人权高于主权是否可成为战争的理由？抑或，战争与和平本来就是人类天性与社会秩序的两个孪生弟兄？

《吕氏春秋·荡兵》卷七说，"兵之所自来者上矣，与始有民俱。凡兵也者，威也；威也者，力也。民之有威力，性也。……争斗之所自来者久矣，不可禁，不可止。"意思是：战争的由来相当久远了，它是和人类一起产生的。大凡战争，靠的是威势，而威势是力量的体现。具有威势和力量是人的天性。……冲突斗争的由来相当远久了，不可禁止，也不可平息。那么人的天性又是什么？人是具有生的智慧、生的创造、生的感情、生的意志、生的社群、生的斗争的"万物灵长"，是创造自我、实践自我、突出自我、保全自我、挑战自我、完善自我的"社会的人"。

如果人的天性中具有争斗的本性，那么和平与冲突在本质上是构成秩序天平的两个端口，也就没有所谓的悖论可言了，任何悖论都是可以理解的。可悲的是，这个悖论是可以验证的，几千年来世界各地绵延不绝的战争与冲突便是最好的说明与注脚，而世界各地人们也早就对战争有着深刻的认识。中国古代有"故古之贤王有义兵而无有偃兵（《吕氏春秋·荡兵》卷七）"；公元4世纪的古罗马军事学家韦格蒂乌斯（Vegetius）曾说："如果你想要和平，就请准备战争"；非洲自古也有一句类似的谚语："手里握着大棒，然后再微笑看着对方"。

国家没有滥用武力的绝对权力，没有独享和平的绝对权利，同时也没有维护和平的绝对义务。因此，重要的问题不是战争该不该有，而是战争是否正义。冲突必然天生就存在，尤其是广义上的冲突，有暴行就会有反抗，有纷争就会有冲突，有侵犯就会有战争。尽管战争免不了暴力与以暴制暴，但战争依然有正义和非正义之分，而且正义的战争既是和平的前提，又是秩序的良药。商末周初的伯夷和叔齐亲眼看到周灭商后隐居起来并在《山居笔记》中说："以暴易暴兮，不知其非矣。神

第五章 他者主义悖论：相互防范与相互依赖

农、虞、夏忽焉没兮，我安适归矣？"《礼记·檀弓下》有言："杀人之中，又有礼焉。"《吕氏春秋·荡兵》卷七中也说："夫兵不可偃也，譬之若水火然，善用之则为福，不能用之则为祸；若用药者然，得良药则活人，得恶药则杀人。……兵诚义，以诛暴君而振苦民，民之说也。"第二次世界大战后，全世界都对战争进行了深刻反思，包括制度、机制、规范和国际法等方面，都有相应反省及行为。《联合国宪章》第2条第3款明确规定："各会员国应以和平方法解决其国际争端，避免危及国际和平、安全及正义"。[1]

美国著名的政治理论家迈克尔·沃尔泽（Michael Walzer）对战争的正义性与非正义性有过深入的研究。在他的代表作《正义战争与非正义战争》（1977）中，沃尔泽认为，正义战争理论是一种探讨战争与道德关系的理论。归纳起来，关于战争与道德关系的看法可分为四类：一是现实主义（Realism），认为战争本质上与道德无关；二是神圣战争论（Holy war theory），认为战争是道德工具，可以通过战争手段消灭那些被认为是不符合道德的人或集团；三是和平主义（Pacificism），认为所有战争在本质上都是邪恶的、不道德的；四是正义战争论（Just war theory），认为战争在一定情况下可以被证明是正当的。这四类战争中，前三类过于偏激，已经基本不被提及，相对而言，第四类正义战争的看法比较流行，它持一种相对折中的立场，"它并不认为战争是一种善（Good），但又主张使用武力在一定环境下是正当的"[2]。沃尔泽的正义战争理论部分基于限制战争这一基本思想，承袭了古代思想家的许多正义战争的思想，即正义战争分为发动战争的开战正义与战争中行为正义的交战正义。但沃尔泽也失望地意识到，"太多的国家被证明是不可信赖的施动者"[3]，而且沃尔泽本人也显然带有比较突出的意识形态思维，他在后来对正义战争修正中，把是否有权拒绝干涉与国家政体性质联系

---

[1] 梁西：《国际组织法（总论）》，武汉大学出版社2001年版，第75页。
[2] Chris Brown, *Sovereignty, Rights and Justice: International Political Theory Today*, Cambridge: Polity Press, 2002, p. 103.
[3] Michael Walzer, *Just and Unjust Wars*, New York: Basic Book, 1992, p. xxiii.

起来，认为"只有自由或民主国家才有权反对外部干涉"①。然而从某种立场来说，战争本身是一种客观存在的现象，与人类的存在一样久远，只是人类社会发展到了今天，对于战争的反思及对战争认知的规范性累积，使人类对于国家间大规模战争有了更多理性的认识。战争固然不可避免，但国家也不会随意轻言开战，战争的理由正越来越靠向正义原则的旗帜下。正如汤姆逊·奥克罗认为的，"正义战争的第一条规则就是战争必须在正义的理由下进行"②。国际法专家路易斯·亨金（Louis Henkin）则更进一步具体指出，"将来，唯一的'正义战争'将是抗击侵略者的战争——由受害国自卫、由受害国之外的其他国家或所有国家进行集体自卫。"③ 不过，战争中各方对正义的理解和定义往往有别，但参战的每一方都会毫不例外地认为自己是正义的，认为自我采取战争所有行为都是必要的和当然的，这往往会加剧并升级冲突。

和平与冲突并不会遵循能量守恒定律，它主要是国家政策选择的结果。很难说，国家有和平愿望与政策，就可以避免战争或者永享和平，同样也很难说，国家准备或进行战争，就可以藐视战争责任或者忽视和平红利。和平与冲突无疑是人类最为重大的问题，因为人类对自我存在与安全总是首要关注的。国家战争的发起者最初总有通过战争达到某种目的的愿望，也就是说战争的首要功能被视为特定手段。那么和平是不是目的呢？显然，和平至少不是战争的最初目的，战争的发起者最初都是想通过战争谋取某种特定利益，或者通过战争来建构新的秩序结构及优势身份。

在9·11事件之后，和平与战争的概念外延十分明显。和平不再局限于稳定的格局，战争不再局限于武力攻击，和平的含义进一步向和谐、共存、合作、发展扩展，冲突的含义除了武力与战争之外，也进一

---

① Michael Walzer, "The Moral Standing of States: A Response to Four Critics", *Philosophy and Public Affairs*, Vol. 9, No. 3, 1980, p. 224.

② D. Thomas O'Connor, "A Reappraisal of the War Tradition", *Ethics*, Vol. 84, No. 2, 1974, p. 168.

③ 李效东、李瑞景：《西方战争伦理的理论体系及当代论争》，《世界经济与政治》2011年第7期。

第五章 他者主义悖论：相互防范与相互依赖

步向政治制度、经济、金融、文化、文明、价值观扩展，使用武力也不局限于领土争端、争夺霸权、谋取利益，而是进一步扩展到人道干预、先发制人、反恐、反海盗、反极端势力、反分裂等方面。但是，基本的问题仍然是，所有的冲突及使用武力仍然都与和平相悖，战争仍是现实政治中一个实实在在的选项，有时甚至是解决纠纷与冲突的唯一可行手段。

概而言之，对于和平与冲突悖论的理解应该是：

● 和平与冲突本相悖，它们是不兼容的、对立的两种人类存在的秩序状态，都能在不同程度上推动人类社会的发展；

● 和平与冲突不相悖，它们是相互转化、互补的一体两式的人类秩序状态，人类有和平秩序向好的本能偏好，但也有通过升级冲突来解决冲突的本能冲动；

● 和平与冲突的悖论，本质是他者存在，人性、利益、观念、文化与权力欲望等皆为诱发因素；

● 国际体系内和平与冲突悖论，实质是无政府状态及国家功能的相似性。但其最根本的内质是由于他者的存在；

● 国际体系中每一次和平与冲突的转换，都是国际体系进化与国际秩序重构过程中的量变累积，甚至某次本身就是一次质变。

第二节　相互防范与相互依赖[①]

在上一节中，我们讨论了人类社会中的冲突与和平悖论，在这一节

---

① 在相互依存与相互依赖的翻译问题上，有很多争议。很多人把相互依存与相互依赖对等起来，将 interdependence 翻译为"相互依赖"，将 Theory of interdependence 翻译为"相互依赖理论"。学者门洪华认为，相互依存与相互依赖有"度"上的区别，"相互依赖"的译法更能反映该理论的准确含义。参见门洪华《相互依赖与国际机制：理论的比较》，《中共天津市委党校学报》2001 年第 4 期。笔者认为，相互依赖与相互依存不仅有"度"的区别，实际上还是一种相互存在状态与相互关系状态的区别，相互依赖对国际关系的影响是全面的、深远的。上海国际问题研究所研究员夏立平认为，interdependence 译成相互依赖比相互依存更为贴切。参见夏立平《21 世纪初的中美关系——非对称性相互依赖》，《当代亚太》2005 年第 12 期。

中将进一步缩小分析范围，分析国际关系中相互防范与相互依赖的悖论。

相互防范与相互依赖是一对直接对立性概念，在国际关系现实中，也是一种典型的悖论。一方面，相互防范和相互依赖互相排斥，另一方面，相互依赖理论本身又含有依赖与防范的分歧。"自由主义认为，相互依赖有助于减少和缓解国家间的冲突，增进国际和平，其代表性的观点是'贸易和平论'；而现实主义和依附论认为，相互依赖与国家间的战争与和平问题毫不相干，甚至会增加冲突的几率"[1]。在分析相互依赖与相互防范之前，我们来分析一下相互关系。

他者的存在，在"落后""封闭"或"隔离"以及地缘"遥远"的状态下，尽管他者的存在具有对立性，也具有可助性，然而自我和他者既难以发生相互冲突，也难以发生相互依赖关系，相互冲突与相互依赖的现象只发生在地缘局部区域。自从15世纪地理大发现以来，随着资本主义的发展，西方用资本和商品把全世界联系起来了，一方面扩大了全世界经济社会联系的广度与深度，另一方面也拓展了全世界相互关系的内涵，全球性的相互依赖与相互冲突就成了国际体系发展中的伴生因素而非偶生因素。国家之间的相互冲突与相互依赖，推动着国际体系的螺旋式进化性发展，也推动着世界秩序的间隔式经常性重构。

一　相互防范

相互防范源于对他者意图无法确定的恐惧。他者实力的大小不是恐惧来源的决定性因素，意图才是决定性因素，当然，实力在意图的配合下，更具有恐惧性。加拿大对强大的美国并不存在多少恐惧，因为美国没有显示出对加拿大的攻击意图，也没有对加拿大发出过挑衅性信号。朝鲜与韩国之间的相互对峙一方面来自对方不确定意图的恐惧，另一方面也由于经常性的言语、政策以及行动上的挑衅。

相互防范的主要手段是保持相互威慑。威慑是通过威胁使对手屈从

---

[1] 余万里：《相互依赖研究评述》，《欧洲研究》2003年第4期。

第五章　他者主义悖论：相互防范与相互依赖

于自己的意愿，旨在防止出现某种情况（如战争或侵略）的一种防御性战略，而不是一种威逼他人服从于自己意愿的战略。威慑作为一种社会实践，伴随在人类社会和平与冲突的整个历史长河中。中国古代的很多思想家都有类似论述，吕不韦在《吕氏春秋·论威》中有言，"举凶器必杀，杀，所以生之也；行凶德必威，威，所以慑之也"。张衡《西京赋》中说，"威慑兄虎，莫之敢伉"，曹植在《七启》中称，"威慑万乘，华夏称雄"[1]。中国古代著名军事思想家孙武在《孙子兵法》中也指出，"百战百胜，非善之善者也；不战而屈人兵，善之善者也。故上兵伐谋，其次伐交，其次伐兵，其下攻城"[2]。意大利政治思想家马基雅维里则强调指出，"武力显示"以及其他类似的策略是使敌人相信其侵略行动的代价和风险也许过高的一种较为合算的方式[3]。国际政治中，在适当的时机通过一定方式，充分展示自己的战略战术力量和不惜一战的决心，有助于维护、争取和实现自己的利益，并有助于地区的稳定和促进世界的和平与发展。通常情况下，成功的威慑须具备三个条件：一支报复性力量、一个确实有效的威胁和一条传递这个威胁的可靠途径。但在实践中并不容易实现，因为无法预知意外情况的发生，也无法确定威慑的有效与遭到攻击后报复的可靠，更无法在危机的情况下保持"理智"来从容地寻找准确的平衡。国际关系中的威慑理论，是伴随核恐怖形成的。第二次世界大战后产生的核威慑理论的中心议题就是核威慑，根据各自的国力和战略意图，美、苏（俄）、英、法四个有核大国所奉行的核威慑理论可分为三类：美苏两个核大国奉行最大限度的核威慑理论、法国则倡导有限核威慑理论、英国奉行的是最低限度的核威慑理论[4]。伯纳德·布罗迪（Bernard Brodie）、威廉·考夫曼（William W. Kaufmann）、阿尔伯特·沃尔斯泰特（Albert Wohlstetter）、赫尔

---

[1] 李国亭：《军事战略新命题——信息威慑》，《国际技术经济研究》2006年第3期。
[2] 孙武：《孙子兵法》，山西古籍出版社1999年版，第35页。
[3] Alexander L. George and Richard Smoke, *Deterrence in American Foreign Policy: Theory and Practice*, New York: Columbia University Press, 1974, p.12.
[4] 钱春泰：《国际政治中武力的潜在运用》，《欧洲研究》2005年第4期。

曼·卡恩（Herman Kahn）等是冷战时期著名的研究威慑的战略理论家[1]。在实践中，核威慑有两个基本矛盾。一个是在"摊牌"后实施威胁将是非理性的，一个是它的武器几乎没有什么实战价值。在核垄断被打破之后，尤其是美苏在古巴导弹危机中展示出的接近真正核对决态势，使人们很快意识到，将核武器用于实战是荒谬的，任何人都无法想象出现"痉挛战"时，当事方在最后关头把剩余的核武器全部向对方投出去的结果，也无法想象这样的战争究竟还能实现什么战略目的。因此，在某种意义上，核战略已自成一派：它一方面仍然可以被视为一种有效的威慑手段，另一方面它也确实在很大程度上被从日常的国家安全决策中分离出来，按其自身的、往往是与直觉相悖的逻辑发展。笔者比较赞同美国学者斯蒂芬·沃尔特（Stephen M. Walt）的一个观点，他认为，国家制衡的是威胁，而非权力——因为权力本身并不等同于威胁。他在20世纪80年代的《联盟的起源》一书中，就新现实主义（结构现实主义）代表学者肯尼思·华尔兹的均势理论做了更进一步的批判与发展，即威胁制衡理论。他指出，"威胁"的概念包含四个要素：（1）综合实力；（2）地缘的相近性；（3）进攻实力；（4）进攻意图。[2] 实际上，沃尔特的威胁制衡理论就是相互防范的重要内容，不管是独自制衡、结盟制衡、均势制衡，还是追随制衡、权力制衡或其他曲线制衡手段，都是防范的一种方式，只不过，防范的范围要广泛得多，不仅防

---

[1] 冷战期间威慑理论研究的代表作有：Bernard Brodie, *The Absolute Weapon: Atomic Power and World Order*, New York: Harcourt Brace, 1946; William W. Kaufmann, "The Requirements of Deterrence", in W. W. Kaufmanned, *Military Policy and National Security*, Princeton, N J: Princeton University Press, 1956; Albert Wohlstetter, "The Delicate Balance of Terror", *Foreign Affairs*, Vol. 37, January 1959; Herman Kahn, *On Thermonuclear War*, New York: Free Press, 1960; Thomas Schelling, *The Strategy of Conflict*, Cambridge, MA: Harvard University Press, 1960; Alexander L. George and Richard Smoke, *Deterrence in American Foreign Policy: Theory and Practice*; Patrick Morgan, *Deterrence: A Conceptual Analysis*, Beverly Hills, CA: Sage, 1977; Robert Jervis, *Psychology and Deterrence*, Baltimore, MD: Johns Hopkins University Press, 1985. 参见钱春泰《国际政治中武力的潜在运用》，《欧洲研究》2005年第4期。

[2] Stephen M. Walt, *The Origins of Alliances*, p. 17. 转引自江海洋《从"霸权均势"到"相互依赖均势"——试析当代东亚国际秩序的现状》，《高等函授学报》（哲学社会科学版）2009年第8期。

范直接的威胁，防范利益的被侵犯，也防范文化与价值的消融，更防范权力的损失。

在全球化、信息化发展的当前时代，各国相互依赖进一步加深，由于核威慑已经在某种程度上从国家安全决策中剥离出来，硬实力与软实力的灵巧运用和灵巧威慑已经逐步显示出来，把防卫（defense）而不是威慑作为战略目标，相互防范的手段逐渐转向了一种多边的灵巧防范。这种灵巧防范针对不同的目标国家实行不同的策略，既含有预防性的策略，又含有进攻性的策略，总之是为了让对手知难而退，实现自己的利益与战略目标。灵巧防范是分等级层次的，以美国为例：针对非盟友核大国和潜在挑战国，奉行的是一种积极防御的威慑政策，综合运用政治、经济、军事、外交、文化等方面的实力及影响力，通过政治围堵、预防性外交、经济制裁、军事展示等手段，来维护自己的国家利益并实现自己的战略目标；对有一定实力、有一定地区影响力、不那么"听话"的国家，运用强制外交等方式，通过军事打击、扶植新政权、改变政治制度等威逼手段，来维护所谓的"国际秩序"；对自己的盟友或伙伴，利用潜在对手的威胁，通过提供安全保障、政治同盟、经济互通、利益共享的捆绑战略，达到既利用又压制的战略目的；对既无多大实力、又无地区影响力，或者有一定实力与影响力，但却自觉"融入"国际秩序且不惹是生非的"好国家"，则通常是按其国家实力及影响力大小来分配注意力。

二 相互防范三类型

在国际体系生成之前，也就是说国家军事力量在全球有效投射之前，相互防范的范畴一般局限于地缘区域内的自我与他者之间。在1648年《威斯特伐利亚条约》签署为标志的国际体系形成之后，国家之间的相互防范对象扩展到了全世界，欧洲列强在全世界拓疆殖民，相互防范成了一个全球的问题。当然，防范的基本方式、手段和目的仍然具有同质性，主要是为了维护国家主权和领土完整、促进国家利益和战略目标的实现、推动本国经济建设与社会发展，实现国家的稳定与繁荣，赢得国际社会的尊重。防范的对手不同，适用于防范的原则也不一样，换言之，防范的原则通常根据受威胁程度而有区别。在下文中，将针对受威胁情况下来分析相互防范的类型及对应的惩罚原则。仔细分析来看，强者对于弱者的防范也包含在此类相互防范的内容之中，只不过防范的意识与方式有别，强者显然也有着更多的手段、更大的威慑力和更强的惩罚力。事实上，所有的相互防范与相互依赖都是不对称的，不只是相互依赖有层次性、敏感性和脆弱性，相互防范也是有层次性、敏感性与脆弱性的。基欧汉和奈已经对敏感性与脆弱性有了经典性的深入探讨，在此不再赘述，主要就相互防范的层次（类型）性和相互依赖的层次性进行分析。

依据受威胁程度的不同，相互防范分为三种类型，分别是战略性防范、适度性防范和选择性防范，与之相对应的三类惩罚原则分别是：最大惩罚原则、对等惩罚原则和最小惩罚原则。

战略性防范。战略性防范也称最大防范，对应的是最大惩罚原则。在需要防范的他者范围中，如果有敌对者及可能的敌人、领土领海权益纷争者、战略竞争对手、潜在权力挑战者、国际秩序破坏者和"人权公敌"的独裁国家，显然对自我的威慑程度最大或者不能容忍他者的政策与行为，对类属他者适用战略防范原则。意即一旦受到攻击、挑衅以及他者采取破坏国际秩序的重大行动，须实行最大惩罚原则，调集可能的全部政治、经济、军事、外交、舆论等资源予以回应或打击。比如1953年朝鲜战争后的韩国之于朝鲜、1979年美国驻伊朗大使馆人质事件后的伊朗之于美国、1991年伊拉克入侵科威特后的美国之于伊拉克。战略防范原则不只是完全针对全面防范，有时也针对特定领域的战略防范。韩国对于独岛（日本称竹岛）可以理解为应用了战略防范原则，即韩日在和平交往时期，韩国在独岛问题上实行的是战略防范原则；当前日本在钓鱼岛（日本称尖阁列岛）问题上对中国的防范也是处于战略防范状态，而且随着中国收回钓鱼岛主权的要求日益强烈，日本战略防范的等级越来越高；以色列对于来自巴勒斯坦、黎巴嫩等地的火箭弹等形式的袭击也应用了战略防范原则，并通常应用了对等的最大惩罚原则。

第五章 他者主义悖论：相互防范与相互依赖

适度性防范。适度性防范也称重点防范，对应的是对等惩罚原则。国家的主要任务与目标是保护国家利益、增进国民福祉，因此国家的对外功能必须服从于对内功能的需要。如果不是受到明显的威胁，国家最适当的防范方式是采取适度性防范，意即如果在未来一段时期中没有受到毁灭性攻击的预设中，对所遇到的一般性摩擦，或者对于对手性质的他者，或者在某一事件或某一领域的纠纷，采取有重点的防范即可。换言之，在低烈度的摩擦或纠纷中，采取对等的适度惩罚原则即可，一方面可避免不必要的国力消耗，另一方面可以集中更多资源促进国家的稳定、发展、繁荣以及与他国的合作。比如1962年中印短暂战争后的中国与印度、2003年后的伊朗与伊拉克、冷战结束后相互依赖程度深化的中国与美国①。

选择性防范。选择性防范也称最小防范，对应的是最小惩罚原则。国家的敌对者或潜在敌对者必然只是少数，对其他遥远的、实力弱小的或者完全没有敌意威胁的国家，通常适用选择防范原则。这类原则依照一般的价值规则和秩序法则发展正常关系即可。第二次世界大战后，殖民体系与殖民文化彻底瓦解、崩溃，国际秩序日益规范化、平等化和民主化，国际体系中的大多数国家如果力量太弱小或者虽然国力较强却并不预谋侵犯他国，都可奉行选择性防范政策。在与无敌意也无恶意的他者发生了某一特定事件时采用最小惩罚原则，以及按照现有国际制度、规则、规范、惯例来发展与他者之间的关系及交流往来，既不扩大事态也不采取不了了之的态度。选择性防范不只应用于小国及利益关系不大的国家，也应用于大国之间。在当前，中国与俄罗斯之间、法国与德国之间、英国与美国之间、中国与英国之间等，都可以最小防范原则作为国际关系的指导原则，意即即使出现一些非故意的偶发事件，也应该低调妥善处理，必要时按照对等原则或司法原则采用最小惩罚原则即可。必须指出的是，最大与最小是相对的，例如在黄岩岛问题上，中国可能对菲律宾采

---

① 当前美国已对中国采取战略性防范状态，但中国对美国仍处于适度性防范，重点仍是国内事务，特别是经济发展、民生福利与社会稳定方面的事务。

取最小防范原则，但菲律宾却可能对中国采取战略防范政策，而中国即使对菲律宾奉行选择性防范政策，却可能在被动卷入冲突的情况下，对菲律宾的首先挑衅采取适当惩罚原则，这对菲律宾来说可能意味着最大惩罚。

三 相互防范六结论

需要指出的是，在国际体系中，防范谁、依赖谁，威胁的来源与强度，相互依赖的敏感性及脆弱性如何，惩罚的确定性与严厉性两者中何者更具有效力，这些问题都很重要。

因此，在实践中应该注意到有关相互防范的六个结论：

（1）并非所有的对抗都可归结到威慑模式中；
（2）并非所有的防范都适用惩罚原则；
（3）并非奉行最大防范原则就必然赢得安全保障；
（4）并非奉行最小防范原则就必然获得安全保障；
（5）并非相互防范就导致国际关系退化；
（6）并非相互防范就意味着不遵从国际规范。

四 相互依赖

长期以来，国家之间的相互冲突被视为国际政治的一个核心问题。一方面因为冲突往往会带来不稳定和利益损失，另一方面也因为人类始终无法摆脱冲突的魔咒。相互依赖的动力可追溯到15世纪的地理大发现、18世纪的工业革命和科学技术的广泛应用、18至19世纪商业资本、市场经济在世界范围的扩张运动以及殖民地盘争夺与掌握利益分配权的驱动。在19世纪中期，马克思和恩格斯注意到了全球的相互依赖现象，他们在《共产党宣言》中指出，"过去那种地方的和民族的自给自足和闭关自守状态，被各民族的各方面的相互依赖所代替了。物质的生产是如此，精神的生产也是如此"[①]。肯尼思·华尔兹也指出，"由于

[①] 中共中央马克思恩格斯列宁斯大林著作编译局编译：《马克思恩格斯选集》，人民出版社1995年版，第276页。

第五章 他者主义悖论：相互防范与相互依赖

各国的紧密依赖，任何一国如不遵循成功的惯例，就会陷入不利境地。这样，各国之间的相同点便增加了。这种相同点是系统作用的结果。人们正是把这种相同点归因于各国对所谓国家行为规则的接受"，"在公认的观点看来，相互依赖的增长已经使地球缩小，并且创造了对世界事务进行集中管理的可能性"。[①]

第二次世界大战后，核武器的出现又在一定程度上限制了世界大战爆发，人类社会发展过程中的国际体系日益全球化，国家之间相互关联日益增多，利益联系也日益彼此相关，相互依赖的深化也导致危机的国际化，以致出现一荣俱荣、一损俱损的局面，人们普遍认识到当代国家间相互依赖程度不断加深。理查德·库珀（Richard N. Cooper）、罗伯特·基欧汉（Robert O. Keohane）、约瑟夫·奈（Joseph S. Nye Jr.）、理查德·罗森克兰斯（Richard Rosencrance）、肯尼思·沃尔兹（Kenneth N. Waltz）、阿尔伯特·赫胥曼（Albert Hirschman）、大卫·鲍德温（David A. Baldwin）、珍娜·高娃（Joanne Gowa）、爱德华·曼斯菲尔德（Edward D. Mansfield）、詹姆斯·莫罗（James D. Morrow）、彼得·沃勒斯丁（Peter Wallensteen）、马克·高索洛斯基（Mark Gasiorowski）、凯瑟琳·芭比埃丽（Katherine Barbieri）等人都著书立说，对国家间的相互依赖进行了深入分析，其中以罗伯特·基欧汉（Robert O. Keohane）和约瑟夫·奈（Joseph S. Nye Jr.）合作撰写的名著《权力与相互依赖》（1977年）最具有代表性，他们为相互依赖建立了"一个清晰的理论框架"。该书开篇的第一句话就写道："我们生活在一个相互依赖的时代"[②]。

[①] ［美］肯尼思·华尔兹：《国际政治理论》，信强译，世纪出版集团、上海人民出版社2008年版，第155、254页。

[②] Robert Keohane and Joseph Nye, *Power and Interdependence (3rd Edition)*, New York: Addison Wesley, Longman, 2001, p.1. 中文版参见［美］罗伯特·基欧汉、约瑟夫·奈《权力与相互依赖》，赵宝煦、门洪华译，北京大学出版社2002年版，第3页。该书把相互依赖定义为"彼此之间的依赖"，并认为相互依赖意指"敏感性（sensitivity）"和"脆弱性（Vulnerability）"，并借这两个概念来解释权力是如何产生于不对称相互依赖的。他们从理论上及时总结了相互依赖的两个明显发展趋势：一是从单一型发展到复合型，即从研究经济上的单一相互依赖到研究包括政治、经济、军事和外交在内的复合相互依赖；二是从区域型到全球型，即从研究仅限于发达资本主义国家范围内的相互依赖到研究包括发展中国家在内的全球范围内的相互依赖。基欧汉和奈还总结出相互依赖不只是相互交往、相互依赖不只是互利、相互依赖不一定导致合作三大结论。

倪世雄在2001年版的《当代西方国际关系理论》中对相互依赖的内容概括为十个方面：（1）强调国家之间的相互易摧性和敏感性；（2）国家所面临的许多问题趋于全球化；（3）"高级政治"逐步向"低级政治"过渡；（4）各国再不能闭关锁国；（5）国际合作趋势逐步超过国际冲突趋势；（6）武力在解决国际争端上的作用日益减弱；（7）谈判逐步取代冷战，均势逐步取遏制；（8）研究对象多元化；（9）主张在国际关系中以平等关系取代等级制；（10）相互依赖的趋势将对国家主权和民族利益起溶解作用，推动全人类利益的形成，最终将成为通向未来没有国界的世界国家的"中途站"[①]。

在研究相互依赖的实践中我们可以发现：首先，相互依赖主要指的是全球性问题和国家经济发展上的彼此合作性依赖，而政治上和文化上则没有那么必然且密切的相互依赖关系；其次，相互依赖并不是一种对等、平衡的相互依赖，仍然讲究实力与均势关系原则，事实上存在依赖关系在很大程度是一种依附关系；再次，相互依赖关系不寻求打破既有体系秩序，一旦相互依赖超出某种范围，依赖程度便会有降低的趋势；最后，相互依赖虽然总体来说是有益的，但仍然会由于某些原因，造成自我与他者关系的疏远，甚至会"脱钩断链"。

五　相互依赖三层次

第一层次是有限依赖：主要是指经济上的相互依赖，这种相互依赖可以理解为在发展上的互为互利、合作共赢；

第二层次是对等依赖：主要是指政治上的相互依赖，这种相互依赖可以理解为在利益上的相互借重、相互利用；

第三层次是高阶依赖：主要是指文化上的相互依赖，这种相互依赖

[①] 倪世雄等：《当代西方国际关系理论》，复旦大学出版社2001年版，第337—338页。该书在第339页至340页中还罗列出了西方学者对相互依赖理论研究的四个流派：（1）以相互依赖为其安身立命之所的全球主义或制度主义学派；（2）对相互依赖改变国际秩序的能力持保留态度的修正学派；（3）以肯尼兹·华尔兹为代表的新现实主义或结构主义学派；（4）新马克思主义的依附论。

可以理解为在价值上的文化认同、制度认可。

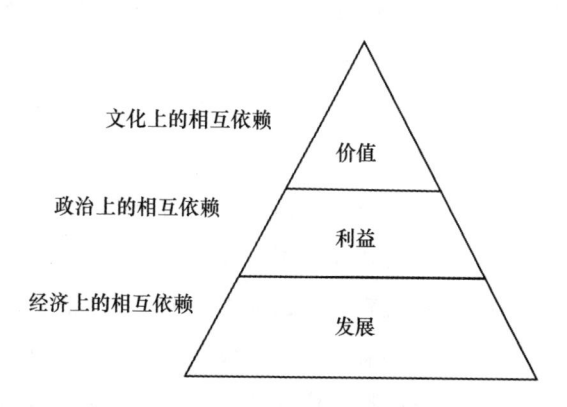

图 5-1　内涵上逐步升级的相互依赖三层次

资料来源：作者自制。

这三个层次是从低级到高级逐步升级的，高层级的相互依赖包含低层级相互依赖所包含的内容。这里的金字塔式相互依赖三层级，其前提假定包括国际体系是在无政府状态，国家是唯一核心行为体，并且始终是理性的行为体。与大多数国际关系理论预置的前提假定不同的是，这三个层次的相互依赖不需考虑国际秩序是否处于相对稳定时期还是处于动荡过渡时期。事实上，在国际关系历史上的任何时期，相互依赖总是在不同范围、不同程度、不同层次中存在的。第一层次中经济方面的相互依赖，是基于以需要为基础、以平等为原则、以贸易为途径、以发展为目标的低层次相互依赖，在理论上这种依赖可大可小、可强可弱，它显然极大地受制于行为体之间在政治上与文化上的相互关系，这种依赖是人类社会低层次的相互依赖。第二层次中政治方面的相互依赖，其所涉利益范围是一个广义概念，涉及人性本质、安全生存、资源分配、权力利益、独立自主、历史传统、地缘条件、尊严声望等方面的内容，行为体在这些方面彼此之间的相互借助与利用，虽然只能算是人类社会的中间层次依赖，但却是最复杂、最易变、最难掌控的相互依赖。第三层次中文化方面的相互依赖，其对象不以国家作为唯一核心行为体，也不只是专指狭义上的文化，而是指涉广义上的价值，包括文化属性、政治制度、市场模式、教育体制、契约精神、法治程度、科技进步、价值观念等，这方面的相互依赖是推动人类社会进步的真正力量源泉，是人类社会最高层次的、也是最高级的相互依赖。

相互依赖能带来实际利益，也能在实践中改变人们的观念。一旦观念有变，不论是经济上的、政治上的还是文化上的观念变化，尤其是涉及巨大利益的情况，会直接作用于相互依赖的范围与程度。国际规范显然对相互依赖产生了持续性规制作用，随着复合相互依赖的加深，国际规范的作用日益重要，其效能也日趋加大，不过，即使相互依赖达到了文化上的相互依赖层次，也难以使国家最终同质化。现实主义学者指出，随着相互依赖程度的加强，行为体的脆弱性提高，反而更加有可能加剧国家的不安全感，从而决心采取措施减少对他国的依赖[1]。他们认为，在恐惧的心理状态下，防御性的行动也会被解读为进攻性行为，因此，恐惧才是安全困境产生的真正原因[2]。如果安全困境无法排除，完全的、纯粹的、一体化的相互依赖就不可能存在，尽管国际规范在相互依赖中扮演了重要作用，仍然存在对他者观念与行为的不确定性认识。诚如玛莎·费力莫所指出的，"国际规范对国家之间的同构（isomorphism）带来了压力，但国际规范决不会导致国家最终完全一致"[3]。

六　相互依赖六结论

在相对稳定的、带有某种对立性质的、均势基础上的相互防范，相互依赖的层次性、脆弱性、敏感性都最为明显。一方面相互依赖在等级上很难发展到政治上甚至文化上的相互依赖，在图 5-1 中，大体只是处于金字塔底层的经济活动有不同程度的相互依赖；另一方面，如果无法排除政治对立与安全困境，均势仍具有顽固的内生力，相互依赖的敏

---

[1] Joseph Grieco, "Anarchy and the Limits of Cooperation: A Realist Critique of the Newest Liberal Institutionalism", *International Organization*, Vol. 42, No. 3, 1988, pp. 485–508.

[2] Neta C. Crawford, "The Passion of World Politics: Propositions on Emotions and Emotional Relationships", *International Security*, Vol. 24, No. 4, 2000, p. 116.

[3] [美] 玛莎·费力莫：《国际社会中的国家利益》，袁正清译，浙江人民出版社2001年版，第79页。

第五章 他者主义悖论：相互防范与相互依赖

感性与脆弱性又促使相关国家无法在政治上与文化上发展到相互依赖的层次与水平。这方面例子从欧盟与东亚可以看出，两者正好具有鲜明的对比性。尽管欧盟在一些时期中因为各种原因而在内部产生不和谐的声音，但欧盟内部各国的政策协调性、经济与政治的相互依赖性、文化与价值的认同性在全世界都是最高的，相互依赖的内容占据图5-1中金字塔的全部三层，而且相互依赖的水平和牢固性也是最好的。相比之下，尽管东亚在经济相互依赖方面非常明显，但由于政治上的错综复杂和各有特色的文化价值认同观，无法在政治上与文化上形成与欧盟类似的相互依赖关系，即使将来在某一形式上产生了政治与文化层次上的相互依赖组织，其相互依赖的水平与层次仍将远不及欧盟。

通过上述分析，在国际关系实践中应该注意到相互依赖的六个结论：

（1）未必所有的合作都可归结于相互依赖；

（2）未必所有的依赖都出于自愿；

（3）未必平等往来就既无冲突也无依赖；

（4）未必依赖会消蚀国家的自主性而促进国家同质化；

（5）未必相互依赖程度低就导致冲突；

（6）未必相互依赖程度高就没有惩罚。

国际关系中的相互防范与相互依赖明显是悖论，相互依赖大体上能促进国际关系的进化，而相互防范大体上会导致国际关系的退化，尽管两者往往同时存在，但并不妨碍国际关系的发展和国际秩序的稳定。在国际关系的实践中，一个比较突出的现象是，非对称的相互防范与相互依赖，因为其非对称性的存在，防范难以做到真正有效防范，依赖也难以真正做到有效依赖。就发达国家与发展中国家的总体情况而言，发展中国家防范发达国家的意义重于发达国家防范发展中国家，同时，发展中国家依赖发达国家的意义也重于发达国家依赖发展中国家。"发达国家处于中心位置，发展中国家总体上处于外围，中心是全球经济的增长极，它通过不对称的相互依赖关系，使外围向它提供供给，而外围则依靠中心的需求。在经济全球化的条件下，中心把越来越多的外围国家组合进它创建的等级经济体系,因而拓展新的发展空间。而发展中国家则感受到一种无形的、越来越紧的束缚"①;就具体国家而言,弱国对于强国的防范意义重于强国防范弱国,弱国对于强国的依赖意义也重于强国依赖弱国。在全球化与信息化的当今时代,防范与依赖的核心问题仍然莫过于主权原则,最强者对于主权问题几乎完全不需要防范,也不需要依赖他者,大多数弱国则必须通过不同方式防范强者或其他次强者甚至弱者,同时也不同程度地在某些领域依赖他国。但这种防范与依赖并不是没有问题的,"问题的复杂性在于现今的全球化并非是纯粹意义上的进程,而是与美国的霸权纠合在一起的。美国的霸权并不单单是在一般意义上侵害了其他国家主权的有效性,恰恰是充分地利用其在全球化及其所带来的全球机制化中的主导地位和独享的特权,把它的霸权有效地扩展到其他国家的主权领域,从而限制和削弱了它们的主权"②。

无论是相互防范还是相互依赖,都能因为观念、身份、利益等因素的变化而导致国际关系不同程度的退化,而且退化往往比进化更直接、更突然。但国际关系的总体发展方向必须至少看起来是趋向于稳定的、发展的、进化的,这不仅是国家自身发展的需要,也是国际社会一种恒定的发展倾向。尽管国际关系仍然存在很多变数,冲突与战争总是伴随着和平与稳定而出现,然而国家在国际体系的实力与身份在较长时期内一般都是相对稳定的。如果某个国家违背了这种社会发展倾向,其他国家就会调整相互防范的类型与相互依赖的层级,迫使该国不至于过度谋求利益,也不至于过度发展与自身实力及身份不相称的权力要求。也许正是这种不对称的实力因素、身份特征与权力结构,使得每个国家在国际体系中都有一个适合于自己、符合自身实力与身份的位置,国家间的相互防范与相互依赖才达成一种微妙的平衡。在既有相互防范又有相互依赖的悖论情况下,在总体上推动了国家间的交流与合作,促进了国际秩序的相对稳定与发展。这也正是国际体系中,国家间相互防范与相互

---

① 俞正梁:《国家在全球化中的位置》,《国际政治》2003年第2期。
② 俞正梁:《国家在全球化中的位置》,《国际政治》2003年第2期。

第五章　他者主义悖论：相互防范与相互依赖

依赖作为国际关系矛盾的双重根本特点，使群体主义及他者主义的研究具有了多姿多彩特征，也使群体主义成为国际关系理论的基础理论，为他者主义理论成为国际关系的元理论奠定了坚实基础。

第三节　自我与他者互动中的"刺激—反应"模式

自我与他者在互动中的"剑"与"盾"，分别是指行为体互动过程中的"刺激"与"反应"，在本质上同神经生理学的"刺激"与"反应"有诸多共通之处。人类互动中"刺激—反应"模式就是永恒的"剑—盾"模式。

一　神经生理学中的"刺激—反应"模式

最初的"刺激—反应（S-N）"源自于神经生理学的一个基本概念。生物体神经活动的基本过程是反射，神经反射是指在中枢神经系统参与下的机体对内外环境刺激的规律性应答。[①] 神经生理学上的"刺激—反应"有三个非常重要的基本特征：

[①] 神经反射活动的结构基础成为反射弧，由5个基本成分组成，即感受器、传入神经纤维、神经中枢、传出神经纤维和效应器。神经反射传入过程中接收刺激的单位称为突触，突触的典型特点是可塑性，指的是突触传递的功能可能发生较长时程的增强或减弱，具体表现为：一是强直后增强，是指突触在接受一连串强制性刺激后，突触后电位发生明显增强的现象。二是习惯化和敏感化，习惯化是指当重复给予较温和的刺激时，思想突触对刺激的反应逐渐减弱甚至消失；敏感化则表现为重复出现较强刺激（尤其是伤害性刺激）使突触对刺激的反应性增强，传递效能增强。三是长时程增强或长时程抑制，长时程增强时突触前神经元受到短时间的快速重复性刺激后，在突触后神经元快速形成的持续时间较长的突触后电位增强；长时程压抑则相反，是指突触传递效率的长时程降低。神经中枢作为处理兴奋信息的功能区域和核心地带，对兴奋的传递和处理具有一定的规律和特点：一是单向传播；二是中枢延搁；三是兴奋的总和，即时间总和与空间总和；四是兴奋节律的改变；五是后发放；六是对环境的变化敏感和容易发生疲劳。神经中枢的神经元通过5种联系方式来处理形成兴奋的刺激：一是单线式联系；二是辐散式联系；三是聚合式联系；四是链锁式联系；五是环式联系。参见杨柳婧、杜睿《基于神经反射传入过程探释思想政治教育内化机制》，《南华大学学报》（社会科学版）2012年第2期。

（1）在神经反射传入过程中，足够形成兴奋的刺激，即构成动作电位。细胞一旦受到一个适当的刺激，发生迅速的一过性的波动，这种波动称为动作电位。

（2）刺激神经引起动作电位的产生，需要一定的强度，能引起动作电位的最小刺激强度，称为刺激的阈值。刺激强度未达到阈值，动作电位不会发生；刺激达到阈值后，就引发动作电位。

（3）中枢兴奋和中枢抑制都是主动的过程，在任何反射活动中，发射中枢总是既有兴奋又有抑制，反射活动才得以协调进行。

"刺激—反应"模式不只是自然界有机体反射活动的存在模式，也是人类社会反射活动的存在模式。人类社会的"刺激—反应"模式，在个人、组织、国家及国际机构等行为体中都存在，甚至可以毫不夸张地说是一种无所不包的行为模式，它从观念、身份、利益三个维度，同时展开、同时进行、同时互动。由于国家间关系本质上是人的关系，国家的对外政策与行动是由代表国家的政治决策者决定的，正如理查德·斯奈德（Richard Snyder）指出的，"将国家定义为官方的决策者是我们的一个基本方法。这些决策者的权威性活动，无论其内容和目标是什么，都代表着国家的行为。国家行为实际上是那些以国家的名义行事的人的行为。"[1] 当然，就国家层面的行为体来说，"刺激—反应"既是政治博弈也是政治斗争，涉及的具体领域远不止这些，国家主权、国家形象、国家利益、外交政策与行动、军事力量、历史问题、权力、宗教、文化、制度等都有大量的经验存在。为了便于分析，我认为可以把制度、政策、信仰、秩序、价值观、历史、文化、形象等归于观念维度，把国家实力、权力等级、国家类属等归于身份维度，把领土、领海、领空、资源、资产、金融、贸易等归于利益维度。

国际关系理论的研究传统往往并不关注具体的现实政治问题，而是从众多具体的历史事件中去抽象出理论或主义，似乎现实政治博弈更多

---

[1] ［美］约翰·加迪斯：《遏制战略：战后美国国家安全政策评析》，时殷弘等译，世界知识出版社 2005 年版；转引自彭洁《认知失调对政治决策者决策的影响——以古巴导弹危机为例》，《内蒙古农业大学学报》（社会科学版）2009 年第 6 期。

第五章 他者主义悖论：相互防范与相互依赖

是属于"兵法"之列，属于战术性质，难以上升到战略层级，够不上理论或主义的范畴。但我们仍需要看到并要研究的事实是：一连串偶然串通了必然，一连串事实塑造了身份，一连串行为形成了互动，一连串行动构成了进程，一连串事件书写了历史。

二 国际关系中的"刺激—反应"模式

对于国际关系来说，国家之间的"刺激—反应"是最常不过的事情了。国家任何对外政策、行动及与之相关的调整都是一种"刺激"他国的方式，甚至调整对内政策及行动在某些时候也是一种"刺激"他国的方式。无论是友好的、合作的、互利的、善意的"刺激"，还是挑衅的、利己的、冒险的、恶意的"刺激"，通常都能比较容易地被对象国"察觉"，并在政策及行动上给予适当的回应（反射）。当国家发起进攻性的"刺激"时，若互动对象的"反应"也是进攻性的，则互动会朝着冲突方向发展；如果一方"刺激"是进攻性的，另一方"反应"是防御性的，则互动会朝着摩擦方向发展；如果"刺激"与"反应"都是防御性的，则互动继续趋于稳定状态。其矩阵结构如下图所示：

S-R	攻	守
攻	冲突	摩擦
守	摩擦	稳定

图5-2 刺激—反应（S-N）模式中的攻守互动与对应状态

资料来源：作者自制。

行为体互动中一系列"刺激—反应"行为，换一种说法就是博弈论，或者也可说是战略学。为什么要引入神经生理学的反射活动特征来分析国际关系，是不是风马牛不相及呢？我们知道，国际关系学的大多数学者都把国际政治实践本源追溯到人性，在现实主义者眼里，人性本恶国际关系的逻辑本源，是"支撑权力政治理论体系的基点"①。而自由主义认为人是客观环境的产物，人性可以改造，把人性本"善"作为逻辑分析的起点，其他如建构主义理论等尽管没有明确认定人性本善或本恶，但都隐含地把人性作为国际关系理论逻辑分析的起点。人性是人的本性，尽管具有难以验证的特性，但不可否认的是，人除了情感、欲望、善、恶等之外，还包含本能一面。比如为了生存，需要粮食和衣物、防御周边可能的危险因素、在群体内部建立规范共识等。而神经生理学是纯粹关于人的本能的科学，具有最直接诠释力。比如，手指触碰到了烧红的铁，手臂会立即往回缩；眼前突然飞过异物，眼睛会立即眨眼等。所以，如果考虑国际关系理论的逻辑分析基点是人性的话，那么最终可以更进一步地追溯到人的本能，即以人的神经生理学上"刺激—反应"中的"动作电位"作为终极理论基点。当然，一般情况下，这种理论基点支撑的终极溯源，现实性并不特别强，也并不特别必要，但深入认识还是有必要的。

我们在神经生理学上"刺激—反应"模式的三个基本特征基础上，对国家行为体之间互动矩阵作进一步的对应说明：

（1）在国际关系中，普通的交流往来不足以构成"刺激"。只有当一个国家在重要利益上受到适当的足够形成兴奋的刺激，迅速在国家的内外政策和行动上有所"反应"，才能构成传动中的"动作电位"。如果一家美国公司与中国公司的贸易中，损失了30%的目标利润，这一般不会引起美国的反应，市场规则会解决问题，但如果中国在某一天突然宣布人民币贬值30%，这个刺激就将是"适当的足够形成兴奋的刺激"，美国就会立即产生"动作电位"反应。

（2）刺激国家引起"动作电位"的产生，也需要一定的强度，刺激强度未达到"阈值"，"动作电位"就不会发生，这个强度还体现在对某些类别刺激的敏感度上。如果伊朗真正只是和平开发利用核能，伊朗核问题对美国和以色列的刺激就不会达到战争"动作电位"的阈值，

---

① 倪世雄等：《当代西方国际关系理论》，复旦大学出版社2001年版，第85页。

第五章　他者主义悖论：相互防范与相互依赖

但如果能确定伊朗一年之内造出核武器或已经造出了核武器，这个"强度"就达到了美国和以色列划定"红线"的"阈值"，美国和以色列就必定会以断然的"动作电位"来应对这个刺激阈值。

（3）在国际关系的任何"刺激—反应"过程中，国家的对外政策与行动也"既有兴奋又有抑制"，互动活动才得以"协调进行"。例如，尽管日本声称对韩国实际管辖下的独岛（日本称竹岛）拥有主权，但如果日本只是造几艘普通军舰，一般不会在韩国引起刺激性的"动作电位"反应，倘若日本派军舰进攻独岛，就会立即引起韩国部署战争的"动作电位"反应。到目前为止日本尚没有派兵攻占独岛，所以日韩互动关系总体上还是保持了"协调进行"。

在国际关系中，承认既是一种直接合法性认可需求，也是一种互动文化共识，因为国家不仅仅是一个物质性实体，也是具有自身特性的文化体。无论"刺激"的直接目的是什么，争取"承认"总是它的一个隐含目的。承认包括合法性承认、利益承认、身份承认和声誉承认。合法性承认不仅涉及国家主权与利益的国际外交承认，也涉及国内政治道路与政权的承认，它塑造和制约着国家的行为，也维系国际体系的稳定；利益承认主要涉及国家间争议利益或未定利益的归属承认，也涉及观念利益的更新与目标利益的合法性承认；身份承认主要是地位承认，即国家在国际体系中的体系身份、在多边组织中的多边相互身份和双边关系中的双边身份承认；声誉承认则是一个广泛涉及国家形象的观念承认，包含了国内治理、外交政策、道德正义、文化、历史、制度等，"外部世界的承认或不承认影响着现代国家自我认同的形塑，反映着自我—他者之间的关系"[①]。

"刺激—反映"是国际政治的试金石，也是国际关系的百宝箱。在"刺激—反应"模式中，不管刺激的方式是什么，即不管具体的"动作电位"来源是出于个人的意志还是国家战略与政策的协调行动，我

[①] 赵俊：《国际关系中的承认：合法性与观众成本》，《世界经济与政治》2011年第4期。

们都必须假定相应的政策或行动是理性的,即假定任何"刺激"的"动作电位"都是有目的的,都是为了寻求他者补偿性承认的对应"反应"。

本章小结

相互防范与相互依赖,不只是自我与他者之间永恒的互动方式,而且是他者主义的重要理论基础。有了相互防范和相互依赖,就会在自我与他者之间永恒性地发生一系列"故事"。有时候,国际政治问题并没有那么明显地复杂,而是简单地表现出他者是否与自我是同族类的他者,其中最重要的衡量指标是观念上具有相同或相似的文化价值观:如果他者与自我文化价值观类同,则相互依赖居多,彼此容易达成合作或容易促进深度合作,双方关系也容易成为伙伴关系甚至是盟友关系;如果不是,则相互防范居多,彼此难以达成合作,更难以达成战略合作,甚至是彼此处于竞争对手关系。

当然,相互依赖和相互防范是相对的。只是看复杂的国际问题时,这样看,可以把复杂问题简单化,把问题的实质看得更准,而在处理问题时,也会依照问题的实质,进行战略性调整和战术性调节。如果在实力上难以形成压倒性优势,就必须考虑在相互防范时进行合作,尽管不是战略上的相互依赖,但至少可以减轻来自他者的战略防范压力。问题是,他者会利用一般性的合作,来持续累积实力,不断汇聚实力并拓展实力范围,以获取可以孤立、竞争、围堵、封锁、破坏、打压、遏制、霸凌或是反孤立、反竞争、反围堵、分封锁、反破坏、反打压、反遏制、反霸凌的能力及相应依托。

在自我与他者之间的"刺激—反应"机制,是揭示国家间关系变化的形象演示。同族之间的自我与他者的"刺激",体现为不断试探的"剑",而得到的"反应"即"盾",则是相互寻求协调、协同、妥协、适应、互利、互助,合作、共赢;非我族类之间的自我与他者的"刺

第五章 他者主义悖论：相互防范与相互依赖

激"，得到的"反应"则是反抗、反制、反击、威胁、破坏以及联合其他的他者进行遏制、围堵、削弱、打压，甚至打消他者的"刺激"念头，进而甚至消灭对方"刺激"能力。

概而言之，自我与他者之间的相互防范与相互依赖，其意义和价值的基础，在于行为体的理性与国际社会的无政府状态。无论是盟友之间还是竞争对手之间，由于他者的存在是一个永恒的客观事实，因而行为体间"刺激"与"反应"的博弈，就成了一个永无休止过程，这构成了历史不断周而复始的演绎，有时候历史会出现惊人的相似性，其直接原因就在于此。

第 六 章

基于他者主义的国家间关系退化的演化向度

纵看人类是历史，横看人类是社会，细看人类是关系。[①] 人类社会和自然社会一样，他者的存在及互动，持续造就了相互关系的存在，造就了组织、规范、国家、政党、国际关系、国际组织、国际社会和国际体系，也造就一切国际关系的历史、现状与未来。事实上，"一切政治及关系状态皆由'他者的存在'造就。"[②] 在无政府状态的国际体系中，由于他者的存在，政治体系与所有的人造体系一样，既可能改善、规范或有序，也可能恶化、失灵或崩溃。同样，国际关系和人的社会关系一样，既有好（合作）坏（冲突）之分，也会有变好（进化）变坏（退化）之分，其中，"关系的断裂可谓关系的极端形态"[③]，但这种极端形态在现实国际政治中却也始终存在。

[①] 以秦亚青为代表的学者，认为国际政治实际上是关系政治，提出关系性是关系理论的核心概念，并以关系世界、知行合一和中庸辩证三个假定为关系性，由此建构了国际政治的关系理论。参见 Yaqing Qin, *A Relational Theory of World Politics*, Cambridge University Press, 2018；秦亚青《关系与过程：中国国际关系理论的文化建构》，上海人民出版社 2012 年版；秦亚青《国际政治的关系理论》，《世界经济与政治》2015 年第 2 期；秦亚青《国际政治关系理论的几个假定》，《世界经济与政治》2016 年第 10 期。

[②] 谢剑南：《他者的存在与国际社会的无政府状态分析》，《东方论坛》2011 年第 2 期。

[③] 苏长和：《关系理论的学术议程》，《世界经济与政治》2016 年第 10 期。

第六章 基于他者主义的国家间关系退化的演化向度

第一节 国家间关系进化与退化的演化之辨

他者的存在及互动，总是处于不断的演化之中。演化是指适应性存在的变化过程和状态，自然界的演化，主要是基于物种的适应性存在。自然界的生物演化路径，有现状（state）、进化（evolution）和退化（degradation）三个向度，国际关系作为国际体系内的适应性关系存在，则与人类社会的其他演化一样，不断随着国家实力变动、观念变异、身份变更、利益变化、格局变换，循着现状（status）、进化（progression）、退化（regression）三个向度进行动态演化。其中的现状，无论自然界演化意义上的现状（state），抑或是人类社会演化意义上的现状（status），都是相对的现状，其内外互动始终存在着竞争与博弈，一旦某方的能量超过维持现状的能量，就会产生量变到质变的明显变化，朝着进化或退化的方向发展。

从本质上来看，人类社会的现状、进化和退化三种演化向度，与自然界的三个向度一样，也是中性的，是一种"物竞天择"的演化状态。现状是一种各方势力与利益较为均衡的相对静态，进化与退化本身并不具有褒义或贬义的内涵，而是描述各种力量之间互相博弈的状态显示，因为在一部分群体的观念中所谓的进化，可能在另一部分群体的观念中是退化的，而一部分群体的观念中所谓的退化，则可能在另一部分群体的观念中是进化的。因此，国际关系的进化或退化与现状一样，在其意义上应作为中性来理解。

然而，在人类社会中，人们总是带有一种"好关系""好秩序"的"进化偏好"心态来看待国家间关系变迁。由于发展的不均衡性、利益的分占性、竞争的恒常性、观念的多样性、身份的退化性、体系的自助性和他者的不确定性等，国际关系除了由冲突向合作进化，也经常由合作向冲突退化，形成国际关系的"康德文化→洛克文化→霍布斯文化"的演化路径，或者"康德文化→洛克文化"，抑或"洛克文化→霍布斯文化",也或"康德文化→霍布斯文化"的演化路径。在围绕广泛意义上的身份而展开的权力与利益竞争博弈中,"当他者对自我权力和利益产生威胁并经常发起挑战,而且这种威胁或挑战的力量能够或试图改变自我的权力、利益的存在状态时,自我就会倾向于采取最严规范、最多手段、最强组织、最大暴力的方式,来维系并巩固既有的支配与控制的结构状态。"[①] 显然,他者与自我的这种竞争与博弈,会导致相互关系的退化,而这种退化从某种程度上来说,又导致了另一部分他者认为的是某种进化。从局部演化来看,退化和进化都是相对的,是针对性的和具体性的,但从历史长周期来看是进化的。当然,这种进化在频繁的退化中,逐步实现的,而且即使是在处于名义上的现当代进化过程中,世界也仍然避免了无数纷争和冲突,这是逻辑的当然,也是现实的必然,背后根本原因都是"他者的存在",而他者的人性和利益诉求,则成为纷争与冲突的直接因素和逻辑起点。

本研究议程抽取国家间关系退化作为研究主题,并非认为退化在文化与观念上是贬义的,只是作为一种演化向度来进行分析。这里的退化主要是指国家间关系从"习得到抛弃"(合作到冲突)的互动过程及结果分析。为理解与分析国际关系退化,本研究沿着"观念→特征→理路"的思路,试图进行相应的国际关系退化及机制分析。为此,首先对退化始自观念进行原因和背景分析,其次对退化的特征进行解读和归纳,最后对退化的路径及机制进行探讨,从而整体分析退化的过程与结果,以及由此形成的国际秩序变化甚至重构。

第二节 退化的指涉性和机制性

国家间关系作为国家间互动形成的一个体系,包括体系结构、行为体(国家)和过程三个基本要素,所以国家间关系首先是以国际体系

[①] 谢剑南:《他者的存在与国际社会的无政府状态分析》,《东方论坛》2011年第2期。

第六章 基于他者主义的国家间关系退化的演化向度

的形态存在的，同时也包括国家间关系及互动过程。因此，国际关系包含三层含义，即国际体系关系（体系结构关系）、国家间关系（多边关系、双边关系）、国际组织关系（国家与国际组织关系，国际组织与国际组织关系）。从既有文献来看，在国家间关系的退化分析中仍主要有两个方面的不足。

一 国家间关系退化的指涉比较模糊

由于学界对国家间关系退化的研究较少，而且往往偏重于对退化的某个方面研究，即主要注重于对抗与冲突的研究，而对于互动关系及过程演绎的研究相对较少。有些学者在研究国家间关系退化时，注重于研究某个方面，有的研究国家间关系退化，如赵广成的《从合作到冲突：国际关系的退化机制分析》[1]；有的研究国际规范衰落，如柳思思的《从规范进化到规范退化》[2]；有的从演化视角研究国际关系退化，如谢剑南、夏雨菲的《国际关系退化的观念、特性及理路：一种演化向度分析》[3]，周方银、何佩珊的《国际规则的弱化：特朗普政府如何改变国际规则》[4]；有的研究全球治理失灵，如秦亚青的《全球治理失灵与秩序理念的重建》[5]；有的研究联盟的衰落和解体，如左希迎的《美国亚太联盟体系会走向瓦解吗》[6]；有的研究身份退化，如刘乐的《理解国际关系中的身份退化》[7]。

对于国家间关系变化动因的关键因素是内生的还是外生的也存在争议。现实主义者通常认为是内生的，如汉斯·摩根索（Hans J. Mor-

---

[1] 赵广成：《从合作到冲突：国际关系的退化机制分析》，世界知识出版社2011年版。
[2] 柳思思：《从规范进化到规范退化》，《当代亚太》2011年第3期。
[3] 谢剑南、夏雨菲：《国际关系退化的观念、特性及理路：一种演化向度分析》，《东方论坛》2021年第4期。
[4] 周方银、何佩珊：《国际规则的弱化：特朗普政府如何改变国际规则》，《当代亚太》2020年第2期。
[5] 秦亚青：《全球治理失灵与秩序理念的重建》，《世界经济与政治》2013年第2期。
[6] 左希迎：《美国亚太联盟体系会走向瓦解吗》，《世界经济与政治》2019年第5期。
[7] 刘乐：《理解国际关系中的身份退化》，《世界经济与政治》2015年第11期。

genthan）认为，人性（权力欲）导致了冲突。① 肯尼思·华尔兹（Kenneth Neal Waltz）作为重要的结构现实主义学者，认为国际关系变化动因是内生的，行为体的作用和相互关系的变化，会内生地驱动宏观结构与国家间关系的变化。② 建构主义和自由主义学者通常认为变化是外生的，如亚历山大·温特（Alexander Wendt）认为，观念赋予身份的存在意义，观念与身份变化，外生地导致了关系变化。③ 玛莎·费尼莫尔（Martha Finnemore）和凯瑟琳·斯金克（Kathryn Sikkink）等人认为，国际关系作为一种社会性存在，其结构状态与互动关系由观念分配决定，因而国际关系变化的动因是外生的。④

无论对于国家间关系的退化议程还是解释框架，在各方面都存在较大的模糊性，因而难以形成系统性的研究，除了进行议题性的研究和分析之外，国家间关系退化及机制分析，甚至被称为是一项"被遗忘的议程"，不仅研究较少，而且指涉模糊且过于分散，还远没有达到理论或范式研究的高度。

二 国家间关系退化的机制性分析不足

在国家间关系退化的机制分析方面，赵广成是较早也是较为系统性进行分析的研究者。他从行为体互动方式切入，认为国际体系结构本质上作为一种规范，提出从身份吻合度来认知政治冲突，他认为，"行为体新旧身份的吻合度决定国际关系规范结构的命运。"他为此提出国家间关系退化的两个重要变量，分别是有效支持和有效压力，认为"进化或退化的关键在于相关行动体支持或反对的有效性"，并由此引入时

---

① Hans J. Morgenthau, *Politics among Nations: The Struggle for Power and Peace*, New York: Alfred A. Knopf Inc., 1985.

② Kenneth Neal Waltz, *Theory of International Politics*, New York: McGraw-Hill, 1979, p. 81.

③ Alexander Wendt, *Social Theory of International Politics*, New York: Cambridge University Press, 1999.

④ Martha Finnemore and Kathryn Sikkink, "International Norm Dynamics and Political Change", *International Organization*, Vol. 52, No. 4, 1998, p. 894.

第六章　基于他者主义的国家间关系退化的演化向度

间维度且观察到,"有效支持度的长期变化趋势决定结构的进退",同时他承认,由于缺失了非意图性结果问题的讨论,对一些现象的解释力因此受到影响。[1]

一些学者尝试从身份的角度对国际关系退化进行机制性分析。刘乐则从身份变化的角度,对国家间关系中的身份退化进行了深入分析,他认为,行为体对特定身份从"习得到抛弃"的过程和状态,形成了身份退化,并把"存在与地位"锚定为行为体身份稳定性的主体坐标,他认为身份有权力型和观念型,分别通过变革与内隐,退化为死亡状态和休眠状态,并以李氏朝鲜在朝贡体系中身份退化的嬗变过程为案例进行论证。[2] 然而,正如大卫·坎贝尔(David Campbell)所指出的,"国家身份总是处于再生产的过程中"[3],因而这种对于身份退化的分析,仍然没有深入分析如何引发国家间关系退化及其退化过程的研究,也就是说没有就身份如何导致的国家间关系退化及其变化,进行系统的机制分析。

有些学者从国际规范方面对国家间关系退化进行相应的探讨。加拿大学者莱德·麦基翁(Ryder Mckeown)认为,语言在国际规范退化的不同过程中,都发挥了重要的行事功能。[4] 麦基翁还专门讨论了规范退化问题,他以美国滥用酷刑为例,认为已经内化了的规范也存在可逆性。[5] 柳思思对国家间关系中的规范变化(从进化到退化)进行了分析,探讨了规范退化理论的内在逻辑,认为"规范内化的非恒久性导致规范退化成为可能",并从规范间竞争、指涉对象消失与博弈性质改

---

[1] 参见赵广成《国际关系的退化机制分析:一种解释框架》,《教学与研究》2011年第5期;赵广成《国际关系的退化机制分析:一项研究议程》,《世界经济与政治》2011年第1期;赵广成《从合作到冲突:国际关系的退化机制分析》,世界知识出版社2011年版。

[2] 刘乐:《理解国际关系中的身份退化》,《世界经济与政治》2015年第11期。

[3] David Campbell, *Writing Security: United States Foreign Policy and the Politics of Identity*, 2nd edition, Minneapolis: University of Minnesota Press, 1998, p. 12.

[4] Ryder Mckeown, "Norm Regress: US Revisionism and the Slow Death of the Torture Norm", *International Relations*, Vol. 23, No. 1, 2009, p. 11.

[5] Ryder Mckeown, "Norm Regress: US Revisionism and the Slow Death of the Torture Norm", *International Relations*, Vol. 23, No. 1, 2009, p. 7.

变、国家属性改变、时空环境变化等四个方面对规范退化进行了探讨。① 周方银、何佩珊从国际规则的弱化的角度，以特朗普政策如何改变国际规则为具体研究对象，对国家间关系退化中的国际规则退化进行了深入探讨，认为"造成国际体系中规则弱化的现象，对国际规则的长期有效性将产生深刻影响。"② 上述这些不同方面的探讨，为我们分析国家间关系退化及退化机制分析提供了有益参考。

总体而言，由于所有围绕国家间关系退化的分析，都必然围绕行为体（国家）行为及互动关系为中心。因而，把对国际关系退化的分析依托在某一方面或某一个点上，不仅会带来分析中的疏漏，也显然会带来机制分析的不足。同时，由于"国家也是人"③，国家间关系退化的分析指涉，不仅要涉及权力与利益，也必然涉及身份与观念，还会涉及规范和道德等各方面的因素。因而，对于国家间关系退化机制分析，不仅需要从合适的角度切入，也需要进行全面的、系统的理论梳理和学理性的机制分析。

第三节　国家间关系退化的观念问题

国际社会在关注国际关系变化时，由于总是倾向性地带有一种内在文化价值观上的进化观念，往往不愿或者较少从退化角度来分析已经发生的、正在发生的或将要发生的变化。在合作与冲突的分析中，人们普遍关注的是合作的条件和冲突的原因，较少深入分析合作的原因和冲突的条件，因而可能对合作的范围、程度、持续性以及冲突的领域、强度、转圜性等，产生不确切的理解和预测，甚至存在主观上的曲解、费

---

① 柳思思：《从规范进化到规范退化》，《当代亚太》2010年第3期。
② 周方银、何佩珊：《国际规则的弱化：特朗普政府如何改变国际规则》，《当代亚太》2020年第2期。
③ ［美］亚历山大·温特：《国际政治的社会理论》，秦亚青译，世纪出版集团、上海人民出版社2008年版，第XXV—XXVI页。

第六章 基于他者主义的国家间关系退化的演化向度

解和误解。因此,在国家间关系退化的演化向度中,需要从不同方面分析国家制度、实力变化、地缘政治、身份角色、规则的内化与外溢等因素对国家间关系退化带来的影响,从而更有针对性地分析这些因素引起的权力与利益的变化所带来国际关系的变化。这实际上涉及国家间关系不断动态演化的一个重要变量——观念,基于此,本书在分析国家间关系退化时,先从观念入手进行分析。

一 观念的概念与特性

观念是指行为体对自我、他者及社会世界的看法。从内容上看,观念是对身份、权力、利益、文化与价值观、意识形态及地缘政治经济等看法的综合体现,总体上可视为身份的附着物,既具有稳定性,也具有变化性。在社会关系中,由于体系性观念结构具有个体性观念难以企及的一致性、连续性和稳定性,因而体系性观念在国际社会中会发挥更大作用。观念的建立和维持有赖于一定的社会情境,所以社会情境既是观念建构的结果,也是观念解构与再建构的原因。秦亚青认为,"国家之间的互动首先基于国家独立的自我组织、自我意识和自我界定。"[①] 由此而言,观念在功能上,"可以作为对社会事实进行判断的价值依据和参考标准。"[②] 从认知的角度来看,观念本身天然具有自我镜像意义上的正面和负面两个向度,并且两者由于意识形态和文化价值等的差异性而具有冲突性,在此基础上形成的体系性观念结构,也不可避免地具有对抗性和非稳定性,需要不断通过言说、行动支持(或反对)以及权力结构制约等,去证明、被接受或解构。

观念在利益变量引起的制衡及行为体能力分布不平衡加剧的情况下十分重要,直接导致行为体之间互动方式的改变及体系秩序的变革。换言之,国家间关系的进化或退化是循着"观念→态度→政策→行动"的路径发生的,从这一角度看,国家间关系退化是观念变化的产物。这

---

① 秦亚青:《国际政治关系理论的几个假定》,《世界经济与政治》2016年第10期。
② 刘乐:《理解国际关系中的退化》,《世界经济与政治》2015年第11期。

可从社会建构主义理论中得到印证，建构主义在解释体系变化时，认为行为体具有先验身份，行为体在互动之前，行为体的属性特征已经存在。[①] 在行为体之外，国际体系包括结构和过程两个维度，最终利益的确定主要基于行为体的身份界定，而身份的确定主要基于行为体的观念界定。然而，社会建构主义理论相对于结构现实主义来说，显得过于超脱，对国际政治和国际秩序的发展与变化，明显缺乏令人着迷的预测力，也明显忽视了观念所具有的时代性、时空性、时局性与预期性的作用，对利益的正当性和身份的变化性也缺乏令人信服的论述。

下面我们就观念的特性进行分析。

（1）观念的时代性。观念的时代性主要是指不同时代的主流观念具有不同特性。如在殖民时代，奴隶贸易并不被西方主流社会认为是罪恶的，在帝国主义时代，掠夺和征服是西方国家中盛行的一种观念。从文明史角度来看，国际体系至少经历了数千年，但真正意义上国际体系的拓展与相对定型，只是数百年的时间。现代国际体系普遍被认为是从威斯特伐利亚体系开始的，从威斯特伐利亚体系到维尔纳体系、凡尔赛—华盛顿体系再到雅尔塔体系，从封建王朝体系发展到现代民族国家体系，从分散的区域小体系发展到全球化大体系，同时国家的国内组织管理属性也经历了从专制到民主的过渡，这就使得世人对国际关系和世界秩序及其变化所持有的观念也发生了相应巨大变化。当今时代的主流观念仍然体现为以和平和发展为核心，国际关系秩序总体体现出互利、合作、共赢的发展态势。这在理论上也得到了反映，例如冷战后期开始兴起的建构主义是典型的理念主义，属于人类认知世界的观念（国际关系理论）范畴，但是理念主义不是空中楼阁，理念主义的基础始终是物质性的，国际体系和关系结构的变化，必然促使观念发生变化，也即观念的时代性伴随着体系、关系、结构以及行为体互动的过程与结果的变化而变化，并对行为体的身份属性随时加以界定。

[①] Patrick T., Jackson and Daniel H. Nexon, "Relations Before States: Substance, Process and the Study of World Politics", *European Journal of International Relations*, Vol. 5, No. 3, 1999, pp. 291–332.

第六章　基于他者主义的国家间关系退化的演化向度

（2）观念的时空性。观念的时空性是指观念是身份与利益的集中反映，其物的属性不以时空转换而变化。不同行为体在相似条件下，在互动中因为观念不同采取的政策可不一致，而同一行为体在不同条件下，在互动中持有的观念也可以是相异的。地缘政治、实力升降、文化传统、体系格局、社会进化等都是观念的时空性变化因素。总体看来，谋求权力、维持均势、搭便车、安全共同体、一体化是观念时空性的五种基本模式，在社会连带主义兴起后，观念的时空性又出现了第六种基本模式，即"拯救陌生人"[①]。在国际关系的实践中，这六种基本模式每一种都既可以是目的，又可以是达到目的的手段，因此都包含了国际关系变化的某些退化基因。如美国在第二次世界大战后，在拯救陌生人的问题上，先后进行了多次行动，1991年1月发动"沙漠风暴"行动，宣称的目的就是"拯救科威特"，在2003年美国又发动了"拯救伊拉克人民"的伊拉克战争。[②]

（3）观念的时局性。观念的时局性是指行为体对国内国际时局的看法与态度（包括前瞻性、适应性和滞后性）。对于国际体系中的大国来说，观念的时局性尤为有意义，大国关系实际上往往取决于国内政治精英的时局观。由于时局本身总是不断处于演绎变化中，因而行为体的时局观念也总是处于变化或待变之中。在一段时期内，尽管国家的时局观时有修正，但通常总体保持相对稳定，因此观念本身可以被视为一种实实在在的体系文化、结构文化、关系文化、秩序文化以及某种意义上

[①] 多元主义思想在早期英国学派学者那里根深蒂固。赫德利·布尔（Hedley Bull）后期思想为多元主义打开了通向社会连带主义的小口子，在他之后，从约翰·文森特（R. J. Vincent）到尼古拉斯·惠勒（Nicholas Wheeler），社会连带主义的倾向更加突出了。文森特从20世纪70年代开始转向社会连带主义，他在1984年出版的《人权与国际关系》一书中，反驳了文化人类学对于人权观念的多样化解释，主张最低限度的普遍人权。惠勒在此基础上，提出了人道主义干涉的理论观点，即"拯救陌生人"的观点。参见R. J. 文森特《人权与国际关系》，凌迪等译，世界知识出版社1998年版；Nicholas J. Wheeler, Saving Strangers, Humanitarian Intervention in International Social, Oxford: Oxford University Press, p. 2000.

[②] 美国出兵进行伊拉克战争的理由主要有三：一是所谓的伊拉克拥有大规模杀伤性武器，美国要"解除伊拉克武装"；二是要"解放伊拉克人民"；三是伊拉克是支持恐怖主义国家，美国要"先发制人"。这三点理由显然都是站不住脚的。参见刘青建《当代国际关系新论——发展中国家与国际关系》，清华大学出版社2004年版，第232—235页。

的发展文化（如日本视日美同盟关系为发展基石），在此情形下，政治精英的前瞻性时局观念需不断内化于政策，但同时也应为可能的不当政策负责。然而，在现实发展中，观念的时局性天然具有现实主义的烙印，但也常常伴随着不现实的理想主义色彩。如在1946年，美国研究中国的开山鼻祖费正清（John King Fairbank）实地考察了中国共产党控制下的张家口后，在美国重要的外交刊物《大西洋月刊》上发表《1946：我们在中国的机会》一文，他预言不了解中国情况的华盛顿如果一意孤行，继续支持蒋介石政权的话，美国将会被中国老百姓从中国赶出去。① 历史证明了他的正确判断，美国对华观念没有跟上中国国内局势迅速发展状况及趋势，直接导致了日后与共产党新中国政权关系的退化乃至成为敌对国家。

（4）观念的时效性。观念的时效性指观念随时间发展而具有转变、强化或弱化三个维度。在国际政治中，有一个重要但通常不可贸然尝试的信条就是，"如果你把他看作一个敌人，他就可能变成一个真正的敌人。"② 然而，悲观的是，这种"自我证实的预言"在国际关系中屡屡上演，伴随这种观念退化的背后，往往紧随着敌视性舆论、保守性政策和攻击性行动。达亚·克里斯纳（Daya Krishna）指出，"当一种国际规范或集体记忆被假定、预言将呈现何种状态、将向何种方向发展时，由于有关国家有可能按照'预言的逻辑'进行相似的话语实践和外交互动，结果被预言的东西往往变成为现实。"③ 从一定意义上说，国际关系的退化首先是行为体对体系及对他者关系观念的退化，尤其是霸权国对崛起国在崛起中的警觉、猜疑和恐惧，会使霸权国在观念上不断强

---

① 费正清从20世纪40年代末开始先后撰写了《认识中国》等多篇有关公众形象与中美关系的文章，作为打破中美关系研究旧框架的突破口。他在20世纪70年代以前，曾为许多有关中国的著作作序，表露其观点，这些著作包括乔治·凯兹的《昔日丰年：传统中国的最后时光》、埃德加·斯诺的《红星照耀中国》、格拉姆·派克的《两种时光》、保尔·弗里尔曼和格拉姆·派克的《中国：难忘的生活》等。参见李正国《当前国内学术界对国家形象的研究现状》，《宁夏党校学报》2006年第1期。

② 刘靖华：《霸权的兴衰》，中国经济出版社1997年版，第288页。

③ Daya Krishna, "The Self Fulfilling Prophecy and the Nature of Society", *American Sociological Review*, Vol. 36, 1977, pp. 1104–1107.

化战略对抗和遏制打压态度,并且持续诉诸政策和行动,从而霸权国和崛起国的结构性关系退化难以得到有效转圜、遏止和进化。美国前副总统华莱士曾认为,战后初期的美苏对抗之所以发生,一个重要的原因就是,美国没有把和平的真实意图告诉斯大林,斯大林也误解了美国一系列行动的意图,并采取了针锋相对的措施,美苏两国在各自的话语体系中建构了对方的"邪恶帝国形象",结果恶性反复,以致酿成冷战。①这反映出,当共同的敌人威胁不再是盟友的主要纽带时,相互认知观念的保守性就会显露出来,观念的退化性也会被激发出来,美苏由反法西斯盟友关系向敌对的冷战关系退化,与双方在彼此镜像认知上的观念退化具有直接关系。

二 国家间关系退化始自身份观念

在国际关系中,身份是观念结构中的一个核心概念。在社会建构主义者温特看来,身份作为观念性概念,是指"可以产生动机和行为特征的有意图的行为体的属性。"② 身份作为与他者互动的镜像存在,根植于行为体的自我领悟,身份因行为体互动而存在,并随着互动的变化而变化。③ 观念源于身份也塑造身份,身份建构观念也解构观念,对国家利益基础上的权力与声誉始终持有高度敏感性。"每个国家的'自我'认识或'自我'身份的确立,都以不同的'他者'作为参照物。"④ 不过,"尽管国家身份有国内建构的一面,但建构国家身份和利益的观念,在很大程度上是由国际体系层次无法还原的整体规范结构造就的。"⑤ 因而,观念之于国家间关系,对于自我镜像意义上的正面观

---

① 郭树勇:《建构主义与国际政治》,长征出版社2001年版,第191页。
② [美]亚历山大·温特:《国际政治的社会理论》,秦亚青译,世纪出版集团、上海人民出版社2000年版,第282页。
③ Ronald. L. Jepperson, Alexander. Wendt and Peter. J. Katzenstein, *Norms, Culture and Identity in National Security*; Peter J. Kartzenstein ed, *The culture of National Security, Norms and Identity in World Politics*, New York: Columbia University Press, 1996, p. 59.
④ 田庆立:《试论"他者"认识与日本中国认识形成的内在机理》,《日本学刊》2011年第6期。
⑤ 谢剑南:《国家的身份属性与身份退化》,《东方论坛》2013年第2期。

念或负面观念两个向度、对于国家间关系的进化或退化两个进度、对于国际格局的和平或冲突两种秩序，始终具有重要指标性价值。

在温特的建构主义中，国家身份按属性分类可分为类属身份、角色身份和集体身份三种类型。① 其中最重要的是角色身份，国家的角色身份可进一步分为体系身份、多边身份和相互身份。② 与之相对应，国际关系可分为体系关系、多边关系和双边关系。对于异质身份行为体所具有力量增长的担心、投射或扩展的恐惧，容易形成对抗性观念，进而影响国际关系变化，尤其是具有竞争性或利益冲突性较大的双边关系的剧烈变化。

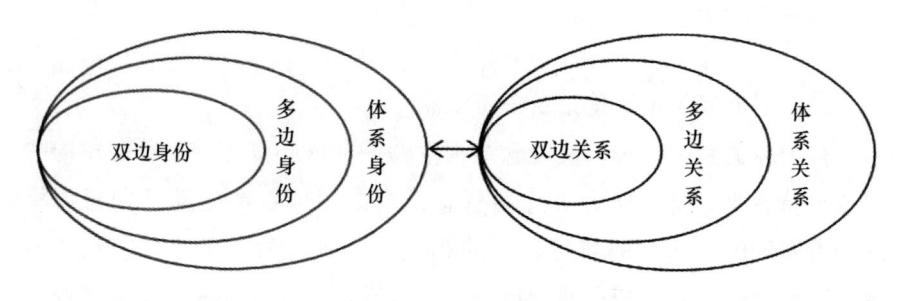

图 6-1 国家身份与国际关系的映射图

资料来源：作者自制。

说明：基于身份属性基础的观念特性，很大程度上影响国家间关系状态及其变化。就国家间关系退化而言，观念在对外政策上影响甚大：在体系关系层面，从开放主义退化为保守主义，在对外政策和行动上倾向于不积极参与的孤立主义；在多边关系层面，从多边主义退化为单边主义，在对外政策和行动上倾向于本国利益优先的利己主义；在双边关系层面，从互利合作退化为脱钩对抗，在对外政策和行动上倾向于遏制打压的进攻性现实主义。

从价值倾向的一致性来看，身份与观念一样，均反映国家的文化特

---

① [美] 亚历山大·温特：《国际政治的社会理论》，秦亚青译，世纪出版集团、上海人民出版社 2000 年版，第 282 页。

② 谢剑南：《国家的身份属性和身份退化》，《东方论坛》2013 年第 2 期。

第六章　基于他者主义的国家间关系退化的演化向度

性。身份具有利益属性,本身包含利益成分,但又不能简单还原到利益,主要体现于身份的文化特性,而利益的文化特性几乎由观念支配,并且两者相互建构,也相互影响。杰费里·杰克尔(Jeffrey T. Checkel)认为,观念与身份具有当然的一致性,由此衍生出国家文化因素(观念、规范)与国际规范的"文化匹配",并且集中反映了国家文化特性的价值。[1] 秦亚青认为,"自我的个人利益总是与他者的个人利益、集体利益相关联。"[2] 不同身份折射不同利益,"无论自我与他者关系的远近与否,一个确定的自我与一个确定的他者,其身份与利益总是有别的。"[3] 温特的社会建构主义在研究国家的身份、利益、行为时,建构了其经典核心理念,认为行为体的身份决定偏好,偏好界定利益,利益决定行为。[4]

按照温特的观点,身份形成有两种逻辑,一种是竞争主导的自然选择,另一种是以模仿和社会习得为主要机制的社会选择。[5] 同时,有两种观念可以进入身份,一种是自我持有的观念,一种是他者持有的观念,因此,观念具有相对稳定性和绝对可变性的双重特性。[6] 身份的嬗变,正在这两种观念的变化引起身份的适应性变化,当这两种观念保持动态性一致时,对于巩固和发展良好的国际关系具有积极意义,当这两种观念相左、对立甚至冲突时,国际关系就会出现退化或退化的倾向。在这个过程中,由观念支配的身份关系的维护或改变,在决定国际关系进化或退化发展方向方面,起着至关重要的作用,而由身份关系所相对确立的权力关系,在特定时期(如预防身份退化)则可成为令人敬畏

---

[1] Jeffrey T. Checkel, "Norms, Institutions and National Identity in Contemperary Europe", http://www.arena.uio.no/publications/wp98_16.htm.

[2] 秦亚青:《国际政治关系理论的几个假定》,《世界经济与政治》2016年第10期。

[3] 谢剑南:《他者的存在与国际社会的无政府状态分析》,《东方论坛》2011年第2期。

[4] Alexander Wendt, *Social Theory of International Politics*, Cambridge University Press, 1999, p. 190.

[5] [美]亚历山大·温特:《国际政治的社会理论》,秦亚青译,世纪出版集团、上海人民出版社2000年版,第312—327页。

[6] [美]亚历山大·温特:《国际政治的社会理论》,秦亚青译,世纪出版集团、上海人民出版社2000年版,第282—289页。

的力量。

无论在社会关系结构还是国际体系结构的建构中,观念形成主要有两种逻辑,其一是自我选择,其二是社会选择,基于同样的逻辑,观念的改变也主要是这两种选择,前者偏重于自身的历史文化传统,后者偏重于国际社会的发展情势,两者同时作用于身份特性的维持或变化。与此同时,身份形成也有两种逻辑,其一是自然选择,其二是社会选择,同样基于相同的逻辑,身份改变也主要通过这两种选择,前者偏重于身份的物质性,后者偏重于身份的情感性,两者同时作用于身份的进化(建构)或退化(解构)。身份的进化或退化,与一国的国家实力、意识形态、地缘环境、政策取向和发展潜力等密切相关。以亨利·泰费尔(Henry Tajfel)为代表的学者认为,理智的社会行为需要情感要素的支持,情感施动性作为人类重要的施动能力,情感要素(观念)在身份的形成、塑造和改变中发挥巨大作用。他认为,社会身份不仅包含所属群体的情感意义,更重要的是,自尊等情感需求还是社会身份形成的主要动力。[1] 因此,理解国家间关系变化,尤其是国际体系和平时期国际关系进化或退化的变化,不仅要从利益角度,尤其要从身份与观念相融合的角度,理解国家为利益、自尊、声誉而采取的立场、政策及行动。

三 观念退化的缘由与影响

许多学者把国家间关系退化的原因归于"威斯特伐利亚之盾"的副作用。如帕斯卡尔·拉米(Pascal Lamy)就认为,"'威斯特伐利亚之盾'可以让所有国家对来自国际体系的任何要求置之不理,并把这些为了保障人类更长期生存而提出的要求,视为干涉其内部和民族事务。这种主权挡箭牌难以刺穿。"[2] 然而,国家间关系退化原因远比"威斯特伐利亚之盾"这个解释要复杂得多,具有相当大的复杂性,涉

---

[1] 季玲:《重新思考体系建构主义身份理论的概念与逻辑》,《世界经济与政治》2012年第6期。

[2] [法]帕斯卡尔·拉米:《应对危机需刺穿"主权挡箭牌"》,《参考消息》2012年10月10日第10版。

第六章 基于他者主义的国家间关系退化的演化向度

及的不只是领土、领海、领空的问题,还有权力、利益、安全、经济、军事、制度、历史、文化、传统、科技、价值观、信仰、声誉、种族、体系结构、道义和资源等诸多干预变量及因素。

概括来看,国家间关系退化主要有三类原因:一是利益变量成为直接冲突的理由,二是行为体能力分布不平衡的加剧,三是行为体观念的变异性与极端化(主要是形而上学化与意识形态化)。多数时候,多边国家间关系的退化主要由于权力和利益以及在此基础上的身份,而非威胁和恐惧,一般意义双边关系的退化,多数时候主要是由于利益、身份、权力和冒犯,尤其在霸权国与崛起国之间,关系退化的原因除了权力、利益、身份、制度竞争之外,还有恐惧、威胁、文化价值、意识形态等观念上的认知偏差。为了便于分析,我们把国家间关系退化的原因分为战略原因和具体原因,战略原因主要有战略抱负、意识形态、价值观、制度等因素,具体原因主要有领土领海争执、历史恩怨、民族问题、外交冒犯、利益摩擦等因素。尽管观念具有较强的稳定性、连续性和长期性,但在现实中,任何一个战略竞争原因或具体事件原因都可能触发观念认知的改变,进而引发政策改变甚至出现激烈竞争、对抗甚至冲突。尤其值得指出的是,人们往往从历史中寻求借鉴,然而对历史事实及经验持有的不同解读与不同观念,在大国竞争中也会成为关系退化的一个重要诱发因素。尼克·比斯利认为,"过度自信地解读历史,意味着以危险的方式加速走向对抗。"[①] 显然,对于所谓的"修昔底德陷阱"的不同看法,既带来了面临冲突的警示,也带来了必然冲突的观念。

在现实中,具体在某一时期,对国家间关系退化起作用的可能是主体性的单一性变量,有时也可能有多种变量。如果一种直接性变量牵扯到其他一直存在但隐忍未发的尖锐性变量时,就会使国家间关系的退化更为直接,也更为严重,而任何后退或恢复原来的国家间关系都面临来

---

① [澳] 尼克·比斯利:《中美对抗并非"冷战2.0"》,《参考消息》2020年8月28日第14版。

自国内外的巨大压力，从而使退化的国家间关系长期化、僵持化，甚至造成"脱钩"或"新冷战"。而无论引起关系退化的何种主要原因，都会转化到认知上，当一方观念上的关系退化认知一旦形成，就会在行为体的对外政策和行动上有所反映，他者也会很快感知，彼此关系的观念退化使行为体的关系认知向敌对观念转化，国家间关系的退化从而成为可能。

在基于身份认同引起的国家间关系退化中，观念发挥着至关重要的作用。从观念角度来理解自我身份与他者身份，最核心的是自我是否在观念上认同他者身份。观念上的身份认同，有助于有效维持国家间关系现状或促进进化，观念上的他者异质身份，相比而言，其国家间关系更具有敏感性和脆弱性，更易导致国家间关系退化，并且在政策与行动上，可集中反映在决策者所持有主观观念中。诚如罗伯特·杰维斯所指出的，"如果不考虑决策者对世界的看法以及他们对别人持有的形象，那常常是无法解释至关重要的决定和决策的。"① 因而，决策者所持有的观念，在国家间关系退化中发挥着引领、催化、转圜的重要作用，不同决策者所持有的不同观念，往往成为国家间关系是否退化、如何退化以及退化程度的风向标。

国家间尤其是大国间的国家间关系退化对国际体系的互动、结构和进程产生重要影响。温特认为，在体系的进程与行为体的互动中也包含了结构变革的潜能，世界政治理论不但包括单位（微观）层次和体系（宏观）层次，还包括第三个层次，即互动层次。② 尽管体系结构的无政府文化与主权之盾无时无刻不制约着国家无限扩张的欲望，并且历史经验也一再验证了国家无限冲动的前方注定是无底深渊。但结构也具有二元性，结构一方面限制行为体的互动，另一方面又使行为体的行动成为可能，行为体与结构统一在人与国家的社会实践中。当利益变量成为制衡的理由，行为体能力分布不平衡的加剧，以及相随而来观念的转折性改变，那么行为体互动方式及博弈程度也会随之转变，无疑会造成国

---

① ［美］罗伯特·杰维斯：《国际政治中的知觉与错误知觉》，秦亚青译，世界知识出版社2003年版，第18页。
② 李开盛、白云真：《国际关系理论流派概论》，浙江人民出版社2009年版，第246页。

家间关系的退化，也会造成国际秩序的动荡。当原有力量的某种均势结构被破坏，又会在动荡之后以新的方式建立新的平衡。换言之，当原有体系结构无法满足或无法制约行为体的冲动时，新的体系结构和新的国际秩序将会应运而生。这也比较合理地解释了即使没有共时性外部"他者"的支持或制约，国家也有可能生成或消亡（在现代可能性很低了），国家间关系也会有进化或退化的不同演化，即使没有战争的洗礼，经济全球化、区域一体化，新兴大国崛起及国际新秩序的出现也会成为可能。

第四节　国家间关系退化的表现特征

　　国家间关系退化作为国际体系关系内的一种变动，牵动体系结构及秩序发生相应变化。由于体系结构由行为体的动态互动和过程组成，因而行为体互动是体系结构变化的内生动力，具有历时性与非先验性，而结构的变化则有赖于行为体的互动方式及结果，具有共时性与反复性。肯尼思·沃尔兹（Kenneth N. Waltz）的结构现实主义，着重研究了结构对行为体的影响与约束力，认为结构决定着体系各部分的安排或排序，也决定着国家间的关系，他认为，"结构的概念建立在这样一个事实基础上：以不同方式排列组合的单元有不同的行为方式，并会在互动中产生不同的结果。"[1] "国际关系是一种动态的存在，在行为体之间互动的作用下，'结构'每时每刻都在'过程'中发生着变化，任何两个时间点上的结构都不可能完全相同……国际关系的真实存在方式是'过程中的结构间关系'：在行为体之间社会化互动的作用下，过程对结构施加影响，结构反过来对过程进行制约。"[2] 在建构主义的观点中，任何社会体系的结构都包含三个因素：物质条件、利益和观念，国际体

---

[1] Kenneth N. Waltz, *Theory of International Politics*, McGraw-Hill Higher Education, 1979, p. 81.

[2] 赵广成：《从合作到冲突：国际关系的退化机制分析》，世界知识出版社2011年版，第86—88页。

系结构由国际共有观念分配决定，观念的变化和规范的变更是体系转型的主要动力。[1] 从建构主义这一视域出发，可以推断，观念的变化通常不限于既有利益的限制，并且一般先于身份的变化，但身份的变化却受限于利益范畴的限制，且往往滞后于利益的变化。

关系结构与体系秩序一旦定型，就具有相当大的稳定性，这种相对稳定性可以视为一种给定的状态。这种假定给定状态下，对于分析国际关系退化具有重要意义。在国际体系中，从行为体类型来说，国际关系退化中的对应行为体有：霸权国与崛起国、霸权国与大国、霸权国与中小国家、大国与大国、大国与中小国家、中小国家与中小国家，这六类退化关系因行为主体不同，退化的机制性特征也有较大区别。当行为体在谋求权力、利益、优势和进一步构建体系的目标身份过程中，会对其他行为体的利益及既有国际秩序构成挑战，进而招致体系结构性张力的反弹，各种制衡性变量也因此浮现出来，当来自体系内及行为体内部的有效支持度与有效压力的平衡度趋向不稳定状态时，身份退化与国际关系退化都会由此成为一种必然。

一　国家间关系退化的特征

围绕利益、权力、秩序、制度和道义等，国际关系总是呈现出多方面、多层次的状态与特征，因而对于国际关系的分析也有诸多描述、解释与预测。在此，仅以进攻性现实主义作为国际关系退化研究的一个脚注性分析。进攻性现实主义[2]的代表人物主要有约翰·米尔斯海默（John Mearsheimer）、克里斯托弗·莱恩（Christopher Layne）和埃里

---

[1] Alexander Wendt, *Social Theory of International Politics*, New York: Cambridge University Press, 1999, pp. 139–205.

[2] 与进攻性现实主义相对应的是防御性现实主义。两者的主要分歧，在于无政府状态的具体意义、国家对此所作的反应以及国家如何才能获取安全等问题上。如进攻性现实主义认为国家通过最大化地占有世界权力的份额而获取安全；防御性现实主义却认为国家可以通过维系和保护好现有的均势而获得安全。（参见白云真、李开盛《国际关系理论流派概论》，浙江人民出版社2009年版，第152—153页）由此可看出，本质上，进攻性现实主义强调威胁、权力与突破现状，防御性现实主义强调均势、稳定与安于现状。此外，需要了解的是，进攻性现实主义并非等同于先发制人战略，一国攻守平衡的意义也不等同于体系的攻守平衡，即使是冷战时期美苏两国之间的攻守也不能说就是国际体系两大阵营的攻守。

第六章 基于他者主义的国家间关系退化的演化向度

克·拉布斯（Eric J. Labs）等学者。[①] 米尔斯海默于2001年出版了《大国政治的悲剧》，正式推出了进攻性现实主义。米尔斯海默等学者接受了结构现实主义的多数假设，并在结构现实主义的基础上发展出来较系统的进攻性现实主义理论。该理论认为国际政治中几乎不存在维持现状的国家（尤其是大国），大国的终极目标是成为所处国际体系中的霸权国。米尔斯海默认为国际体系的三个特征导致了国家间相互提防：缺乏一个凌驾于国家之上并能保护彼此不受侵犯的中央权威；国家总是具有用来进攻的军事能力；国家永远无法得知其他国家的意图。[②]

米尔斯海默的进攻性现实主义对于研究国际关系退化机制分析具有重要意义，因为进攻性现实主义是国际关系理论中具有极性倾向的理论，而且该理论属于霍布斯式自然体系状态的分析范式，因而对于认识与研究国家间关系退化机制具有重要意义，也让我们比较容易理解国家间关系为何退化、如何退化，尽管严谨地分析起来总是具有这样那样的纰漏与不妥之处。清华大学学者赵可金认为，从科学研究纲领的角度来看，米尔斯海默的进攻性现实主义是一种"退化的现实主义纲领"，他总结出进攻性现实主义表现的五大特征[③]：

①对国际行为体的定位从国家退化到大国；
②国家追求权力退化为国家追求权力最大化；
③在无政府状态的判断上从安全困境发展为生存困境；
④在权力的理解上从综合实力退化到军事实力；
⑤在国际政治的悲观认识方面走上了极端的悲观。

由此，国家间关系退化的简化路径图就是：一旦国家认识到自己所处体系内确实存在较大的主权利益困扰和安全威胁时，并且当预期利益超过成本时，国家就会抓住这一机会，进行权力寻租或直接谋求权力，

---

① Eric J. Labs, "Offensive Realism and Why States Expand Their War Aims", *Security Studies*, Vol. 6, No. 4, 1997, pp. 1–49.

② [美] 约翰·米尔斯海默：《大国政治的悲剧》，王义桅等译，上海人民出版社2003年版，第3页。

③ 赵可金：《进攻性现实主义的理论逻辑及其批判》，《复旦学报》（社会科学版）2004年第5期。

此时国家间关系的双边退化或多边退化就成为一种现实,甚至直接走向军事对抗与冲突。这也就是国家的国内外有效支持与有效压力的相对稳定出现了失衡性因素,攻守平衡中出现了不稳定的结构性变量,从而逐步形成退化的国家间关系。有效支持与有效压力具有顽强的持续性,一般不会在短期内消退或者改变,从而使国家间关系的退化过程中产生了某种必然的惯性,使持续性退化关系在所难免,甚至可能因为偶发性原因而更加恶化、崩溃,原有的双边或多边关系合作机制业也会失灵,强势国家在对外关系上就会倾向于走向强权主义和霸凌主义,弱势国家在对外关系上就会强化自身不对称实力,并且更加倾向于均势政策,借助依附、联盟或搭便车的方式以对抗强势国家。

当出现难以调和的爆发性矛盾(往往是主权性矛盾或结构性矛盾)时,国家间尤其是大国间围绕权力与利益的多维竞争难以避免,而竞争的全面化将进一步使竞争政治化,国际关系(尤其双边关系)便有可能急剧恶化,双方彼此观念中的认知就更可能滑向不断固化的最坏镜像,并且都认为自身的对策是占理的且必要的,这容易导致形成互不相让的全面竞争与对抗状态。特别是互动中的结构性矛盾突出时,一方施动者原有潜在性的固化观念短时间内迅速发酵,在国际有效支持与有效压力相对不变的情况下,来自国内的有效支持极易转化为强大的有效压力,一国政府将必然会对对象国采取强硬政策,甚至使两国关系退化到直接的军事对决。针对他者的政策与行动不一定与进攻性现实主义等同,但却具有进攻性现实主义的烙印。在国家间关系中,双边关系的退化比多边关系的退化要更经常、更频繁,对行为体与结构秩序的影响也要大得多,实际上,多边关系的退化往往都是以双边关系的退化为原因与条件的,如2020年7月,美国退出世界卫生组织(WTO),宣称的主要理由就是主观认为世卫组织"偏袒"正与美国展开战略竞争的中国。

由此,总体来看,国际关系退化主要表现在十个方面:

①身份上的退化:由盟友、伙伴、朋友,退化为对手、敌手、敌人。

②观念上的退化：由友好、互信、合作，退化为互疑、互防、互斗。

③情感上的退化：由欣赏、喜欢、推崇，退化为敌视、厌恶、贬损。

④安全上的退化：由同盟国、安全共同体，退化为互视威胁、安全困境。

⑤战略上的退化：由和平竞争、合作共赢，退化为追求实力、谋求优势。

⑥机制上的退化：由规范、制度上的建构，退化为规范、制度上的解构。

⑦民意上的退化：由有效支持、亲善合作，退化为舆论攻击、激烈声讨。

⑧外交上的退化：由相互支持、友好往来，退化为彼此攻防、拒不退让。

⑨政策上的退化：由淡化矛盾、搁置争议，退化为强硬因应、针锋相对。

⑩行动上的退化：由互动往来、合作互利，退化为遏制打压、脱钩对抗。

值得指出的是，上述全部或部分国家间关系退化特征的体现，可能在一定时期的利益冲突国间非常突出，那些处于竞争与对抗中的行为体（主要是国家），对于从合作到冲突的国家间关系退化的现状及倾向，每一方都可以基于自身利益的角度出发，当然地认为自己的政策应对与制衡行动是正当的、正确的和必要的，因而在观念上也会趋向于认为可能的国家间关系退化是值得的，这就使妥协的空间非常狭窄。

然而，国家间关系退化的结果，并不是无边界的任意退化，既要受到他者存在的反制，也要受到国际体系及规范的结构性制约，还要受到诸如地缘条件和生存环境等的客观条件制约（如共用水资源、气候治理、核安全等）。从理论上看，在很大意义上，古典现实主义者也是行为主义者，主要关注国家的行为与选择，认为国际结果是由行为单元

（国家）决定的，因果关系也是单向度的，注重通过研究行为单位特征上的变化，来解释国家行为。新现实主义（结构现实主义）者则恰恰相反，认为结果不仅取决于国家的性质，而且取决于国家行为发生于其间的结构的变化。上述十个方面的退化表现特征，表面上看几乎完全是属于古典现实主义（传统现实主义）的理念范畴，但并非新现实主义（结构现实主义）所指的体系结构在国际关系退化中没有产生作用。相反，体系结构对国家间关系退化的程度与范围有着巨大的限制性作用，没有体系结构规范性制约，国家间关系的退化就会处于不可控的无政府状态，退化的范围、程度和方式都更难预测，进而言之，如果不是国际体系的结构性和规范性存在，国家间关系的退化将完全处于无序状态。

二 国家间关系退化的类型

国家间关系退化的类型，实际上从属于退化的特征，为了便于分析，在此处单独进行表述。我们从合作互利、良性秩序、发展繁荣、共对挑战等国家间关系正向演化的"偏好"角度来看，国家间关系退化通常有如下六类。

（1）多边主义退化为单边主义。多边主义崇尚互利、合作、共赢，是国际社会演化进程中进化向度的一个显著特征，并且在维护国际和平、促进国际合作、推动经济发展、守护国际正义中具有非凡意义和重要作用。单边主义注重霸权逻辑和强权政治，意味着霸道、遏制、对抗、打压和冲突，主要有两层含义，一是特指霸权国或大国在对外关系上实行霸权政策与强权政治，二是泛指国家由于特定原因对特定国家（集团）采取维护自身利益而只针对某个国家（集团）的政策与行动。在国际政治中，如果基于针定特定国家（集团）而形成的对抗性联盟（集团），则是以多边主义之名行单边主义之实，是广义的多边主义退化为狭义的多边主义，目的是对对象国（集团）采取更有效的遏制、对抗、打压的政治操弄，本质上与单边主义的内涵无异。从长远历史来看，毋庸置疑，未来属于多边主义。

（2）参与主义退化为孤立主义。参与是国际合作的首要条件，孤

第六章 基于他者主义的国家间关系退化的演化向度

立是封闭保守的代名词。国家动荡、政策保守、实力下降、观念变化、利益受损、离岸制衡等，都可能使国家在体系关系、多边关系和双边关系的参与中相对退化，收缩参与的范围，减少参与的领域，降低参与的程度，不仅对多边合作的参与热情锐减，也对双边关系的退化构成直接影响，从而可能使国家从与体系的相融相合转为相离相悖，不利于一体化发展与全球治理进步。在国际体系内，如果守成国和崛起国相争，难免会滑入"修昔底德陷阱"，从而使国际秩序失序；如果守成国和崛起国在对外关系上都倾向于孤立主义，则难免会出现"金德尔伯格陷阱"，同样也会使国际秩序失序。在历史上英国和美国曾经都有明显的孤立时期，英国有"光荣孤立"，美国有"孤立主义"，尽管当时这并非国际关系退化，但却提供了历史参照的分析实例。如20世纪30年代，美国作为世界上第一经济大国，却盛行孤立主义，"罗斯福在第一次总统就职演说时，甚至都没有提到国际事务。"[1] 学界普遍认为，当时美国的孤立主义和《中立法》，正是德意日法西斯能够肆意发动第二次世界大战的重要原因之一。

（3）互利主义退化为利己主义。政治、经济、科技、军事、人文、环境等交流合作需要共同利益或者是特定利益的支撑，一旦互利主义向利己主义过分退化，问题将更加尖锐，争端将更加突出，对抗将更加激烈。其间，观念的适应性变化将导致内外政策更加转向固执的利己主义，这一转变将既是相对长期的，也是难以回转的。除了特定交易，国家对于互动中利益收益的分配兴趣，不可避免地从注重相对收益转向更加注重绝对收益，或者以国家安全为名，强调一般利益完全附属于根本

---

[1] 在整个20世纪的20年代和30年代，美国对外政策都是内卷化的，几任总统威尔逊、哈定、柯立芝、胡佛的对外政策都很内向化，尤其大萧条时期，更使美国关注点集中于国内经济和就业上，而且美国公众认为美国把金钱投入欧洲，而欧洲人却赖账不还，普遍有一种"受骗"心理。和平主义者也相信，只要保持孤立主义，凭借地理位置优越，美国就可免于战火。在此背景下，1935年8月31日，美国出台了《中立法》。直到1941年3月，国际局势十分堪危，在罗斯福总统的巨大努力下，美国才通过《租借法案》，结束了孤立主义。参见唐贤兴《近现代国际关系史》，复旦大学出版社2002年版，第325—364页；[美] 威廉·曼彻斯特《光荣与梦想——1932—1972年美国实录》，商务印书馆1978年版，第250页。

利益的需要。在互动中，任何有限的条件性互惠都以自身利益为前提和归宿，有时甚至不惜牺牲第三者利益来建构自身利益。在经济全球化时代，"在当代国际政治中，国际体系中行为体之间互动越来越趋向制度化，而且经济上的相互依赖已成为当下国际体系中最重要的特征之一。"① 尽管如此，国家仍可能就生产链、供应链、物流链、价值链、服务链的环节上，以维护国家安全为由，毫不犹豫地绕开市场规律和社会规律，从互利主义向利己主义退化。

（4）开放主义退化为保守主义。支持体系、结构、秩序、互动、规范等的进化需要观念的持续稳定支持，也需要利益诱因，出于体系动荡、秩序混乱、规范失效、共识残破、利益相悖或他者背叛等原因，国家对体系结构、国际组织、一体化进程、多边合作、双边互惠的开放态度会向保守主义退化，退化的主要危害是损害公共利益和规范，引起他者的对抗性应对，导致彼此利益受损。这在国际金融、科技、贸易、气候与卫生等公共领域的表现尤为突出。开放的贸易主义和生产要素的自由流动是全球繁荣的重要保证，保守主义及由此产生的过度的保护主义只会适得其反。2008 年国际金融危机及 2020 年的新冠疫情暴发后，美国国内外在很大程度上转向了浓郁的保守主义，尤其对抗中国的观念甚嚣尘上，在各个领域不断无端指责与发难中国，试图进行更多的限制和打压，甚至喊出"脱钩"和"新冷战"，致使中美双边关系持续滑向退化。中美竞争在表面上看是贤能政治（Meritocracy）和金权政治（Plutocracy）之间的竞争②，但从历史经验看，本质上更是制度的竞争，即务实的开放主义与过头的保守主义之间的竞争。

（5）防御主义退化为进攻主义。稳定和谐的关系需要相互信任，信任的前提是观念上的互相认可，彼此互视为可以互利合作的伙伴，并

---

① 白云真、李开盛：《国际关系理论流派概论》，浙江人民出版社 2009 年版，第 143 页。
② 新加坡知名学者马凯硕认为，中美竞争是贤能政治和金权政治的竞争。他认为，中国找到了正确道路，原因有三：一是中国勇于加入全球化浪潮；二是中国在中国共产党的带领下，从最伟大的思想家中选择领袖领导国家，充分发挥了 14 亿人民的才能；三是中国共产党从聚焦意识形态转向更加务实。这种观点总结起来，实质就是务实的开放主义。参见 [新] 马凯硕《看清中美竞争的本质》，《参考消息》2020 年 9 月 10 日第 10 版。

第六章 基于他者主义的国家间关系退化的演化向度

且在摩擦和纠纷时能相互采取克制的态度与政策。在行为体互动中,防御主义实际是一种克己态度,其政策与行动的宗旨,不是目的而应是手段,反之,当进攻性态度与政策居于互动中的首要考虑因素时,国际关系的退化通常已经处于不同程度的摩擦与冲突状态了,并且逐渐滑向退化。在现实国际政治中,完全意义上的防御主义和进攻主义都不是常态,要么是实力不济,要么是核心利益受损,否则,防御主义可视为和平与合作状态,进攻主义可视为对抗与冲突状态。

（6）合作主义退化为对抗主义。前述多边主义、参与主义、互利主义、开放主义、防御主义都在一定程度上包含了合作主义。合作主义（Corporatism,又译为法团主义）源于西方,属于国家治理理论,根植于国家对国际环境及矛盾环境所持有的观念,"是解决国家与社会及不同利益群体之间关系的一种理论。"[①] 通常情况下,国家选择合作还是对抗,其影响相对有限,但对于国际体系的守成国和崛起国而言,由于决策者观念偏差而引起合作缺失或合作退化,甚至发展为脱钩对抗,则对双边关系和世界秩序产生重大影响。因此,对人类共同利益的认知与维护,是各国尤其是大国奉行合作主义的应有之义。防止合作主义退化为对抗主义,除了现实的互利合作之外,还需要进行持续的观念培育和机制建设。

概而言之,无论哪类国家间关系退化,观念始终都是关系退化的先兆,先有观念,后有态度,然后紧随的是政策与行动。只有始终奉行多边、互利、合作、开放的观念,在此基础上用好并不断改善多边框架机制及规则,才能持续促进国际关系的健康稳定发展,也才能促进国际社会的和平稳定、合作发展、进步繁荣。当然,在现实政治中,国际关系演变比任何理论上的描述都要复杂得多,行为体对于国际格局、世界秩序以及他国身份已发生和将要发生的变化,若在观念上没有适应性改变,不仅会抗拒已发生的局势变化,而且会极易敏感于一些偶发性个案事件,甚至会由此引发激烈对抗和冲突,甚至可能会由此"脱钩"（或

---

① 刘建飞:《建构新型大国关系中的合作主义》,《中国社会科学》2015年第10期。

某种新冷战）或爆发热战。此外，国家领导人等精英决策圈的人事变动，也可能促使国家整体对外观念、政策及行动发生重要改变，有时甚至是反转性的转变。

第五节 国家间关系退化的理路分析

在国际关系史上，通过战争来改变国际秩序与国际关系，往往在较短时期内就可完成，而且战争导致的战后国际格局与国际秩序也具有较长时期的稳定性。相比之下，在国际总体和平的状况下，由制度、机制、规范、民主、合作及经济发展等软性因素博弈后的国际格局与国际秩序，往往需要较长一段时期，并且在某种程度上依然离不开战争的催化作用，尤其是当国家处于安全困境、面临现实的威胁性敌人时，难以避免实行赤裸裸的权力政治。在国家为中心行为体及无政府状态条件下的国际体系中，中小国家或者实力不强的"弱"国家，显然不具有决定国际秩序的实力。这些国家以自我为中心的外交政策与对外行动，通常也不会对国际制度、国际体系、国际格局与国际秩序构成质变性影响与威胁，但一国的攻守平衡及攻守平衡度仍在其双边及多边国际关系中具有重要意义。

一 国家间关系退化机理分析

在理论上，对于国家间关系退化机制分析，可从身份、观念、规范、利益、权力、威胁甚至偶然事件等的任意方面进行切入分析。在本文中，由于前面首先进行了观念分析，所以此处仍以观念作为退化机制分析的切入点，但只是作为引入，不再对观念本身展开分析。从观念到国家间关系退化的流变图（如图6-2所示）。

说明：一般情况下，国家间关系退化是"闭环流变"的，其中包含两层含义：一是"闭环"，所谓闭环是指信息要素形成循环演化，这里是指国际关系退化有一定的逻辑和规律，在通常状况下可形成循环往

第六章 基于他者主义的国家间关系退化的演化向度

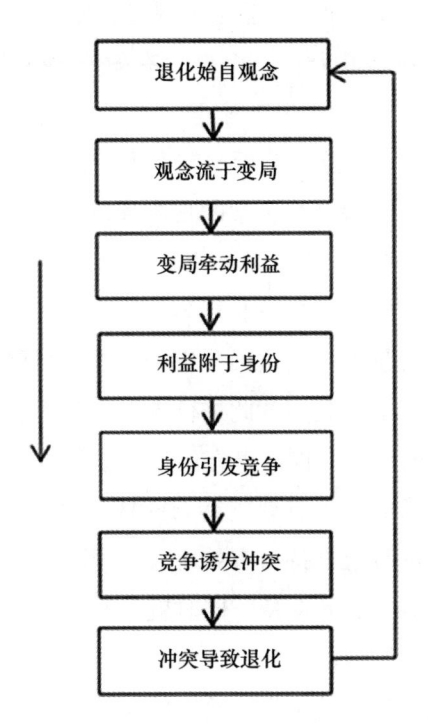

```
┌─────────────┐
│  退化始自观念  │◄──┐
└──────┬──────┘   │
       ▼          │
┌─────────────┐   │
│  观念流于变局  │   │
└──────┬──────┘   │
       ▼          │
┌─────────────┐   │
│  变局牵动利益  │   │
└──────┬──────┘   │
       ▼          │
┌─────────────┐   │
│  利益附于身份  │   │
└──────┬──────┘   │
       ▼          │
┌─────────────┐   │
│  身份引发竞争  │   │
└──────┬──────┘   │
       ▼          │
┌─────────────┐   │
│  竞争诱发冲突  │   │
└──────┬──────┘   │
       ▼          │
┌─────────────┐   │
│  冲突导致退化  ├───┘
└─────────────┘
```

图6-2 国家间关系退化的闭环流变图

资料来源：笔者自制。

复的经验性存在，因而在不同历史时期都可进行及时沟通和做好阶段性反馈；二是"流变"，所谓流变，就是事物在外力作用下发生的变形和流动，这里是指国际关系退化在演变过程中，其要素和过程可根据国内外形势和具体情况而发生变化，如具体利益摩擦可直接导致关系退化，而不涉及一般意义上的身份与竞争，甚至在特定情况下可终止退化进程并向进化（或反向）方向发展。

要分析国家间关系是如何退化的，其互动过程和发展趋势会怎样，需要引入两个变量，即有效支持和有效压力（在前文分析中已略有涉及）。有效支持是指国内外推动关系进化的综合力量，有效压力是指国内外推动关系退化的综合力量，两者之间存在一个攻守平衡度，当有效压力超过有效支持时，国家间关系就会朝着退化方向发展（否则反向)。赵广成在分析国家间关系退化机制时,使用了"有效支持度"的概念,他结合身份吻合度分析,提出"有效支持力量在所有行为体中所占的比重为有效支持度",它等于"有效支持力量/(有效支持力量+有效反对力量)"。[①] 这种分析比较直观,但在对国家间关系进化或退化中的必然性要素和偶然性要素的具体分析中,有时难以区分这些要素在进化/退化的演化进程中,是原因还是结果、是推进还是限制、是手段还是目的,甚至难以区分一些行为体的政策与行动,本身属于支持性力量还是反对性力量,因此这种分析难以进行高可信度解析,不过仍有值得借鉴的方面,下面我们就此进行进一步分析。

有效支持与有效压力是同时存在的,国家间关系进化或退化也是同时存在的。需要指出的是,有效支持与有效压力,实际上有两个方面,一方面是指国际上的有效支持与有效压力,国际上某国、某些国家或国际组织对冲突中一方的有效支持,同时就是对另一方的有效压力;另一方面,是指来自本国国内的有效支持与有效压力,来自国内对本国政府外交行动的有效支持同时就是本国政府的有效压力。例如,当韩国和日本就独岛(日本称竹岛)问题产生突发性纠纷时,韩日各自国家内的民族主义,既是对本国政府外交行动的有效支持,同时也确实是对本国政府相应外交行动的有效压力,既有力地支持政府适当强硬的对应性行动,也对政府不那么强硬的行动形成强大的监督性压力。

在一定情况下,来自国内有效压力可以直接转化为有效支持,有效支持也可以直接转化为有效压力。例如,当一国与他国产生领土主权纠纷时,国内的民族主义既是有效支持力量,即支持国家采取强硬行动,同时也是有效压力力量,即对国家任何妥协退让保持强大压力。国际上的有效支持与有效压力,则相对分明得多,有效支持的主要意义,是对自我的支持而形成了对他者的压力情势;有效压力的主要意义,是对自我的压力而形成了对他者的支持情势。"任何国家在制定战略时,通常

---

① 赵广成:《国际关系退化的机制分析——一种解释框架》,《教学与研究》2011年第5期。

第六章　基于他者主义的国家间关系退化的演化向度

要考虑到两个方面的影响或压力：一是国内各种较显要的'压力集团'和舆论的要求，这种状况有时对执政者的决心可以产生很大的影响；二是来自国际政治方面的影响。战争与和平的交替转折、一个新格局的形成、一个突发的国际事件都会迫使一个国家改变其战略思路。"①

为此，在本书中，把有效支持和有效压力与另一概念"攻守平衡度"结合起来，有利于更好地克服这一不利之处，进行尽可能贴近真实状况的分析。"攻守平衡度"是指支持力量和反对力量作为攻守双方，在推动进化还是退化的效度，相对均衡状态就是现状，相对失衡就是进化/退化，攻守平衡度的大小代表着进化/退化的幅度。理论上，来自体系内外的有效压力与有效支持总是同时存在的，只是在非常特定的攻守绝对失衡情况下，可能会出现有效支持为零或有效压力为零的状况②，否则，攻守平衡度总是在有效支持或有效压力双面作用的情况下摇摆，并导致国际关系的相应变化。如下图6-3所示：

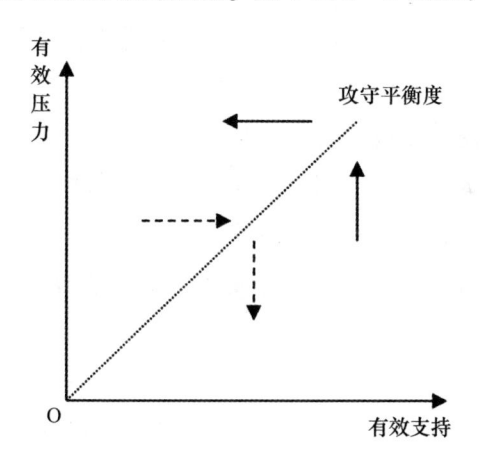

图6-3　有效压力或有效支持度与攻守平衡的关系图

资料来源：笔者自制。

---

① 陈乐民主编：《西方外交思想史》，中国社会科学出版社1995年版，第4页。
② 例如，2011年利比亚内战后期的卡扎菲政权，其有效支持率可以被认为是零，因为所受的来自国内外的有效支持不足以保证其政权的延续性；而美、法、英等西方国家的有效压力可以被认为是零，因为所受到的国内外有效压力，不足以改变他们颠覆卡扎菲政权的意图与行动。

说明：在现实国际政治中，有效压力和有效支持时常会出现拉锯现象，并且直接对攻守平衡产生作用和影响。在国际关系与国际结构稳定性的变化限度之内，从主观角度来说，有效支持具有增大趋势，有效压力具有减少趋势；从客观角度来说，有效压力却具有加大趋势，而有效支持则具有减少趋势。

有效支持和有效压力是国际秩序变化的两个对立统一的动力或者因素，当然，这并不是国际秩序变化的根本原因，而是根本原因（多数情况下是根本变量）条件下形成的两个方面的表现性推力。国家是功能相似而非功能相异的行为体，所以国家的单位分异原则直接与身份吻合度相关。虽然建构主义认为国家身份与国际结构之间存在着一种互构关系，但不同国家行为体对安全与利益在不同时期有不同的解读，对身份吻合度也有着不同的认识，并对新的国际秩序采取不同的态度，从而围绕这种秩序展开政治斗争。在这场斗争中，国家行为体获取的有效支持或有效压力，决定着国家间关系的退化和进化，也因此直接或间接支配着国际结构的命运和国际秩序的重构。

在一个时期内，在敌对或存在安全威胁情况下，如果国家面临他国的有效压力高以及（或者）来自他国之外的有效支持低，通常两国关系会退化，退化的程度与有效压力及有效支持的程度与范围有关；如果国家面临他国的有效压力低以及（或者）来自他国之外的有效支持高，通常两国关系会进化，进化的程度同样与有效压力及有效支持的程度与范围有关。

说明：有效压力和有效支持在各自高低度不同的情况下，国际关系的进化或退化得以实现。此处的有效支持与有效压力是一国的国内、国外两方面有效支持与有效压力的结合。

对于相对稳定的国际格局中的对象国来说，在有效压力与有效支持的共同作用下，如果攻守平衡，受到的综合有效支持趋向于最大，而受到的有效压力则趋向于最小。这样，国家间关系就相对稳定，国际体系的结构状态也相对稳定，国家所得的相对利益和绝对利益都相对最大；相反，如果攻守失衡，受到的综合有效支持趋向于最小，而受到的综合

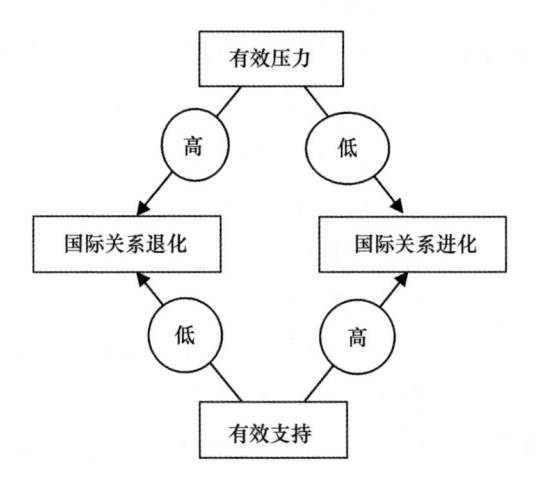

第六章 基于他者主义的国家间关系退化的演化向度

图 6-4 有效支持或有效压力与国际关系的进化/退化关系

资料来源：笔者自制。

有效压力则趋向于最大，国家间关系退化（或者进化到另一种性质完全不同的关系），国家可能不得不被迫采取不情愿的让步与行动，国家所受损的或者付出的相对利益和绝对利益都趋于最大。

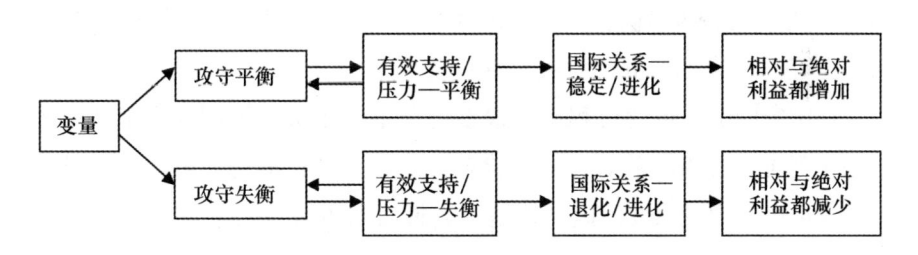

图 6-5 变量影响与利益收益的关系

资料来源：笔者自制。

说明：变量引起攻守平衡或失衡后，产生了有效支持或有效压力不同，进而引起国际关系进化或退化，并最终增进或损害到国家利益。

二 国家间关系退化边界：关系重塑与秩序重构

任何竞争都是一种关系的真实写照，并且本质上是一种常态。"在自助体系中，与意识形态偏好或者来自内部的政治压力相比，竞争的压力所占分量要重得多。"① 由竞争带来的压力，如果积重难返，则会使某些国家间关系沿着两个向度发展，其一是长期敌对，其二是关系重塑。由于长期敌对是一种相对单一的关系状态，并且从历史周期的角度看，长期敌对之后，还是会向关系重塑的方面发展，因而，我们在此主要只进行关系重塑以及秩序重构的机制分析。

随着地理大发现、科技大发展、资本大扩张、列强大拓展，欧洲区域的国际秩序扩展到了全球。良性秩序是国际关系相对稳定的状况，全球性国际社会的形成与发展，制度和规范的逐步内化，意味着国际体系结构的张力逐渐发挥效应，国际秩序逐渐有脉有序、有规有制，也逐渐为人们所认知和了解。

国际关系具有持续性和稳固性，但仍然是动态的，具有改变性和可塑性，每一个行为体都可能、也可以对自身所处的国际关系状况持批判性态度，但又往往在实际上持合作、融入、维护、共建的政策，直到关系无以为继，这种改变就是打破关系现状的进化或退化。詹姆斯·德·代元（James Der Derian）曾指出，"每一方都承认，由于对秩序的渴望和对无政府状态的恐惧，因此，国际社会、国际制度以及国际机制都是历史上建构起来的，并经常灾难性地遭到解构。"②

在国家间关系退化过程中，很多情况下并不会一退到底，不会使关系恶化到难以转圜的敌对与冲突状态，而是会中止退化甚至转而向进化方向发展。其中最重要原因，就是一方或者双方（多方）在观念上认知到，即使关系不能持续进化，但关系的持续退化或急剧退化，比维持现状或进化带来的利益损失更大，这种观念的持续强化与扩散，有助于在政策和行动上采取措施，以遏止双边或多边国际关系不断退化的势头。当然，导致退化中止的原因可能来自多方面，比如国内精英集团、利益

---

① ［美］罗伯特·基欧汉编：《新现实主义及其批判》，郭树勇译，北京大学出版社2002年版，第300页。
② ［美］詹姆斯·德·代元主编：《国际关系理论批判》（导言，批判性探索），秦治来译，浙江人民出版社2003年版，第5页。

第六章 基于他者主义的国家间关系退化的演化向度

集团和民意的有效支持（或有效压力），或者来自外部第三方的强力斡旋（劝说或压力），或者执政者更换等因素，使决策者主动（或被动）改变了对某类国际关系退化的认知观念，从而阻止国际关系的持续退化。

国家间关系退化中止或持续保持低烈度范围，客观上使国家间关系在进化与退化之间存在临界带，或者也可称之为临界度。一旦一个关键变量（比如一场冲突或战争）不能致使国家间关系进化，就可能引起国家间关系退化。例如，第二次世界大战后，美国和日本由敌人变成了盟国，两国关系持续朝着在正向进化方向发展，不仅在冷战期间如此，在冷战后依然是牢固关系的盟国；再如，1978年底美国和伊朗之间的大使馆人质事件，引发原本牢不可破的美伊两国关系急剧动荡，两国关系持续滑向退化，长期成为敌对关系，数十年来一直仍未有根本性改善。

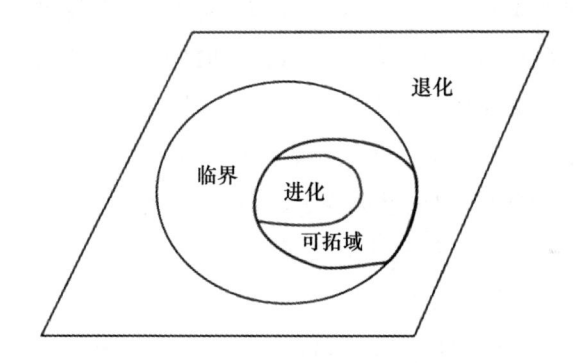

图 6-6 国际关系进化/退化的临界图

资料来源：笔者自制。

说明：整个图形代表国家间关系现状、进化和退化的平行四边形图，即恩格斯著名的历史合力论。① 在国家间关系进化与退化之间，有

---

① 恩格斯认为，历史是这样创造的，最终的结果总是从许多单个的意志的相互冲突中产生出来的，而其中每一个意志，又是由许多特殊的生活条件，才成为它所成为的那样。这样就有无数相互交错的力量，有无数个力的平行四边形，由此产生出合力，即历史结果；而这个结果又可以看作一个作为整体的、不自觉地和不自主地起着作用的力量的产物。参见中共中央马克思恩格斯列宁斯大林著作编译局编译《马克思恩格斯选集》第4卷，人民出版社2005年版，第697页。

197

一个"临界"带，意味着行为体的观念、政策及行动既能推动国际关系进化，也能导致国际关系退化；在进化的边缘，存在一个"可拓域"，代表进化的方式、范围、程度及持续性等，具有可拓性，因而具有变化性，但关系保持在可控的合作范围之内；同时，退化具有明确的边界，一旦行为体互动形成的合力发生裂变，就会形成新的行为体力量平衡格局及相应的平行四边形合力结构，这意味着国际关系重塑甚至国际秩序重构。

在分析国际关系的变化与重塑时，可以抽取时间轴上的其中一个时间点作为分析起点。假定在时间点 T 时，一国的主体观念发生明显转变，对自身国际关系（双边或多边）所处的状况存在质疑、焦虑、担心，国际关系的结构和状况普遍被认为是不合理的，但却仍能保持总体稳定；在时间点 T＋1 时，国际关系的结构和状况普遍被认为既不合理也不稳定，关系开始滑向退化；那么，在时间点 T＋2 时，国家身份观念的自我认知冲突与他者认知存在冲突，国际关系的结构性调整将不可避免（不一定导致战争），而国际关系重构也势在必行（不一定导致和平）。因此，按时间的单向性顺序，在时间点 T、T＋1、T＋2 时，一国与他国的国家间关系变化的推演如下：

时间点 T（合作—摩擦）：

国际社会的结构和秩序关系虽不合理但却保持相对稳定；

时间点 T＋1（冲突—退化）：

国际社会的结构和秩序关系既不合理也不稳定；

时间点 T＋2（战争—和平）：

国际社会的结构和秩序关系缺乏制度性安排并无支配性力量控制；

时间点 T＋3（进化—发展）：

国际社会的结构和秩序关系再次相对合理也相对稳定；

时间点 T＋4、5、6……

国际社会的结构和秩序关系顺次往复循环、发展、改变……

从图 6-7 可看出，从时间点 T 到时间点 T＋1，国家间关系从合作与摩擦转向了冲突与退化，也即转向了退化机制轨道；从时间点 T＋1

第六章　基于他者主义的国家间关系退化的演化向度

到时间点 T+2，国家间关系由冲突与退化转向了战争与和平（国际关系的结构和状况仍然具有一定程度的不合理性）；从时间点 T+2 到时间点 T+3，国家间关系由战争与和平转向了合作与发展的轨道。再接下来，如果从时间点 T+3 到时间点 T+4，则回复到了时间点 T 的合作与摩擦状态，并依序如此循环往复，如图 6-8 所示。[①]

说明：图中的每一种状态都对应图 6-7 中的时间点。需要指出的是，尽管此图标注的是国际关系变化的一般过程，但并不妨碍其过程的跳跃，即在特定情况下，国际关系尤其是双边国际关系可以从一种状态越过可能需要经过的下一状态，进入到其他状态。

在图 6-8 中，可从任何一个状态点切入解读国际关系的变化发展。如从"战争—和平"这个点开始分析国际关系，那么可以认为：一场决定性的战争之后，出现和平稳定格局，国际关系在和平中获得新的继

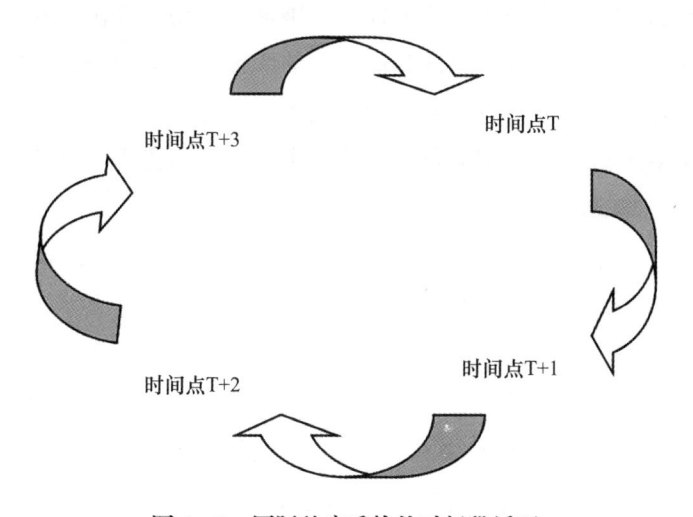

图 6-7　国际秩序重构的时间段循环

资料来源：笔者自制。

[①] 这里分析的是国际关系（针对国际体系而言使用"国际关系"，但在针对单独国家而言使用"国家间关系"）变化的一般逻辑，即按四个时间点 T、T+1、T+2、T+3 的循环变化基本过程。尽管在客观现实中，不排除某一国家间关系的变化从一种状态跳过某一状态进入下一状态，表面上具有时间上的突然性，但实际上在这个过程中，时间段的长短可以是不同的，从一个时间点到另一个时间点，短则很短，数日而已，长则很长，甚至长达数十上百年。

进化—发展　　　　合作—摩擦

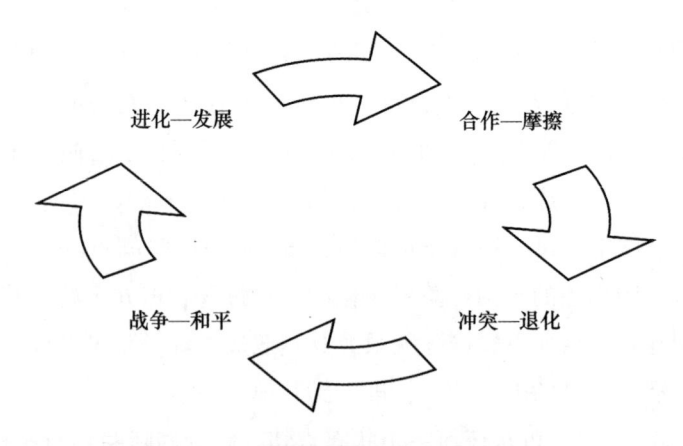

战争—和平　　　　冲突—退化

图 6-8　国际秩序重构的一般发展过程

资料来源：笔者自制。

承与发展；和平稳定的国际关系促进了国家间互动、合作、共赢，然而在合作中又陆续产生各种新的难以调和的摩擦，新的摩擦逐渐发展成新的结构性冲突，冲突使有关各方国际关系持续退化，当退化到一个临界点时，冲突或战争便不可避免地再次发生了，冲突或战争之后，又出现了新的和平曙光。

这种往复循环的状态特征，并不说明国际关系的变化是简单的循环重复，战争也并不是缔造和平的必然手段，战争的方式也不一定再是大规模的陆上对决杀戮，而可能是在海上、天空、太空，或在生物技术和虚拟网络上，与此同时，直接通过战争大规模消灭有生力量的可能性也越来越低，当国际关系本身和人类共有知识（包括制度、机制、规范和认知等）进化到一定程度时，人们便会有意识地通过其他各种方式来进行新的机制性安排，从而发展出新的和平秩序格局。同时，在某一时期的状态发展过程中，可能存在国际关系与国际秩序的反向退化，或者整个国际体系在一定程度上的崩溃与重构，但从长远来看，总体上一直处于正向演化状态，即是一种螺旋式的上升进化状态。国际体系的长周期理论提出者乔治·莫德尔斯基（George Modelski）在建构其理论时曾强调，"体系的周期性变革并不意味着简单的轮回，全球战争也不一定会宿命式地爆发,体系变革本身也是一个不断自我更新的政治性进程,是一个动态的过程,因为国际政治体系具备进化式学习的特性。"①

一种(或数种)机制的进化,是以另一种(或数种)机制的退化为前提条件的,换言之,退化为进化让路(两者通常是同时发生的),因此,国际关系退化本质上没有好坏之分。每一次决定性的战争(或机制性安排)之后,国际秩序总体上会趋于新的和平稳定状态,一种新的国际秩序也随即建立了起来,形成新的具有进化意义的国际和平机制,完成国际秩序的重构,从而继续促进世界政治、经济、文化、科技、卫生和社会等方面的发展与进步,如下图6-9。

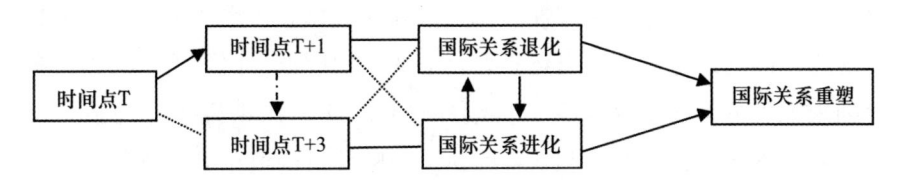

图6-9 国际关系退化/进化与国际关系重塑

资料来源:笔者自制。

国际关系是一种动态的存在,它既是一种"状态",是一种"秩序",又是一种"结构",也是一种"进程"。任何一个时间点上的存在状态,都是一种进程上的结构。行为体与结构之间是一种相互构成的关系,也即单元与体系的相互构成。在这种相互构成的同时,在既有共有知识与互动方式的约束下,加上行为体的身份塑造在不断地调整和变化,国家行动或国际关系机制面临着的有效支持或有效压力也在不断调整。在此情况下,国际关系的退化机制总能得以自我修正(新的退化或进化)。

在一般性国际关系正向演化中,国际关系是随时间变化的,即合作与冲突是国际社会的一种常态存在。正如黑格尔所言:"战争绝不是国

---

① George Modelski, *Long Cycles In World Politics*, Seattle: University of Washington Press, 1987, pp. 223–224.

家间关系的'正常'状况"[①]，因而国际关系重构是必然的。我们把互动方式、结构状态与观念吻合作为非行为体因素的变量看待，那么退化机制的分析简图如下图 6-10：

```
变量 → 有效支持/压力 → 国际关系退化/进化 → 国际关系重塑
```

图 6-10　国际关系退化机制简图

资料来源：笔者自制。

在一定时期内，由于有效支持度或有效压力的作用，国际关系的退化，按时间来说可分为暂时性退化、持续性退化，按空间来说可分为独自退化、制约退化、共同退化和恶化崩溃。相应地，国际关系的进化按时间来说可分为暂时性进化、持续性进化，按空间来说可分为独自进化、制约进化、共同进化和变革优化。国际关系的退化或进化直接决定着国际秩序的重构及重构的水平与层次。一切国际关系变化都因国家利益而起，而一旦在国家利益之上采取行动之后，在国家内部及国际体系中所获得的有效支持或有效压力则处于核心位置，是整个国际关系体系稳定的指标性关键因素。它与国家间的攻守平衡度、国际社会既有的共有知识与互动方式、国际体系的结构状态与不断构建的新的国家身份吻合度，有着复杂的因果链条式关系。因而，国际秩序没有不可改变的固定模式（unshakable patter/mode），但却有非常相似的逻辑和难以超越的规律，于是就有了"历史永远不会重复，但却会惊人相似"的现象。

由于自变量与他变量在研究对象中的反应形式、特征、目的上是最为独立的，因此对于国际关系的机制退化与国际秩序的重构具有直接的决定性意义。需要特别指出的是，秩序虽然是实现其他变量的价值条件，但秩序并非总是优先于公平、正义、道德。秩序在表面上具有高度的一维性，单相指向行为体自己理想的合理性，并且由于合理性秩序总

[①] David Boucher, *Political Theories of International Relations: From Thucydides to the Present*, Oxford: Oxford Press, 1998, p. 347.

第六章　基于他者主义的国家间关系退化的演化向度

是建立在现实的内在逻辑之上。因此，所谓的理想合理秩序或者秩序重构，只有在观念的建构中才有意义，现实逻辑基础之上的合理秩序会在围绕均势的平衡波动范围内，在暂时或持续的进化或退化中得以演化。罗伯特·考克斯（Robert Cox）在探讨国际秩序的稳定性时认为，"任何（国际）秩序都是三种力量的互动：权力分配、国际制度的作用和集体认同，三者一致则造就稳定而有益的国际秩序，三者不一致则带来秩序的波动乃至颠覆。"[①] 事实上，这三者统一于观念，任何一个方面出现观念上的变化，就会导致国际关系出现变动，进而影响国际秩序，尤其体系主导国或大国在观念上出现重要变化时，来自国内的各层各类、各种理由的制衡也被视为一种当然选择，导致国际关系出现退化，进而导致国际秩序的不稳定并引发对抗与冲突。

本章小结

国家间关系的动态演化有现状、进化、退化三个向度。就国家间关系退化向度而言，观念在其中发挥着引领、催化、转圜的重要作用，观念不仅具有身份特性和文化特性，也具有时代性、时空性、时局性和时效性。国家间关系退化有自身逻辑和特征，在文中以"观念→特征→理路"为思路的退化机制分析中，以观念为退化分析切入点，退化因观念而始，也因观念而止。退化主要由多边退化为单边、参与退化为孤立、互利退化为利己、开放退化为保守、防御退化为进攻、合作退化为对抗。攻守平衡度是关系退化的晴雨表，也是关系退化的临界带，退化的边界是国际关系重塑和国际秩序重构。

本书在分析国家间关系退化时，认为关系退化始自观念（也止于观念），并非认为观念是国际关系退化的唯一原因，也不认为观念是国家

[①] Robert Cox, State, *Social Force and World Order*, in Robert O. Keohane, ed., Neorealism and Its Critics, New York: Columbia University Press, 1986, pp. 204–254.

间关系退化的逻辑起点，而仅仅只是把观念作为国际关系退化的一个分析起点或切入点。同时，观念改变也有许多因素，实力变化、领土纠纷、政权更迭、利益纠纷、国内民意、文化宗教、意识形态、偶发事件等因素，都是观念改变的重要诱因。本质上，基于事实及变化的观念并没有所谓的好坏之分，但由于人类有趋利避害的天性和正向进化的向往，并且利益也有自我与他者之分，因此基于利益与价值之上的观念就具有了对抗与冲突的成分。

观念及观念的意义始终贯穿于人类所有和平与冲突的秩序之中，而观念的形而上学化与观念的意识形态化则是观念极端化的两大表现，也是危害到国际关系退化的重要推手。观念的形成流变于利益及身份，在世界主要大国中，甚至可以简而言之地说，有什么样的观念，就有什么样的关系，也就有什么样的秩序。处于重要利益纠纷的国家之间，外交上的攻守平衡度是国际关系是否退化的晴雨表。从这一意义上说，国民主流观念尤其是精英决策者对权力与利益、制度与规范、秩序与道德、公平与正义、发展与进步等的认知累积与实践，不仅形成了其观念的重要来源，也因此使观念成为国际关系变化的重要变量，它既是关系与秩序稳定的基础，又是关系与秩序紊乱的良药。进而言之，国家间关系的进化/退化因观念而始，最终也因观念而止，直至关系重塑与秩序重构。

第七章

从他者主义到共赢主义

从 16 世纪地理大发现以来，全球化就成了不可逆转之势。早期的全球化是在以强凌弱、以大欺小、以富压贫的丛林政治中完成的，那些国力强的、经济发展好的、科技教育走在前列的西方国家，倚仗炮舰政策，实行我赢你输、我得你失、我有你无的政策，对亚、非、拉广大地区进行了长达数百年的殖民统治，根本谈不上共赢主义，而是绝对的他者主义（实际上的以自我为中心的利己的自我主义），即使是在西方国家之间，也充满了相互争权、夺利、称霸的历史，基于互利合作的命运共同体的共赢主义则无从谈起。

直到第二次世界大战以后，在对冲突与战争的深刻反思基础上，建立了联合国为核心的国际争端解决机制，建立了国际货币基金组织、世界银行、世贸组织等重要专业性国际组织，同时民族独立运动蓬勃发展，国际关系民主化、国际秩序规则化、国际政治透明化越发显得突出，尤其冷战结束以后，大国持续对抗与冲突的历史不再重演，更好地合作而不是更强地竞争能够获取更多利益，共赢主义更为普遍性地进入国际关系视野，因此，无论从国际关系史来看，还是从国际政治现实来看，共赢主义已经成为获取国家利益与参与国际合作发展的时代大趋势。

第一节 何谓共赢主义

在界定共赢主义的概念前,理解共赢主义的属性具有重要意义。如果把共赢主义视为一种国际关系的政治理论,那么就需要有严密的理论假说、核心观点和严谨论证等;如果把共赢主义视为一种外交政策,那么就需要阐述相应的核心理念、基本原则和实现路径;如果把共赢主义视为一种外交理念或合作原则,那么就需要相应理顺共处规则及治理秩序;如果把共赢主义视为一种共生思想或价值观,那么就要研究其相应的主要信条、核心内涵和表现方式。在本文中,将把共赢主义作为一种外交理念与合作原则来进行分析,主要相对于霸权主义、保守主义和单边主义而言,以及其他诸如民族主义、民粹主义和霸凌主义等明显表现为非共赢的思想及行为,来加以对应研究。

因此,本书中的共赢主义是指国家间以和平为前提、以合作为条件、以发展为核心、以共赢为目标的共处原则与关系状态。简要来说,共赢主义就是指"和平、发展、合作、共赢"。对于国际关系与国际合作来说,共赢主义是国家间相处的核心理念与彼此合作的价值原则,只有坚持共赢主义,才能更好地促进世界的合作发展与进步繁荣,才能不断地推动建构新型国际关系与人类命运共同体。最早提出共赢主义这一概念的清华大学胡鞍钢教授认为,"共赢主义不是一个简单的学理概念,亦非单纯的政治口号,而是一个深具理论价值和重大现实意义的思想体系。"[①]

共赢主义的核心要义是基于相互平等、互信、互惠的基础上,进行公平、公正、透明的合作,主要内涵就是坚持多边主义,注重相互尊重、平等合作、责任与共、互利共赢和命运与共。这种共赢主义,不奉

---

① 刘宏、马亮:《"共赢主义"外交新理念与中国崛起——学习党的十八届五中全会精神的体会》,《人民论坛》2015年第S2期。

第七章　从他者主义到共赢主义

行意识形态对抗，不奉行文明冲突，不奉行傲慢与偏见，不奉行"强者为王、赢者通吃"强权逻辑，也不奉行"我必须赢、你必须输"的零和博弈或负和博弈的游戏规则，或者一方所赢明显超过其他方的单赢，也不追求贫富差距，而是基于对等互利、公平合理的共赢，并且是机制性、长期性、多维性的共赢。作为共赢前提的相互合作，共赢则离不开合作，而且不是被动的合作，而是积极主动的合作，并巩固、深化和扩大合作，也不是基于已有的利益合作，而是基于当前与长远发展，形成开放、公正、融合、创新。共赢主义融入了包容、共生、和合的东方智慧，融争端于合作，融合作于发展，融发展于共赢，广得人心、义利兼顾、普惠各方、皆大欢喜，符合当今时代进步潮流，防止出现我得你失、我赢你输、我活你死的局面，或者防止出现多败共输、两败俱伤、输者全完的不良状况，这是对传统西方国际关系理论的扬弃和超越，表现出兼容并蓄的特征与内涵，是中国对21世纪国际秩序的深刻理解与对国际关系理论的重大贡献。

　　国际关系历史发展中，以往的殖民主义、帝国主义、法西斯主义、霸权主义等，都不能成为国际社会共同认可的价值观和共生原则，反而可能激发国家间的矛盾和纠纷，促使保护主义、单边主义、民粹主义、极端民族主义等出现强化倾向，甚至也成为恐怖主义发展的一个重要因素。当前，世界迎来合作共赢新时代，合作既是全球化的必然要求，也是全球化的重要推动力，没有哪个国家游离于全球化之外，也没有哪个国家能独自面对全球问题与挑战。事实证明，只有以合作为前提与条件的共赢主义，才能成为各国合作共赢的真正的共生原则，任何不是以共赢为目标的合作，难免会引发难以调和的摩擦与矛盾，埋下冲突的种子，甚至引发战争，造成整个地区乃至世界秩序的混乱和不稳定。

　　因此，从内涵来看，共赢主义主要包含四层含义。

　　其一，共赢主义有前提条件，这个前提就是合作。通常来说，合作的前提是互利，没有互利就没有合作，没有合作就没有共赢，合作需要利益为牵引，需要互信为纽带，也需要机制为保障，"合作共赢应该成为各国处理国际事务的基本政策取向。"① 一般来说，单次性或临时性合作也能带来利益分享，但是并不能统称为共赢主义，只有在机制性合作推动下实现的互利共赢，才能称之为共赢主义。关于合作的动机，相互依赖理论能够很好地得以解释，但动机分为为公性与利己性，所以利益作为合作的牵引，本质上是中性的，但在实际中，必然会带有主观倾向性，所以共赢主义必须克服零和思维和冷战思维才能得以实现。

其二，共赢主义有指涉范围，这个范围既包括直接范围也包括间接范围。直接范围是指在合作中实现互利共赢的合作国家，间接范围是指不涉及直接合作但间接获益的国家，如中美两国经贸合作也能为第三方原材料出售国带来直接利益，或者合作方提供搭便车或公共产品的机会，联合国安理会大国合作就为其他众多小国的经济社会发展提供了重要的外部安全保障，此外，共赢主义还涉及人与世界、人与自然之间和谐共生，这是更广泛的共赢主义，但也是涉及人的自身发展并能更好地促进国家之间、社会之间、人与人之间的合作共赢。基于共赢主义指涉范围非常广泛，不能只看一面，忽视了另一面，要着眼于推动建构人类命运共同体建设，培育共赢主义既要推动发展利益共同体，也要推进发展责任共同体，既要全面进行共赢主义的理念培育，也要全面进行共赢主义的机制建构，在以共赢主义理念指导下，形成利益覆盖广泛、共同发展、责任共担的命运共同体。

其三，共赢主义有核心理念，这个理念就是共利共责共享共进。共赢主义不应当是西方国家共赢，也不应当是某些国家共赢，而是各国间不同范围、不同领域、不同层次合作共赢的基础上，对世界各国普遍具有共赢意义，或者是促进不同地域的发展与融合，或者是提升行业领域的整合与融合，或者是改进各类国际公共产品的适用性与有效性等。共赢是战略相互对接、经济相互铆合、政策相互协调、人文相互融合，意味着各方要共推互利合作、共担责任风险、共享合作成果、共促发展进

---

① 《习近平在俄罗斯媒体发表署名文章：铭记历史，开创未来》，《人民日报》2015 年 5 月 8 日第 1 版。

步。如果不是共利共责共享共进，就不是真正意义上的共赢主义，仍会是霸权主义逻辑下的强权政治，在不平等、不公平、不正义情况下产生的摩擦与纷争仍会频出，全球治理就会大打折扣，难以达到普遍意义上的共赢效果。

其四，共赢主义有目标指向，这个指向就是共赢。合作能产生利益，但是利益指向并非一定是互利，也不一定共赢，而共赢主义"要求参与合作的各方要将共赢作为价值观乃至意识形态，都以实现共赢作为指导原则"，① 只有真正遵循共赢主义为指导原则的合作，才能真正实现持续性共赢，否则可能落入零和博弈的游戏当中。共赢主义与国际层面上的合作主义不同，合作主义主张在国际关系中，通过政府主导实现自上而下的合作，"国家居于权威的位置"，"是一个纵向的合作结构"，② 而共赢主义则是一个混合结构，既有国家为主体的自上而下合作结构，也有民间团体甚至个人为主体的自下而上的合作结构，是真正的多方位的合作格局。国际政治层面上的多边主义与合作主义，其指向必定是共赢主义，但是共赢主义并不只包含多边主义与合作主义，多边主义与合作主义主要是基于利益因素，而共赢主义不只涵盖利益因素，还包括合作本身的价值原则与推动合作的文化信仰，总体上来说是一种原则化了的思想体系。

第二节 他者主义能否转向共赢主义

共赢主义作为国际政治的一种价值原则和思想体系，在全球化深入发展的当今时代，越来越得到各国广泛认同。形成共赢主义的客观原因在于国家不平衡发展，这种客观性的不平衡发展又导致了国家综合实力的不平衡，由于实力对于权力寻租的决定性影响，致使国家在国际政治

---

① 刘建飞：《共赢主义安天下》，《学习时报》2018年7月16日第2版。
② AlanCawson, *Corporatism and Political Theory*, Oxford：BasilBlackwell Ltd., 1986, pp. 79–80.

中具有不同的国际权力，主观原因在于西方主导的国际秩序是以西方独赢、多赢的秩序体制，不再适合国际关系发展时代趋势，以往的国际关系理论难以适应并指导国际政治经济新秩序的建立与发展，要求以新的共赢主义来推动国际新秩序的发展。随着全球化的持续深入发展，一方面各国都普遍需要适应新时代的共赢主义，来维护互利合作与共同发展的国际政治经济秩序；另一方面，基于国家实力的不平衡与国际权力的不对等，国际合作仍有变与不变的双重局面。因此，共赢主义所侧重的是"主义"，即"共赢"过程中所涵盖的价值原则、文化信仰与思想体系，其所谓的共赢也只是相对意义上的互利共赢，并非绝对意义上的均等共赢。

一　国家不平衡发展的客观性

由于地缘环境、人口基数、文化传统、制度政策、教育科技、资源能源等方面的差异，国家间的发展是不平衡的。知名学者詹姆斯·多尔蒂（James E. Dougherty）和小罗伯特·普法尔茨拉格夫（Robert L. Pfaltzgraff）共同指出："历史一次又一次表明，经济秩序与技术秩序的变化以及宗教、政治、文化对于战争的性质和行为都会产生深刻的影响。然而，在一个不断扩大和日益复杂的国际体系中，这些变化的分布决不会是平均的或对称的。"[①] 显然，正是这种不平均的或不对称的变化的分布，国家间总是存在不平衡发展态势，并且由此成为国家间合作的基础，也成为国家间冲突的潜因。

国家间的非对称平衡不仅被国际关系学的理论范式和基本假定所认知与应用，也被马克思主义哲学和社会学等领域广泛认知与应用。马克思认为，人类历史的发展是不平衡的，马克思甚至认为政治经济学就是要研究"生产关系作为法的关系怎样进入了不平衡的发展"[②]。恩格斯

[①] [美]詹姆斯·多尔蒂，小罗伯特·普法尔茨拉格夫：《争论中的国际关系理论》第五版（中译本第二版），阎学通、陈寒溪译，世界知识出版社2013年版，第211页。

[②] 中共中央马克思恩格斯列宁斯大林著作编译局编译：《马克思恩格斯选集》第2卷，人民出版社1995年版，第27页。

在《反杜林论》哲学编和《自然辩证法》中，从自然史的角度对运动中的平衡进行了深刻阐述，他指出："任何静止、任何平衡都只是相对的。"① "绝对的静止、无条件的平衡是不存在的。个别的运动趋向于平衡，总的运动又破坏平衡。"② 恩格斯进而提出著名的历史合力论，即平行四边形合力理论，实际就是在深刻洞察到人类社会发展的非对称要素变化规律后，提出的人类社会关系中历史的总的非对称平衡观点。人类社会进入资本主义后，列宁也有一个著名论断："经济和政治发展的不平衡是资本主义的绝对规律。"③ 他指出："资本主义的发展在各个国家是极不平衡的。"④ 毛泽东在深刻洞察历史演绎规律和社会发展规律之后指出："不平衡是普遍的客观规律。从不平衡到平衡，又从平衡到不平衡，循环不已，永远如此，但是每一循环都进到高的一级。不平衡是经常的，绝对的；平衡是暂时的，相对的。"⑤ 邓小平进一步丰富了国家间非对称要素与不平衡规律的认识，他指出："每个国家的基础不同，历史不同，所处的环境不同，左邻右舍不同，还有其他许多不同。"⑥ 他从发展的角度也同样得出非对称发展的论断，他指出，"发展是不平衡的。"⑦ 正是发展的不平衡，形成了综合国力的不平衡以及其他的不平衡。

国家间不平衡发展是国际合作的重要前提。作为一个分析国际关系的有限概念，国家间不平衡发展有三个认知特性：其一，它明确认知国家间实力与能力不平衡的客观存在，并在理论上与实践中，都以不平衡

---

① 中共中央马克思恩格斯列宁斯大林著作编译局编译：《马克思恩格斯选集》第3卷，人民出版社1995年版，第399页。
② 中共中央马克思恩格斯列宁斯大林著作编译局编译：《马克思恩格斯选集》第3卷，人民出版社1995年版，第402页。
③ 中共中央马克思恩格斯列宁斯大林著作编译局编译：《列宁选集》第2卷，人民出版社1995年版，第554页。
④ 中共中央马克思恩格斯列宁斯大林著作编译局编译：《列宁选集》第2卷，人民出版社1995年版，第722页。
⑤ 《建国以来毛泽东文稿》第7册，中央文献出版社1992年版，第54页。
⑥ 《邓小平文选》第3卷，人民出版社1993年版，第265页。
⑦ 《邓小平文选》第2卷，人民出版社1994年版，第73页。

发展为假定前提，并在此基础上衍生出不同理论认知范式与国家发展模式；其二，它着眼强势物质主义的重要客观作用，认为国家间合作与竞争、对抗与冲突的根本动因在于物质要素的变化，并且认知到观念建构与物质主义具有相对同步性，认为国际关系是一种可修复的变化，追求的是一种动态的平衡状态；其三，它确定地隐含着，"只要有他者的存在，就会与自我产生矛盾和冲突之处，就会产生人类社会出现的一切社会组织与结构"①，从而也隐喻国际关系中"合作/竞争—对抗/冲突—合作/竞争"的循环发展路径与"平衡—失衡—平衡"的国际体系发展，是构成国际格局总体动态平衡的内在原因，同时也是国际关系趋稳与国际秩序趋好的内在逻辑所在。国家间不平衡发展，如果坚持共赢主义为指导原则，"注重把地缘优势转化为互动优势，把资源优势转化为发展优势，把差异优势转化为合作优势"，②则可为国际合作的共赢主义带来巨大物质上的利益预期，这也正是共赢主义的前提与要旨所在。

二 国际合作中的权力配置

不平衡发展为国际合作带来了重要机遇，使国家间合作有了可能性和必要性，但也可能成为对抗的诱因与冲突的潜因。由于先天条件的差异与后天发展的不平衡，导致了相互依赖与合作的脆弱性与敏感性，吉尔平认为，"相互依赖产生了一种可供利用和操纵的脆弱性。"③ 从而，不断加强实力与独立性就成为了弱化这种脆弱性的主要对策，并且由合作过程产生的机制性安排与制度化合作，在强化合作稳定性的同时，也有弱化脆弱性的作用，对于促进国际合作有重要现实意义。同时，不断加强实力与独立性，也可能为权力寻租提供了空间，或者导致权力的失衡而发生新的对抗/冲突。

---

① 谢剑南：《"他者的存在"与国际社会的无政府状态分析》，《东方论坛》2011年第2期。
② 谢剑南：《"一带一路"与全球经济治理变革》，《甘肃社会科学》2018年第3期。
③ [美] 罗伯特·吉尔平：《国际关系政治经济学》，杨宇光等译，上海世纪出版集团2011年版，第30页。

第七章　从他者主义到共赢主义

　　合作不等于和谐，合作也不意味着没有对抗/冲突。合作的前提是能谋取利益，或者说是利益所致的内在需要，合作的基础是互惠，但互惠只是合作的必要条件而非充分条件，因此就功能上来说，合作一方面能增进利益并达到联合行动的目的，另一方面也是对冲突的预防与管理。尽管合作本质上是自愿或刻意的配合的联合行动，但实际上无法回避实力及权力不均衡带来的问题，这为合作的动机留下了各方不同的想象空间。米尔斯海默认为，"合作意味着一方具有利用对方的强烈动机。"① 实际上，利用动机是双向的，双方都有自己的合作动机与利益预期。国际合作的维持与稳定并不只依赖于国家实力所产生的强制性及利益预期，也为共同的利益、动机及目标而进行的主观配合，如果国家间相互对抗/冲突会带来极大代价，那么国际合作自然就成了最好的现实选择。由此，国家间围绕权力与利益的分配就会产生无数博弈，从而形成动态的既有合作/竞争又有对抗/冲突的国际秩序。

　　政治学、经济学和社会学都普遍认为，任何领域的不平衡发展，都可能会带来垄断、支配或主导。在国内政治领域，对于单个国家来说，权力的垄断直接造成了国家统治，并且权力本身同时也由不同派别的较量目标变成了国家的统治工具。对于国际体系来说，尽管有如戈特弗里德－卡尔·金德曼（Gottfried-Karl Kindermann）指出的，"把权力当作政治的最重要工具，并不是说权力就是政治的全部本质"②，但是，国家的不均衡发展使国家间实力此消彼长，出现不平衡发展，国际权力格局也随之变换，这种客观存在的现实性，形成了国家对权力的持久追求与较量，因而，"不对称关系不再被视为一种反常现象或普遍规律的偏差，相反，它被公认为是社会进程的重要特征。"③ 国家通过对外合作与打击对手的方式，寻求获取利益、扩大实力与增进影响力的倾向，正

---

①　[美]约翰·米尔斯海默：《大国政治的悲剧》，王义桅、唐小松译，上海世纪出版集团2008年版，第52页。
②　Gottfried-Karl Kindermann, *The Munich School of Neorealism in International Politics*, Unpublished Manuscript, University of Munich, 1985, p. 11.
③　曹阳：《西方国际政治理论中的"非对称冲突"研究》，《现代国际关系》2012年第1期。

是国家为了寻求权力、扩大权力和巩固权力的一种内在功能。然而，随着国家实力与影响力的扩大，一方面增强了国家的合作优势，理论上能够谋求更大的权力与影响力，另一方面也会带来对自身不利的合作劣势，扩张的成本将制约其控制能力和再扩张能力，客观上又造成了实力的巨大损耗和权力的分散与流失。

罗伯特·吉尔平（Robert Gilpin）认为，"历史上失衡状态的主要解决方式是战争，战争的结果通常是在胜利者和失败者之间重新进行权力配置。"[①] 然而，无论权力重新分配是否具有最大的公正性和均衡性，随着国家间实力的再次不平衡发展，又会出现新的失衡状态，国家间关系也会再次出现冲突的状况，如果在临界期不是以历史常见的战争方式来修正这种失衡状态，那么就需要在合作与竞争的不断博弈中向新的平衡状态过渡，直至形成一种新的为各方所能接受并且仍可不断修正的平衡状态。

国际体系或区域性体系在"平衡—失衡—平衡"转换过程中，会出现国际对抗/冲突状态。这种状况通常意味着两类结果：一类是原有体系结构失衡（包括区域体系和全球体系），另一类是原有关系状态失衡（包括合作/竞争关系和对抗/冲突关系）。由于失衡本身要么是实力发展不均衡的结果，要么是观念变化引发政策改变的结果，要么是实力与观念共同作用的结果，因此，这两类失衡实际上都是条件或观念变化引起了因果性失衡。

这意味着，前者需要进行结构性修复，后者需要进行关系性修复。结构性修复既需要国家间实力结构的重新排列组合，使之处于逐步趋稳的均衡状态，也需要反复演绎修正并形成新的及不断内化的规范，还需要观念的调整跟进并相对定型，也就是说，国家各自及相互身份认知，要与彼此实力及体系结构相一致。关系性修复的关键在于一方或双方观念的转圜，因为不对称合作/竞争或不对称对抗/冲突，通常是由政治因

---

① ［美］詹姆斯·多尔蒂、小罗伯特·普法尔茨格夫：《争论中的国际关系理论》第五版（中译本第二版），阎学通、陈寒溪等译，世界知识出版社2013年版，第89页。

素而非实力因素引起的，或者说政治因素远大于实力因素的作用，因而同样也需要各自及相互身份认知与彼此实力和体系结构相一致，如很多西方学者经常列举的例子，认为朝鲜或伊朗拥有核武器对美国有巨大威胁，却不认为英国拥有核武器对美国是一种威胁。相对于历史上国际体系的平衡时段远大于失衡时段，失衡实际上可视为再平衡的一种过渡状态，因此条件变化导致的冲突的因果变化，其发展路径最终指向了新的国际合作状况下的平衡。换言之，无论从理论上还是现实中，对于国家的发展进步与国际秩序的和平稳定，国家间合作的意义远大于冲突的意义。

三 国际合作的"变"与"不变"

国际合作存在"变"和"不变"的状况。所谓"变"，主要是指国家间相互关系随时间与条件而发生变化，例如对手关系、依附关系、盟友关系、伙伴（竞合）关系以及在经贸、科技、安全等领域的关系；所谓"不变"，是指国家间合作的基本要素不变，例如商业贸易、人员往来、医疗健康、科技教育以及共同面对的问题与挑战等。基于国家间身份定位及相互关系，国际合作关系有广义与狭义之分，广义的国际合作关系主要有对手关系、伙伴（竞合）关系、依附关系、盟友关系，狭义的国际合作关系主要指伙伴关系。

（1）对手关系。国家的基本功能之一就是保卫国家与维护利益，如果国家间存在利益与价值的冲突时，就会产生对冲性权力关系，从而形成对手关系，体现在政治、经济、文化等各个不同领域，处于对手关系中的强势一方，在国际合作关系中对相对收益的关注更重于对绝对利益的关注，并且更倾向于在所有领域都压制较弱势一方。

（2）依附关系。某些小国和弱国甚至一些中等强国，在政治上、经济上和安全上，不同程度地对大国和强国形成一定的依附关系，并且同时会形成事实上的权力等级关系，这是最典型最直接的国际合作关系。兰德尔·施韦勒（Randall Schweller）指出，如果一种失衡可能会带来利益，或新的秩序代表着无法抗拒的趋势时，更多的国家可能会追随强者，而不是奋起制约。① 这对于当前以美国为核心的西方中心主义国际体系尤为明显。

（3）盟友关系。传统安全是盟友关系的最大关切，在涉及权力、利益、意识形态和价值观等的博弈时也仍是其主要共同目标，此外，共同谋求集体优势与争夺权力也是盟友关系的重要共同关切。在现实中，即使是盟友关系，也会有明显的国家利益倾向，并且内部并非铁板一块，弱势一方通常有赖于强势一方的保护或保护承诺，相互之间既有合作也有竞争，甚至在不同领域也存在不同程度的依附关系。

（4）伙伴（竞合）关系。在某种意义上，这种国际合作关系，就是新型国际关系，内涵就是相互尊重、公平正义、合作共赢。这种关系针对所有实力与能力的不同国家都适用，前提是合作，目的是共赢。冷战后，国家间各类伙伴关系得到迅速发展，这不仅符合世界发展大势，也有利于各国互利共赢与促进全球治理，但其背后仍存在各国不同利益诉求，在竞争中合作、在合作中竞争，将成为一种常态性关系，但有霸权大国与其盟友仍然可能从损害别国利益中获取额外利益而难以受到有效惩罚，从而也会形成权力与收益都不对称的合作关系。

总体来看，国际体系的无政府状态，实际上是以"无"来定义"有"的状态，这种状态隐含了国家间的发展不平衡与权力的不均衡配置，从而催生了国际合作的"变"与"不变"。上述四类国际合作关系，实际上是国际体系无政府状态的产物，也是国际秩序的具体表现。这四类合作关系在特定时期内可以相互转化。例如美日关系，在第二次世界大战前的一段时期曾是对手关系，第二次世界大战中是敌人关系，但在第二次世界大战后转换为安全上对美国的依附关系和与美国的盟友关系，同时美日关系也包含了事实上的伙伴（竞合）关系，尤其在经贸领域更是如此。在国际总体和平的各个时期国际合作状态，构成了各个时期不同的国际秩序，通常有多极均势秩序、单极霸权秩序、两极对

---

① Randall Schweller, "Bandwagoning for Profit: Bringing the Revisionist State Back In?", *International Security*, Summer 1994, p. 96.

第七章　从他者主义到共赢主义

抗秩序、单位否定秩序[①]，并且会随着国家实力的变化而变化，国家实力兴衰变化只是国际体系变化的内在因素，对国际秩序的形式有一定影响作用，但国际秩序的表现形式总归就是那么几种主要的存在状态。换言之，大国或强国在国际历史舞台上来来往往，但国际秩序仍是国家自助体系的结果，国际关系和国际秩序的本质特性仍然发挥规律性作用。因此，在国际合作关系发生失衡后，国家间关系将从一种或多种关系转变为另一种或另外多种关系，但国家间仍保持某种类型的国际合作关系，从而形成了国际合作的"变"与"不变"。在这里，"变"的是实力、目的与关系形式，"不变"的是合作要素，如果从现实主义来看，"变"的是权力配置，"不变"的是权力本身。

第三节　如何推进互利合作的共赢主义

实现共赢主义的推进路径，从不同角度来看有不同的理解和推进方式。从国际关系的历史经验与现实情况来看，主要有三个方面，分别是身份互认、权益分享、合作竞争，这三者相互影响、相互牵制、相互作用，共同促进了国际合作共赢的动态发展与变化。

一　身份互认

身份互认是共赢主义的重要基础，也是国际合作的重要前提。亚历山大·温特（Alexander Wendt）认为，身份根植于行为体的自我领悟，有两种观念可以进入身份，一种是自我持有的观念，另一种是他者持有的身份，他分析了行为体的四种身份，分别是个人或团体、类属、角色、集体，除了第一种身份之外，后三种身份可以在同一行为体上同时表现出多种形式。[②] 这意味着，多角度准确认知自我身份与他者身份是

[①] 莫顿·卡普兰认为，单位否定体系是指出现一国的威胁力量足以影响和阻止别国行为的情势。参见倪世雄等《当代西方国际关系理论》，复旦大学出版社2001年版，第330页。

[②] ［美］亚历山大·温特：《国际政治的社会理论》，秦亚青译，世纪出版集团、上海人民出版社2000年版，第282—289页。

国际合作关系的重要前提。行为体对自我身份与他者身份的认知，主要有两类，一类认知基本符合客观现实，形成正确认知；另一类认知偏离了客观现实，产生错误认知。身份认知错误将产生三种状态：其一，是将他者置于对立面衬托自我优点的自我优越感；其二，是基于过去经验与主观臆想对他者产生固定态度与情绪指向的刻板印象；其三，是根据自己期望与价值喜好来定位自我与他者身份特征的愿望思维。①

显然，国家间错误认知会产生不利后果，对他者身份是"朋友"还是"敌人"的错误认知，将直接影响国际合作关系的变化走势，甚至形成对抗与冲突，这是推进共赢主义理念培育与机制建构进程中必须关注的重点。例如，冷战后以来，中美关系经常出现波折，这与美国作为国际体系霸权国与美中关系的强势方，一方面需要与中国在诸多领域与问题上进行合作，另一方面又想打压中国并防止中国实力超越美国，因此对中国的身份认知到底是"朋友"还是"敌人"，或者是"竞合者"还是"挑战者"的角色有摇摆不定的不确定认知，这也是导致美国对华政策在"接触"与"遏制"之间来回变化的关键原因，并且直接导致了当前中美两国很难真正实现不冲突不对抗、相互尊重、合作共赢的趋好局面。

二　权益分享

权益分享是国际合作关系的关键纽带。各方达到合作共赢的途径并不相同，大国或强势一方可以通过以身作则、惩罚、奖励三种途径，保持与小国或弱势一方的不对称合作关系，小国或弱势一方则可以通过反复试探、配合、索取三种途径，发展与大国或强势一方的国际合作关系。当然，在这种国际合作关系中，合作收益不一定是公共产品或集体产品，也不一定是权力与财富分享的结果，更可能是优势的互补，或是利益上的各取所需，并且是一种能够进行补偿性分配的可转移效用，其获益方式更多的是通过利益交换而非利益争夺来实现权益分享。由于国

---

① 柳思思：《身份认知与不对称冲突》，《世界经济与政治》2011 年第 2 期。

际体系的无政府性质和有关奖惩机制的存在，合作者比背叛者通常有更高的生存适应性，更可能主动与他国发展合作关系，从而能够实现国际合作与权益分享，达到一种动态平衡。

国际合作的权益分享有三层含义：其一，双方都能够分别从与对方的合作中获得相应合作权益，且强势一方要比弱势一方提供更多公众福利及公共产品，但所获直接或间接权益也更多；其二，国际合作中会形成只有合作才能产生的公共产品和集体产品，其组织媒介的最好形式就是发展某种类型的伙伴关系甚至盟友关系，形成互惠共生、合作共赢的利益群体；其三，合作价值链之外的"沉默的大多数"，其权益有可能因此受到直接损害，也可能直接或间接参与价值链上的权益分享。如在代理人战争中，区域强国与全球大国往往会以背后支持的方式各自寻找代理人，尽量减少直接对抗风险来维护或增进自身利益，强国或大国通过以身作则、惩罚、奖励的方式来加强与代理方的合作关系，代理方则通过反复试探、配合、索取的方式，来衡量及发展与强国或大国的合作关系，双方在合作中进行相对有限但各索所需的权益分享。

三 竞合共赢

竞争合作是国际合作关系的本质特征，即使是秉持共赢主义原则，也会存在既有合作也有竞争的状态。身份认知与权益分享促成了不对称合作，然而，仍然不会脱离国际关系中的合作竞争本质特性。在国际关系现实中，合作与竞争都是国家间关系本质属性所呈现的客观现象，合作中含有竞争，竞争中兼顾合作，其动机与目的主要在于"赢"，但赢多赢少，单赢还是多赢，独赢还是共赢，则成为国际合作中各方的主要关切，并且为了尽量多赢，会损害到其他有关方的利益。当前，全球化持续深入发展，世界经济贸易继续保持开放性，无论是资源还是贸易等方面，各国越来越相互依赖，"一荣俱荣，一损俱损"的连带效应愈发明显，获益方式也发生根本转变，从过去如何竞争博弈获益，转向如何更好地合作而获益。在发展中竞争，在竞争中合作，在合作中共赢，成为一种普遍认可的发展理念与全球共识。罗伯特·吉尔平认为，合作本质上是"相互的，但又不平等的依赖关系。"① 由于潜在冲突的存在，所以有必要进行合作，合作是要素互补，合作能弥合短板，能量聚集，节约成本，扩大优势，应对挑战。

不过，有共同利益不意味着合作，有合作也并不意味着和平。从某种意义上来看，"合作是对潜在冲突的管理。"② 罗伯特·基欧汉（Robert O. Keohane）认为，"合作不应该被视为没有冲突的状态，而应该被视为对冲突或潜在冲突的反应。"③ 由于国家发展的不平衡，使国家间围绕权力与利益进行合作与竞争，甚至可能不惜损害他国核心利益来谋求特定目标，以建构并维护对自身有利的国际秩序。国际合作关系是基于正确认知自我与他者身份而形成的互动关系，既包含战略合作也包含战略竞争，在合作与竞争中不断进行动态博弈。国际政治的历史表明，国际合作的收益并不均衡，在全球化时代，为了谋求和平与共赢，必然促使非合作博弈向合作博弈转向，并在进程中改变双方的身份和结构性矛盾，达到合作共赢的状态与目的。

本章小结

在全球治理失灵、国际秩序转型、大国竞争加剧、科技发展迅猛的新全球化时代，中美关系作为全球最重要的双边关系之一，未来发展向何处去，以什么共同合作精神作为中美关系现在与未来发展的价值指导，以什么思想作为中美两国关系发展的文化信仰？从历史和现实的梳理中，或许"共赢主义"可以成为中美关系未来发展的价值指导原则与维护双边关系的文化信仰。

---

① ［英］罗伯特·吉尔平：《国际关系政治经济学》，杨宇光等译，上海世纪出版集团2011年版，第24页。

② 孙杰：《不对称合作：理解国际关系的一个视角》，《世界经济与政治》2015年第9期。

③ ［美］罗伯特·基欧汉：《霸权之后：世界政治经济中的合作与纷争》，苏长和、信强、何耀译，上海人民出版社2006年版，第53页。

第七章 从他者主义到共赢主义

进入新世纪以来，随着全球化的深入发展，国际竞争的重点不再是以零和博弈或负和博弈的竞争来谋求国家利益，而是如何从更好的国际合作中获得更多更大的利益。中国主张的"合作共赢"国际关系理念，从实践中得到了国际社会的广泛认同，中国也积极推进合作共赢的实践。合作共赢的实质就是"共赢主义"，这不是西方传统的国际关系理论，并且，历来崇尚弱肉强食的西方强权政治传统，视国际政治为非黑即白的对抗性游戏，西方主导的国际秩序，所强调的合作并不是真正意义上的共赢，而是出于对抗对手或敌手的阵营内的共赢，自《威斯特伐利亚和约》以来数百年间，终究没能产生全球普遍认同并造福于世界和平发展的共赢理论，也不可能产生共赢理论。

只有数千年来的文化传统中始终蕴含和合思想与天下大同观的中国，才有可能真正推进这一理念主张，把双赢、多赢、共赢上升为共赢主义。中国倡导共赢主义有两大渊源，一是集中国传统文化的历史渊源之大成，二是集新中国历代领导集体外交思想之大成。这两大渊源本质上是一体的，都是中国文化与实践的经验结晶。实践证明，共赢主义不仅是中国传统历史文化中有关国际秩序的思想精髓，也是中国多年来基于维护世界和平、促进世界发展的实践经验结晶，不仅符合各国平等友好的现实合作需要，也是真正能推动国际社会实现各国和合共生的国际关系新理论。

共赢主义作为中国主张并提倡的一种新的国际关系理论，也逐渐成为各国共处与合作所共同遵循的理念与原则。传统的西方国际关系理论，尽管都不一而足地包含有共赢主义的思想要素，但并未把"共赢"作为某种理论的主要思想。中国古代虽然也有和合思想和天下大同思想，但也并未明确将共赢作为国家间关系的主旨思想。只有当代中国在历史审视和丰富实践的基础上，提出合作共赢为核心的新型国际关系和人类命运共同体，作为中国外交理论新的重大突破，从而形成"共赢主义"这一有别于西方狭隘的国际关系新理论。

本章着重从理论上对共赢主义的概念、内涵、性质、特征以及政治逻辑、推进路线等方面进行了分析，并具体分析了中国如何在实践中推进共赢主义政策与行动的。在理论分析中，由于当前国内外关于共赢主义直接研究的文献不多，所以重点分析了传统国际关系理论中所包含的一些共赢主义的要素，主要从结构现实主义、自由制度主义、身份认知理论、权力转移理论和均势理论这五个理论领域，分析与共赢主义的关系，探讨共赢主义的政治逻辑。

俄乌战争让全世界看到，如果一国只追求绝对安全，不看重综合、均衡、可持续的安全，就难以确保安全，如果不追求共赢，单赢、独赢不仅难以实现，也会因此带来贻害。因此，共赢主义不只是战略上的，也应该是文化上的、价值观上的、信仰上的。无合作谈不上共赢，但是有些合作，特别是西方主导的国际合作往往不是共赢，所以需要着重强调合作共赢，需要提出共赢主义。通过对国际政治的本质分析，认为国家发展不平衡的绝对规律和国际合作中的权力配置，既是推进共赢主义的逻辑起点，也是实现共赢主义的主要障碍性因素，由此也形成了共赢主义的"变"与"不变"，其中变的关系形式，主要是在对手关系、伙伴（竞合）关系、依附关系、盟友关系的形式中进行变化，不变的是"变"的是实力、目的与关系形式，"不变"的是合作要素，如果从现实主义来看，"变"的是权力配置，"不变"的是权力本身。

在分析中国作为共赢主义的倡导者和实践者时，本章从历史上儒家、墨家、道家、法家等诸子百家的思想中探讨共赢主义思想的渊源，认为中国古代共赢主义思想主要体现在"大同、仁爱、共享"三者的统一体之中。新中国成立后，中国始终是双边和多边交往中的共赢主义倡导者、践行者和引领者，为世界各国和平共处提供了重要标杆式参照，也促进了世界和平发展与进步繁荣。

参考文献

一 中文著作

中共中央马克思恩格斯列宁斯大林著作编译局编译：《马克思恩格斯选集》（第1至第4卷），人民出版社2012年版。

中共中央马克思恩格斯列宁斯大林著作编译局编译：《马克思恩格斯文集》（第1至第10卷），人民出版社2009年版。

习近平：《习近平谈治国理政》，外文出版社2014年版。

习近平：《习近平谈治国理政》（第二卷），外文出版社2017年版。

习近平：《习近平谈治国理政》（第三卷），外文出版社2020年版。

习近平：《习近平谈治国理政》（第四卷），外文出版社2022年版。

习近平：《习近平著作选读》（第一、二卷），人民出版社2023年版。

习近平：《习近平外交演讲集》（第一、二卷），中央文献出版社2022年版。

中共中央党史和文献研究院编：《习近平关于中国特色大国外交论述摘编》，中央文献出版社2020年版。

白云真、李开盛：《国际关系理论流派概论》，浙江人民出版社2009年版。

陈学明、王凤才：《西方马克思主义前沿问题二十讲》，复旦大学出版社2008年版。

干春松：《重回王道——儒家与世界秩序》，华东师范大学出版社2012年版。

韩婴撰，朱英华整理：《韩诗外传》卷九，上海书店出版社2012年版。

梁漱溟：《中国文化要义》，上海世纪出版集团、上海人民出版社 2011 年版。

鲁君：《斗争精神的理论阐释》，社会科学文献出版社 2024 年版。

倪梁康：《自识与反思：近代西方哲学的基本问题》，商务印书馆 2002 年版。

倪世雄等：《当代西方国际关系理论》，复旦大学出版社 2009 年版。

秦亚青：《霸权体系与国际冲突：美国在国际武装冲突中的支持行为（1945—1988）》，上海人民出版社 2008 年版。

秦亚青：《全球治理：多元世界的秩序重建》，世界知识出版社 2019 年版。

秦亚青：《世界政治的关系理论》，上海人民出版社 2021 年版。

任吉悌、王瞳霞：《国家哲学论》，安徽人民出版社 2000 年版。

苏国勋：《理性化及其限制》，商务印书馆 2016 年版。

唐世平等：《观念、行动、结果：社会科学方法新论》，天津人民出版社 2021 年版。

许晟：《新思想的黎明》，上海三联书店 2023 年版。

尹继武：《战略心理与国际政治》，北京大学出版社 2016 年版。

曾祥裕、魏楚雄：《〈政事论〉国际政治思想研究》，时事出版社 2020 年版。

张力伟：《论责任政治》，中国社会科学出版社 2024 年版。

张清敏：《对外政策分析》，北京大学出版社 2019 年版。

二　译著

［奥］西格蒙德·弗洛伊德：《精神分析基础：五次演讲及其他》，何逸飞译，中国出版集团·东方出版中心 2024 年版。

［德］恩斯特·贝勒尔：《反讽与现代性话语：从浪漫派到后现代》，黄江译，上海三联书店 2024 年版。

［德］费希特：《论学者的使命》，梁志学、沈真译，商务印书馆 1980 年版。

参考文献

［德］哈贝马斯：《交往与社会进化》，张博树译，重庆出版社 1989 年版。

［德］哈特穆特·罗萨：《新异化的诞生——社会加速批判理论大纲》，郑作彧译，上海人民出版社 2018 年版。

［德］海德格尔：《存在与时间》，陈嘉映、王庆节合译，生活·读书·新知三联书店 1987 年版。

［德］海德格尔著，孙周兴选编：《海德格尔选集》（下卷），生活·读书·新知三联书店 1996 年版。

［德］黑格尔：《法哲学原理或自然法和国家学纲要》，范扬、张企泰译，商务印书馆 1982 年版。

［德］黑格尔：《精神现象学》（上卷），贺麟、王玖兴译，商务印书馆 1979 年版。

［德］埃德蒙德·胡塞尔：《现象学的观念》，倪梁康译，上海译文出版社 1986 年版。

［德］马克思：《1844 年经济学哲学手稿》，中共中央马克思恩格斯列宁斯大林著作编译局译，人民出版社 2000 年版。

［德］莫尔特曼：《世俗中的上帝》，生活·读书·新知三联书店 2002 年版。

［德］沃尔夫冈·伊瑟尔：《怎样做理论》，朱刚等译，南京大学出版社 2019 年版。

［德］伊曼努尔·康德：《永久和平论》，何兆武译，上海人民出版社 2005 年版。

［法］拉康：《拉康选集》，褚孝泉译，上海三联书店 2001 年版。

［法］路易斯·博洛尔：《政治的罪恶》，蒋庆等译，改革出版社 1999 年版。

［加］查尔斯·泰勒：《自我的根源：现代认同的形成》，韩震等译，译林出版社 2012 年版。

［美］彼得·卡赞斯坦主编：《世界政治中的文明——多元多维的视角》，秦亚青等译，上海人民出版社 2018 年版。

[美]查尔斯·格拉泽：《国际政治的理性理论：竞争与合作的逻辑》，刘丰等译，上海世纪出版集团、上海人民出版社2020年版。

[美]弗朗西斯·福山：《身份政治：对尊严与认同的渴求》，刘芳译，中译出版社2021年版。

[美]弗朗西斯·福山：《大断裂：人类本性与世界秩序的重建》，唐磊译，广西师范大学出版社2017年版。

[美]汉斯·J.摩根索：《国家间的政治——为权力与和平而斗争》（第5版修订版），杨岐鸣、王燕生、赵归、林小云译，商务印书馆1993年版。

[美]肯尼思·华尔兹：《国际政治理论》，信强译，上海世纪出版集团、上海人民出版社2008年版。

[美]肯尼思·N.华尔兹：《人、国家与战争——一种理论分析》，倪世雄等译，上海译文出版社1991年版。

[美]Y.拉彼德、[德]F.克拉托赫维尔主编：《文化与认同：国际关系回归理论》，金烨译，浙江人民出版社2003年版。

[美]乔纳森·哈斯：《史前国家的演进》，罗林平、罗海钢等译，求实出版社1988年版。

[美]塞缪尔·亨廷顿：《文明的冲突》，周琪等译，新华出版社2017年版。

[美]塞缪尔·亨廷顿：《文明的冲突与世界秩序的重建》，周琪、刘绯译，新华出版社1999年版。

[美]斯蒂芬·沃尔特：《联盟的起源》，周丕启译，上海人民出版社2018年版。

[美]亚历山大·温特：《国际政治的社会理论》，秦亚青译，上海世纪出版集团、上海人民出版社2000年版。

[美]詹姆斯·多尔蒂、小罗伯特·普法尔茨格拉夫：《争论中的国际关系理论》（第五版），阎学通、陈寒溪等译，世界知识出版社2003年版。

[挪威]斯坦因·U.拉尔森主编：《政治学理论与方法》，任晓等译，

上海人民出版社 2021 年版。

［日］山室信一：《面向未来的回忆》，中国社会科学院编《中国与日本的他者认识》，社会科学文献出版社 2004 年版。

［英］安德鲁·赫里尔：《全球秩序的崩塌与重建》，林曦译，中国人民大学出版社 2017 年版。

［英］安德鲁·兰伯特：《海洋与权力：一部新文明史》，龚昊译，湖南文艺出版社 2021 年版。

［英］安东尼·吉登斯：《民族—国家与暴力》，胡宗泽等译，生活·读书·新知三联书店 1998 年版。

三　中文期刊论文

艾娟：《群际冲突长期存在的心理基础与和解路径》，《学术交流》2022 年第 5 期。

艾仁贵：《一个还是多个：认同极化与当代以色列的身份政治困境》，《西亚非洲》2020 年第 4 期。

包广将、饶金山：《美国塑造印太秩序的小多边主义路径》，《东南亚研究》2023 年第 3 期。

保建云：《国家类型、国际体系与全球公共治理——基于中国天下观理念的分布主义国际关系理论》，《中国人民大学学报》2018 年第 4 期。

曹晟旻：《权利优先论批判的学理剖析——以自由主义与社群主义之争为对象》，《北京联合大学学报》（人文社会科学版）2024 年第 1 期。

陈金龙、蒋先寒：《人类文明新形态的由来、特征与价值》，《学术研究》2021 年第 9 期。

邓宗豪、龙玉秀：《中国式现代化促进全球持久和平发展》，《当代中国与世界》2024 年第 1 期。

刁大明：《身份政治、党争"部落化"与 2020 年美国大选》，《外交评论》（外交学院学报）2020 年第 6 期。

范可：《当代中国的"信任危机"》，《江苏行政学院学报》2013 年第 2 期。

范永康：《"主体位置"与身份/认同政治》，《吉首大学学报》（社会科学版）2013年第1期。

方敏、朱韵：《当代西方身份政治历史局限性反思》，《毛泽东邓小平理论研究》2020年第10期。

高尚涛：《关系主义与中国学派》，《世界经济与政治》2010年第8期。

郭湛：《围绕"中心论"的困惑——四问"西方中心论"》，《人民论坛·学术前沿》2022年第13期。

韩召颖、李源：《国际关系中对冲战略的研究进展及启示》，《教学与研究》2023年第11期。

郝龙：《认同、规范与资本——身份意涵的多重表述》，《湖北民族学院学报》（哲学社会科学版）2018年第3期。

何静：《一种迈向整合自我与他者的社会交互理论——读〈自我和他者：对主体性、同感和羞耻的探究〉》，《哲学分析》2017年第4期。

胡建：《政治认同的理论解读：内涵、结构及功能》，《广西社会科学》2021年第12期。

黄炬、刘同舫：《马克思共同体思想的现实超越性》，《河海大学学报》（哲学社会科学版）2017年第5期。

黄宇兴：《地区竞争、联盟关系与不对称外交战略》，《世界经济与政治》2023年第9期。

基留欣·丹尼斯、刘勇、刘祎：《边界、成员资格和正义：全球化世界中的身份政治与共同体观念》，《国外社会科学前沿》2022年第2期。

孔寒冰：《认同政治的挑战——中东欧在民族关系、国家建构和区域整合中的困境》，《国际政治研究》2020年第2期。

孔元：《身份政治与世界秩序的演变》，《国际经济评论》2019年第4期。

李德杰：《体系的羁绊：亚太小多边安全合作的互动逻辑》，《国际展望》2024年第2期。

李路曲：《国家间的可比性与不可比性分析》，《政治学研究》2020年第5期。

林红：《困于身份的政治：西方政治极化问题的文化探源》，《天津社会科学》2021年第6期。

蔺海鲲、哈建军：《多元文化共生与人类命运共同体的构建》，《甘肃社会科学》2021年第1期。

刘宏松：《人类命运共同体与全球治理体系改革》，《上海交通大学学报》（哲学社会科学版）2023年第1期。

刘康：《从"后学"到认同政治：当代美国人文思潮走向》，《学术月刊》2020年第2期。

刘洋：《全球现代性问题与人类命运共同体的重塑》，《厦门大学学报》（哲学社会科学版）2012年第6期。

卢斌典：《马克思物质变换理论的历史内涵与当代启示》，《理论月刊》2021年第10期。

吕振纲：《国际关系研究中的曼陀罗》，《世界经济与政治》2023年第7期。

罗谡：《本质主义还是存在主义——重思异化理论的方法论潜能》，《理论月刊》2024年第2期。

孟献丽：《"中国威胁论"批判》，《马克思主义研究》2021年第3期。

秦亚青：《国际体系的无政府性——读温特〈国际政治的社会理论〉》，《美国研究》2001年第2期。

秦亚青：《全球国际关系学与中国国际关系理论》，《国际观察》2020年第2期。

秦亚青：《世界政治的文化理论——文化结构、文化单位与文化力》，《世界经济与政治》2003年第4期

邵发军：《人类命运共同体视阈下的共同发展与全球治理问题研究》，《社会主义研究》2021年第1期。

宋伟：《国际秩序地位：位置现实主义的分析》，《国际政治科学》2022年第3期。

田庆立：《试论"他者"认识与日本中国认识形成的内在机理》，《日本学刊》2011年第6期。

229

汪越：《身份政治的理论逻辑》，《学术界》2018 年第 3 期。

王馥芳：《特朗普政治身份构建：身份政治策略认知分析》，《外语研究》2021 年第 2 期。

王军、黄鹏：《欧美身份政治的历史演进与治理困境》，《民族研究》2020 年第 4 期。

王立新：《美国的国家认同及其对美国外交的影响》，《历史研究》2003 年第 4 期。

王莘：《文化多元主义的身份政治困境》，《山东师范大学学报》（人文社会科学版）2019 年第 6 期。

王伟：《论白人至上种族主义因素对国际秩序的影响》，《民族研究》2021 年第 5 期。

王勇辉、彭波：《国际秩序分层的生成理论：基于社会封闭的视角》，《世界经济与政治论坛》2023 年第 4 期。

王中江：《"自我"与"他者"：儒家关系伦理的多重图像》，《北京大学学报》（哲学社会科学版）2022 年第 1 期。

王梓元：《国际政治中的地位与声望：一项研究议程》，《国际政治研究》2021 年第 3 期。

魏玲、刘淑琦：《不对称与发展自主：东南亚应对中美基建竞争》，《南洋问题研究》2022 年第 3 期。

武桐雨：《身份政治：伊朗阿塞拜疆人的身份重构与伊朗的周边外交》，《国际关系研究》2021 年第 3 期。

谢晓光、岳鹏：《国家间不对称冲突如何走向和解——三种模式的博弈分析》，《太平洋学报》2014 年第 2 期。

邢瑞磊、周灏堃：《身份认同与社会性存在：中国国家本体安全的寻求与调适》，《国际安全研究》2022 年第 4 期。

熊琛然等：《威胁：地缘政治理论构建的前提与原始动力》，《世界地理研究》2017 年第 2 期。

宣兴章：《国际关系是关系：对存在的反思与重构》，《世界经济与政治》2009 年第 1 期。

阎学通：《国际关系理论与大国关系研究》，《世界经济与政治》2003年第5期。

颜岩：《拉康"他者"理论及其现代启示》，《重庆社会科学》2007年第2期。

姚璐、邢亚杰：《国际关系中的身份政治：内涵、运行逻辑与互动困境》，《国际政治研究》2022年第3期。

尹继武：《中国国际关系研究中的概念创新：一种比较分析》，《社会科学》2020年第9期。

袁正清：《无政府状态的建构主义审视》，《太平洋学报》2003年第2期。

袁祖社：《"人类"共同价值的理念及其伦理正当性之思——不同民族"共同体"逻辑的意义及其内在限度》，《南开学报》（哲学社会科学版）2017年第4期。

曾楠：《国家认同的挑战与建构：基于国家仪式的视角》，《思想理论教育》2022年第11期。

张旗、白云真：《中国学派的新探索与中国国际关系知识体系构建》，《国际观察》2022年第4期。

张全义：《采访亚历山大·温特：探究建构主义的"问题领域"》，《国际观察》2007年第1期。

张一飞：《国际政治中"霍布斯—基欧汉"区间的衰落与身份政治的兴起》，《当代亚太》2020年第6期。

张永缜：《马克思主义共生理论探微》，《理论学刊》2014年第12期。

章森榕、杨君：《从群体心理到认同建构——多学科视角下的身份认同研究述评》，《广东社会科学》2022年第2期。

赵虎敬：《"他者"文化与美国外交》，《国际关系学院学报》2009年第1期。

赵俊：《国际关系中的承认：合法性与观众成本》，《世界经济与政治》2001年第4期。

赵汀阳：《共在存在论：人际与心际》，《哲学研究》2009年第8期。

周炽成：《中国哲学与西方哲学互为"他者"：以葛瑞汉等人的研究为中心》，《管子学刊》2024年第2期。

周方银、何佩珊：《国际规则的弱化：特朗普政府如何改变国际规则》，《当代亚太》2020年第2期。

周明、李嘉伟：《国家身份与欧亚地区抗争政治的变奏》，《外交评论》（外交学院学报）2021年第3期。

邹治波：《国际秩序的评判研究》，《世界经济与政治》2022年第5期。

［埃及］萨拉赫·阿德利：《中国共产党的成功经验给世界带来的启示》，《当代世界》2021年第6期。

四　英文著作

Adler, *Emanuel and Barnett, Michael, Security Communities*, Cambridge: Cambridge University Press, 1998.

Arash Heydarian Pashakhanlou, *Realism and Fearin International Relations: Morgenthau, Waltz And Mearsheimer Reconsidered*, Basingstoke: Palgrave Macmillan, Cham, 2017.

Charles Tilly, "Reflections on the History of European State-Making", in Tilly, ed., *The Formation of National States in Western Europe*, Princeton: Princeton University Press, 1975.

C. W. F. Hegel, *The Phenomenology of Spirit*, Oxford: Clarendon Press, 1977.

David M. Edelstein, *Over the Horizon: Time, Uncertainty, and the Rise of Great Powers*, Ithaca: Cornell University Press, 2017.

Emmanuel Levinas, *Totality and Infinity-an Essay on Exteriority*, Translated by Alphonso Lingis, London: Martinus Nijhoff Publishers and Duquesne University Press, 1979.

Ferguson, Niall, *The Great Degradation: How Institutions Decay and Economics Die*, Allen Lane, 2012.

Henry Huiyao Wang, *Escaping Thucydides's Trap: Dialogue with Graham Al-*

lison on China-US Relations, Springer, November 2023.

John Scott, Stratification and Power: Structures of Class, Status and Command, Bristol: Polity Press, 1996.

Jon Elster, Explaining Social Behavior: More Nuts and Bolts for the Social Sciences, London: Cambridge University Press, 2015.

Joseph Nye, Soft Power and Great-Power Competition, Springer, April 2023.

Keohane, R. O., After Hegemony: Cooperation and Discord in the Worldpolitical Economy, Princeton University Press, 2004.

Kruglanski, A. W., Bélanger, J. J., and Gunaratna, R., The Three Pillarsof Radicalization: Needs, Narratives, and Networks, New York, NY: Oxford University Press, 2019.

Levinas, Totality and Infinity, The Hague: Martinus Nijhoff Publishers, 1979.

Morton H. Fried, The Evolution of Political Society, New York: Random House, 1967.

Robert W. Cox, Production, Power and World Order, NY: Columbia University Press, 1987.

Sai Englert, Callum Cant, Jamie Wood cock, Digital Workerism: Technology, Platforms, and the Circulation of Workers' Struggles, Triple C, 2020 (01).

Shimko, Keith, International Relations: Perspectives and Controversies, Cengage learning, 2004.

Simone de Beauvior, The Second Sex, Translated and Edited by H. M. Parshley, New York: Bantam Books, 1961.

Stephen Haggard and Beth Simmons, "Theories of International Regimes", International Organization, Summer, 1987.

Taylor, Charles, The Politics of Recognition, Campus Wars, Routledge, 2021.

Tristen Naylor, *Social Closure and International Society Status Groups from the Family of Civilised Nations to the G20*, London: Routledge, 2019.

Tristen Naylor, *Social Closure and the Reproduction of Stratified International Order London*, Routledge, 2019.

Zhang Yan, *Strategies for Promoting Cross-Cultural Communication under the "Belt and Road" Initiative*, Academics in China, 2020.

五 英文期刊论文

Achumi, I. H., "Remembering the Present: Maps, Identity and Memory in NagaPolitics", *Society and Culture in South Asia*, 2022.

Amitav Acharya, "From Heaven to Earth: 'Cultural Idealism' and 'Moral Realism' as Chinese Contributions to Global International Relations", *The Chinese Journal of International Politics*, Vol. 12, No. 4, 2019.

Barnett M., "International Progress, International Order, and the Liberal International Order", *The Chinese Journal of International Politics*, Vol. 1, 2021.

Barnett, Michael, "International Progress, International Order, and the Liberal International Order", *The Chinese Journal of International Politics*, Vol. 1, 2021.

Beesley, Celeste, "Foreign Policy Preferences in Ukraine: Trade and Ethnolinguistic Identity", *International Studies Quarterly*, Vol. 1, 2020.

Brian C. Rathbun, "Uncertain about Uncertainty: Understanding the Multiple Meanings of a Crucial Conceptin International Relations Theory", *International Studies Quarterly*, Vol. 51, No. 3, 2017.

Choi, J. Y., "Rationality, norms and identity in international relations", *International Politics*, Vol. 52, No. 1, 2015.

Christian Leuprecht, "The Damoclean Sword of Offensive Cyber: Policy Uncertainty and Collective Insecurity", *Contemporary Security Policy*, Vol. 40, No. 3, 2019.

David A. Lake, "Theory Is Dead, Long Live Theory: The End of the Great Debates and the Rise of Eclecticism in International Relations", *European Journal of International Relations*, Vol. 19, No. 3, 2013.

Glaser, J., "Intergroup Bias and Inequity: Legitimizing Beliefs and Policy Attitudes", *Social Justice Research*, Vol. 3, 2005.

Harvey D., "The sociological and geographical imaginations", *International Journal of Politics, Culture, and Society*, Vol. 18, 2005.

Jeffrey M. Kaplow and Erik Gartzke, "The Determinants of Uncertainty in International Relations", *International Studies Quarterly*, Vol. 65, Iss. 2, 2021.

Oates, J., "The fourth face of legitimacy: Constituent power and theconstitutional legitimacy of international institutions", *Review of International Studies*, Vol. 2, 2017.

Samuel P. Huntington, "The Clash of Civilization", *Foreign Affairs*, 1996.

Wendt, Alexander, "Collective identity formation and the international-state", *The American Political Science Review*, Vol. 2, 1994.

William Spaniel and Iris Malone, "The Uncertainty Trade-off: Reexamining Opportunity Costs and War", *International Studies Quarterly*, Vol. 63, Issue 4, 2019.

后　　记

　　此书的撰写，始于一次偶然的聚会闲聊。在交流中，大家就"为何会有国际政治"的问题进行了互动探讨。对于这个老生常谈的问题，有人提到"人性"，有人提到"利益"，有人提到"竞争"，有人提到"权力"，有人提到"关系"，有人提到"发展"，也有人提到"实力"等，但每每一个说法提出来，就立马有人反驳，一时没有公认的说法。直到一位一直默默听闻大家讨论的学者说，也许应该归根于"他者的存在"，大家听后瞬时就安静了，竟然没有人立即反驳，随后大家就这个说法饶有兴趣地展开了讨论。

　　之后，我继续就这个问题，在数年间撰写了多篇论文进行探讨，加上一些零碎的思考笔记，就构成了这本书的雏形。经过后期整理和修订，最终形成此书。在撰写此书的过程中，我翻阅研读了大量中外文献资料，也与很多专家学者进行了深入交流研讨，得到了很多颇有意义的帮助和指导。

　　期待感兴趣的专家学者，在提出指导意见之外，也能就国际政治的他者主义理论发表真知灼见，无论是口头上的交流，还是通过网络交流，抑或直接成文发表，都有助于理论的建构与成熟，希望都能在中华文化底色的国际关系理论中国学派的旗帜下，深入进行卓有意义的学术研究和探讨，进一步推动国际关系理论中国学派的丰富和发展。

　　本书从构思到出版，前后持续了多年时间。在此过程中，真的要感谢很多人，他们中有人提出了富有洞见的看法，有人提出了批判性的观点，有人提出了让人信服的意见，有人就章节的完善提出了建议，这些

后　记

都让我在有研究压力的情况下，也让我始终充满了研究动力，他们的友好与奉献，在此不详细列举名字以表感谢了。此外，还要感谢我的家人始终给予我的光和爱。

由于任何一个人文社会科学理论都无法达到完美，尤其是新提出的理论，本书还有诸多不完善的地方，故而十分期待他人有形式多样的后续研究。

2024 年 10 月